看见儿童的一日生活

郭琼 主编

教育科学出版社
·北京·

编委会

主　编　郭　琼

副主编　郭　扬　李楠楠

编　委　张雪谊　徐　敏　方　芳　季　琴
　　　　孙树志　薛胜利　黄品新　李　艳
　　　　谢秀媚　廖颖彤　罗　佳

前言

当下儿童的成长环境和需求发生了很大变化。随着社会经济的发展，家庭结构日益多元化，儿童的生活方式和内容也发生了很大变化。一方面，儿童的生活经验不再局限于家庭和幼儿园，各种形式的娱乐和文化活动，如电子游戏、互联网、动画片等，成为儿童生活中不可或缺的部分。另一方面，由于社会竞争加剧，家长和社会对儿童的教育要求越来越高，儿童面临着巨大的学习压力。因此，幼儿园需要更多关注当下儿童的成长需求，建立更加全面、科学的教育模式，帮助儿童更好地成长和发展。

幼儿园作为儿童发展的重要场所，应该始终坚持以儿童为本、以游戏为基本活动，通过更好地组织和创设儿童一日生活的内容和环境，为儿童的发展提供更好的支持和保障。努力"看见"儿童的一日生活能够帮助我们更好地了解儿童的需求和权益，为他们的成长提供更有针对性的支持和帮助。

《看见儿童的一日生活》围绕儿童在幼儿园一日生活中的各个方面，通过大量来自幼儿园一日生活中的真实案例，从为什么、是什么、怎么做、保障机制的逻辑视角，让读者更全面地了解看见儿童的一日生活的内涵、本质及具体策略。全书共五章。第一章阐述了为什么要看见儿童的一日生活，从重要性和必要性的层面解读看见儿童的一日生活具有独特的价值和意义。第二章阐述了什么是看见儿童的一日生活，介绍了看见儿童一日生活的本质、目的和内容，帮助读者深入理解看见的重要性。第三章和第四章分别从技术层面和价值层面阐明了如何看见儿童的一日生活。其中，第三章结合具体案例讨论了看见儿童的一日生活的具体策略和方法，包括一日生活的环境创设、环节与流程、组织形式和教育契机。第四章探讨了看见儿童的一日生活对儿童发展的意义，展示了看见儿童的一日生活的积极影响，细致呈现了培养具有归属感、自主性和意志力的儿童的教育理念和策略。最后一章从支持保障的视角，提供了实用的方法与思路，探讨如何支持园所和教师更好地看见儿童的一日生活，包括教师的多元赋能、园所保教质量的自我评估体系和家园社协同育人路径等，可以帮助教育工作者更好地看见儿童，并提供支持和指导。

为了更清晰、方便地为读者呈现幼儿园一日生活中的教育案例，本书暂且采用《广东省幼儿园一日活动指引（试行）》中对一日生活的界定，即一日生活是一个广义的概念，是指儿童从入园到离园的一天时间里，在幼儿园室内外各个空间里的全部经历。儿童一日生活具体实施的途径是以游戏为基本活动，寓教育于各项活动之中。根据儿童活动的属性，把幼儿园一日活动划分为四种类型：生活活动、体育活动、自主游戏活动和学习活动。本书最大的特点是呈现了大量的来自儿童一日生活的真实案例，这些案例具有代表性和启发性，让我们看到了一个个具有归属感、自主性和意志力的鲜活的儿童形象：有在生活活动中友善快乐、独立自主的儿童，有在体育活动中不怕困难、敢于挑战的儿童，有在自主游戏活动中主动探究和尝试、乐于想象和创造的儿童，有在学习活动中好问好奇、认真专注的儿童。希望本书能够成为广大教育工作者的指南，帮助大家更好地理解和支持儿童的成长。

本书的写作过程得到了广大教育工作者的支持和帮助，我们也在实践中不断地修改和完善。希望这本书能够帮助读者更好地理解和关注儿童的生活与发展，也希望我们的工作能够得到更多人的关注和支持。让我们一起为儿童的健康成长和社会的发展尽一份力量。

深圳市罗湖区清秀幼教集团

目录

第一章

为什么要看见儿童的一日生活

每个儿童都有独特的成长和发展之路，而且这些特质通常在日常生活中体现出来。幼儿园是儿童学习和交往的重要场所，儿童的一日生活是指儿童从来园到离园的整个过程。通过观察、记录和理解儿童的一日生活，我们可以更好地把握儿童的需求和挑战，从而提供更有效的教育支持。我们在本书一开始探讨为什么要看见儿童的一日生活，希望通过分析儿童在园的成长环境现状及儿童对成长环境需求的变化，深入了解幼儿园作为儿童成长和发展的重要场所，在促进儿童的认知、情感和社会性发展中所发挥的积极作用。我们还将探讨看见儿童的一日生活的价值和意义，以期深入了解儿童，为学前教育实践提供有益的启示。

第一节　儿童成长环境的现状及儿童对成长环境需求的变化

幼儿园是儿童成长与发展的重要场所，其发展也受到越来越多的关注。随着经济的快速发展和社会日新月异的变化，幼儿园环境的现状及儿童对成长环境的需求也在不断变化。为了更好地促进儿童的发展，我们有必要深入了解幼儿园儿童成长环境的现状及儿童对成长环境需求的变化。

一、儿童成长环境的现状

一日生活是儿童在园一天的全部经历，是儿童充实与展现生命的历程，是个体在参与、体验与创造中利用环境自我更新的历程。按照活动内容，《广东省幼儿园一日活动指引（试行）》将幼儿园的活动分为生活活动、体育活动、自主游戏活动和学习活动（见表 1–1）。按照环节划分，幼儿园的一日生活一般包括入园、离园、游戏活动、教育活动、生活活动和户外活动 6 类。无论按照哪种划分方式理解儿童的一日生活，都要明确儿童在一日生活的不同时间段有不同的活动和学习任务。例如，早晨有入园、区域计划、晨谈分享，上午有区域游戏和户外活动，中午有午餐和午休，下午有集体活动和室内外活动，傍晚则有离园的准备和相关活动等。儿童正是在一日生活的不同活动中学习，不断得到发展，实现成长的。

表 1-1 《广东省幼儿园一日活动指引（试行）》中的活动分类

活动类别	具体含义
生活活动	生活活动是指满足幼儿基本生活需要的活动，主要包括幼儿入园、进餐、饮水、盥洗、如厕、睡眠、离园等环节。生活活动贯穿幼儿的一日活动中，旨在帮助幼儿发展生活自理、与人交往、自我保护等能力，逐步养成健康的生活规则和习惯
体育活动	体育活动主要是指在运动场地上，通过器械运动、自然因素锻炼、操节等形式开展的日常运动。体育活动能增强幼儿运动能力和环境适应能力，是幼儿形成健康体魄、愉快情绪的重要途径。体育活动包括了体育集体活动、自选活动和操节（幼儿园可自选）三个方面
自主游戏活动	自主游戏活动是指幼儿在游戏情境中根据自己的兴趣和需要，以快乐和满足为目的，自由选择、自主展开、自发交流的积极主动的活动过程。自主游戏活动能够满足幼儿的个体需要，促进幼儿在自发、自主、自由的活动中发展想象力、创造力、交往合作能力及提升好奇探究的品质
学习活动	学习活动是指教师采用游戏、谈话、实验、操作、实地参观、听赏、表演等多种方式，有目的、有计划地引导幼儿通过直接感知、实际操作和亲身体验获取经验，帮助幼儿逐步养成积极主动、认真专注、敢于探究和尝试、乐于想象和创造等良好学习品质。学习活动包括活动准备、活动实施和活动评价三个环节，教师通过集体、小组和个别学习的方式组织学习活动

二、儿童对成长环境需求的变化

随着社会的发展和进步，儿童对成长环境的需求也在不断变化。了解儿童的一日生活可以帮助我们更好地了解幼儿园教育的现状以及儿童的特点和需求，为我们更好地制定教育计划和目标，提供个性化和差异化的教育服务提供依据（见表 1-2）。通过观察和记录儿童的一日生活，了解儿童的兴趣爱好、学习特点、思维方式、情感需求等方面的信息，能够更好地为儿童提供适宜的环境和教育，满足儿童的成长和发展需求。

表 1-2　幼儿园一日生活的组织理念和实施路径

组织理念	实施路径
一日生活皆课程	1. 重视不同类型活动的教育价值； 2. 支持幼儿在生活活动中增强自主管理的意识和能力，保证幼儿充分地进行户外活动和体育锻炼，给予幼儿充足的自主游戏时间； 3. 关注幼儿在园所各个空间里发生的学习活动，以游戏为基本方式，灵活运用集体、小组和个别的教学形式，引导幼儿主动地学习
促进幼儿园一日活动的整体构建	1. 关注幼儿学习与发展的整体性，注重健康、语言、社会、科学、艺术五大领域的渗透和整合； 2. 关注各活动环节的自然衔接，创设有利于引发、支持幼儿游戏和各种探索活动的教育环境，建构完整的幼儿园一日活动体系； 3. 结合本地区、本园的文化和资源，教师与幼儿、家长、社区共建个性化园本课程
科学、合理地设计和实施一日活动	根据幼儿的兴趣、需要和年龄特点，充分考虑季节变化、天气及环境状况等，做到动静结合、室内外活动结合、集体与小组及个别活动相结合
在良好的师幼关系中共同建构和维护一日活动的常规	应与幼儿建立安全、信任的师幼关系，与幼儿共同建构一日活动常规，保证一日活动有序进行，并让幼儿在自主遵循常规的过程中逐步感受到规则带来的益处
关注幼儿个体的发展水平和需要	在考虑幼儿年龄特点和规律的基础上，尊重幼儿个体的发展水平和需要，促进每名幼儿在自己原有水平上有所提高，为后续学习和终身发展奠定良好基础

幼儿园的教育价值蕴含于一日生活之中，儿童的学习与发展必须和一日生活结合才能得以实现。这就需要我们不断地发现儿童对成长环境需求的变化，在充分认识儿童一日生活各项活动教育价值的基础上，合理组织、科学安排儿童的一日生活，使之融为一个整体，让儿童在一日生活中身心健康地成长。

第二节　幼儿园是儿童成长的重要场所

众所周知，幼儿园是儿童发展的重要场所。在幼儿园，儿童不仅可以得到认知的发展，还可以发展社会交往、情感表达和探索世界的能力。要实现幼儿园的这些功能，就需要真正看见儿童的一日生活。

一、幼儿园是儿童的第二个家

幼儿园是儿童在家庭之外度过时间最长的地方，因此，幼儿园如同儿童的第二个家。在这个特殊的成长环境中，儿童接触不同的人、事、物，学习不同的知识和技能，体验不同的情感和情绪，这些都会对他们的成长产生深远的影响。此外，儿童在幼儿园的一日生活与在家庭有所不同，他们需要面对更多的挑战。这也就意味着，我们需要更好地了解儿童在幼儿园的一日生活，以了解他们的需求和特点，为他们提供更有针对性和有效性的支持。

案例 1-1
我会自己喝水了

开学初，小班幼儿只有在教师集体组织喝水时才会去喝水，其他时间不会光顾饮水机，有时也会有两三名幼儿围在饮水机旁边，摆弄着饮水机的开关，还有幼儿接满水后不关饮水机就走掉。连续一周观察幼儿的喝水情况后，教师决定引导幼儿养成自主喝水、科学喝水的良好习惯。表1-3是师幼共同开展喝水探究活动的主要过程。

表 1-3 小班“我会喝水”主题活动探究过程

活动内容		活动目标	环境支持	教师支架
为什么要喝水？	活动 1：观看视频“喝水的好处”	了解喝水对身体的好处	1.准备绘画、记录、粘贴展示等所用工具，如纸、笔、笔记本、相机、双面胶、安全钉、展板等； 2.创设饮水机前排队及地线标志、脚印贴纸； 3.准备水杯接水量示意图； 4.准备幼儿喝水记录板	1.利用音乐游戏/律动，分批组织喝水； 2.设计喝水环节班级教师的站位路线图； 3.个别指导； 4.随机教育
	活动 2：阅读图画书《主动喝水不生病》《大家来喝水》	增强幼儿主动喝水的意识		
要喝多少水？	活动 1：采访保健医生	了解每天标准饮水量		
	活动 2：每次用杯子接多少水？	明确每次饮水量		
	活动 3：什么时候喝水？	知道根据自身饮水需求随时喝水		

通过就喝水情况开展的系列探究，幼儿不仅知道了喝水的好处、适宜的饮水量，还能结合自身需求总结出适宜的喝水规则和时间，改变了被动喝水的习惯。

深圳市罗湖区清秀幼儿园　龚　辰　张珍珠

案例解析 幼儿在幼儿园的生活质量至关重要，会对个体成长产生深远的影响。案例中教师没有忽视小小的喝水环节，而是在充分了解幼儿的需求和特点后，引导幼儿参与到形式多样的探究活动中，增强幼儿主动喝水的意识，培养幼儿良好的喝水习惯。

二、幼儿园是儿童社会性和情感发展的重要场所

在幼儿园中，儿童可以与不同年龄、背景的同伴互动，从中发展社会性，建立友谊和合作关系。教师在这个过程中起着重要的作用，他们可以提供情感支持和指导，帮助儿童建立自信和健康的自我形象。因此，通过分析幼儿园的一日生活，可以更好地了解儿童的社会和情感需求，从而提供支持和指导，促进儿童的社会性和情感发展。

案例 1-2
我们是好朋友

中班下学期，班里转来一个叫恒恒的小朋友。一周后，恒恒开始出现早上不愿意入园的情况。据妈妈反映，恒恒因为在幼儿园没有玩伴，才不愿意来园。教师决定在一日生活的各环节重点观察恒恒与其他幼儿的互动情况。

户外游戏时，教师发现只有其他幼儿邀请恒恒时，他才会加入游戏，没有受到邀请时，他便只站在一边看。教师对他说：“你看，他们玩得多开心，有很多小朋友都主动加入了，你也可以一起去玩啊。”恒恒没有跟游戏中的幼儿打招呼，直接跑到了游戏的队伍里。

通过持续观察，教师发现恒恒渴望与同伴一起游戏，但是表现得很胆怯，只是被动地等待，不善于主动加入。即使参与到游戏中，他也不了解游戏规则，只是跟着到处跑，始终游走于游戏的边缘，无法真正感受到与同伴游戏的快乐。

于是，教师在班里开展了“我们是好朋友”的讨论活动，鼓励幼儿主动思考怎么才能交到好朋友、好朋友之间怎么相处等问题，在教师的不断启发下，幼儿总结了很多经验。同时，教师还借助图画书故事帮助幼儿学习交往的基本技能和规则。此外，教师会对积极主动参加游戏或主动邀请他人加入游戏的幼儿给予及时的鼓励，并建议家长尽可能提供一个让幼儿想说、敢说、喜欢说的语言表达环境，多带幼儿出去走走，鼓励其勇于主动与周围的幼儿交往、交流。

渐渐地，教师发现恒恒脸上的笑容多了，不仅学会了如何加入同伴的活动，还能主动邀请小伙伴共同游戏，真正地融入了班集体，有了集体归属感。同时，班级幼儿更能尊重身边的小伙伴，遇到问题也学会了换位思考，能够与同伴友好相处。

深圳市罗湖区清秀幼教集团荣悦幼儿园　廖颖彤　周　芳

案例解析　案例中的恒恒因转学来到一个新环境中，需要一段适应期，更需要教师为他提供情感支持和指导。于是，教师通过在一日生活中连续观察恒恒与同伴互动的表现，根据恒恒的表现，有针对性地提供个性化指导，通过讨论、图画书共读、家园共育等方式引导全班幼儿参与交朋友的话题。让恒恒与其他幼儿建立了友谊和合作关系，帮助恒恒融入了班集体，使其更好地适应了新班级生活，促进了他的社会性和情感发展。

三、幼儿园是儿童探索世界和发展自我认知的重要场所

幼儿园提供了丰富的资源环境，儿童可以通过观察、感知和实验等方式探索和了解这些事物，从而发展自己的认知、技能和思维能力。幼儿园也是一个有教育意义的场所，教师可以提供指导和支持，帮助儿童养成良好的习惯，形成正确的态度，学习新的知识和技能。因此，了解儿童的一日生活，有助于为儿童提供更好的教育和探索机会，促进儿童的全面发展。

案例 1-3
制作天然颜料

一次餐后散步时，幼儿邂逅了幼儿园楼顶种植的凤仙花。教师捡起一朵掉在地上的凤仙花，用手指轻轻把凤仙花瓣碾碎，再把凤仙花汁涂到指甲上。幼儿惊奇地发现教师的指甲被凤仙花染成了漂亮的玫红色，纷纷对使用凤仙花染色产生了兴趣。回到班级后，有幼儿提到，每次吃完红心火龙果，嘴唇和手也会被染得红红的；有的幼儿说，吃葡萄时，葡萄皮掉到衣服上，衣服会被染上紫色，大家纷纷说起生活中被植物“染色”的经历。经过讨论，大家决定开展关于“制作天然颜料”的探究活动。

活动过程中，幼儿从提取植物颜料到提取矿物颜料，对天然颜料的提取方法等进行了资料搜集、对比和尝试等。制作过程中，幼儿使用研磨工具及过滤工具对物质形态的转变进行了一系列的探究。通过持续的探究，幼儿不仅成功制作出了植物颜料，还解决了颜料保存的问题，探索并制作出了矿物颜料。整个探究活动中，幼儿通过实际操作，真实地体验了颜料提取的过程，还把制作的颜料分类做好标记，投放到班级区域中，用于开展颜料创作活动。

深圳市罗湖区清秀幼教集团荣悦幼儿园　马雨荷　容晓渝

案例解析 “制作天然颜料”的探究活动来源于幼儿在园的直接经验，幼儿通过动手制作颜料不断地探索世界，不仅获得了与植物、矿物相关的科学知识，也获得了使用不同工具、技术的技能。此外，与同伴分工合作时，幼儿的自我认知和解决问题的能力都得到了发展。

幼儿园是儿童成长和发展的重要场所，看见儿童的一日生活有助于我们更好地了解儿童的需求和特点，为儿童的发展提供更好的支持和帮助。只有通过观察了解儿童的日常行为、表达方式、需求和特点，让儿童真正地被看见，才能在幼儿园更好地为其提供支持和帮助，从而有针对性地为儿童提供适宜的教育和关爱。

第三节　看见儿童一日生活的价值和意义

可以通过观察、理解、记录，真实地看见儿童的一日生活。首先，通过观察儿童的一日生活，我们可以更好地了解他们的生活需求和特点，这有助于我们提供更好的帮助。其次，理解儿童的一日生活也可以帮助我们发现他们内心的感受和需求，为他们的发展提供更有针对性的指导和帮助。最后，通过记录儿童的一日生活，我们可以更好地理解他们的行为表现，更有针对性地与他们互动交流。

一、观察儿童的一日生活，了解儿童的需求和特点

观察儿童的一日生活，教育者可以为儿童的发展提供更有针对性的支持和帮助。每个儿童都是独一无二的个体，他们的兴趣、需求和能力都是不同的。通过仔细观察儿童一日生活中的表现，教育者可以了解每个儿童的需求和特点，以便实施更有针对性的保育与教育。

案例 1-4
玩转超市

教师观察到选择角色区开展游戏的幼儿越来越少，角色区的“清秀大饭店”渐渐失去了顾客，老板和服务员也开始“罢工”了。基于此，教师与幼儿展开了关于“创设什么样的角色区”的讨论。

1．确定角色区主题

大部分幼儿表示不想开饭店了，想玩其他的。于是教师询问幼儿想玩什么样的角色游戏。有的幼儿想开花店，有的幼儿想要开快递公司，也有的幼儿表示想要开超市、水果店或者医院等。教师把幼儿的想法一一记录下来。

教师：“目前角色区只有一个，但是大家的想法有很多，我们到底要玩什么呢?”

轩轩：“我们可以投票，少数服从多数。”

子涵："我们可以轮流玩，今天是医院，明天是超市，然后是花店……"

教师："其他小朋友赞成他们的建议吗？"

大部分幼儿赞同通过投票的方式来决定区域主题。经过第一轮的投票，票数最高的是超市和水果店，花店和美食中心票数次之。

教师："选择超市、水果店、花店和美食中心的小朋友都很多，那我们最后要选哪个呢？"

轩轩："再投一次，哪个多就选哪个。"

扬扬："可以一起开，我在大超市里见到有卖花的，我们可以在超市里再开个花店。"

尧尧："有些超市里面还有吃饭的地方。"

熙政："我们也可以开一个大超市，里面有卖花的，也有饭店，还有卖水果的！"

熙政的提议得到了其他幼儿的认同，最后经过讨论，大家一致决定开一个综合超市，兼顾花店、水果店和美食中心。

2. 超市大变身

确定角色区主题后，幼儿开始思考要如何在班级创设大型超市。教师观察发现，幼儿特别喜欢分享自己有关超市的经验，还会争论超市到底是什么样子的，但是都无法完整地描述开超市到底需要做哪些准备。于是教师让幼儿周末和家人一起逛超市，带着调查记录表实地考察、记录。然后，在班级中通过讨论确定开超市要做的准备，如售卖的货物、物品的摆放、超市的布局、货物的售价、超市工作人员的分工等。

经过实地考察，幼儿初步了解了超市的布局、售卖的商品、超市工作人员的分工、物品的价格标签等。于是，幼儿设计了班级角色区大超市的布局图，也设计了不同货物区域的标签和工作人员的工作牌等。

初步完成设计后，幼儿开始收集、购买材料，并对班级角色区进行改造。讨论商品来源和进货时，有幼儿提议超市的蔬菜区可以卖幼儿园种植园里自己种的蔬菜，还可以把家里不需要的玩具拿来放到超市里卖，等等。

幼儿观察超市水果区

幼儿调查超市商品的摆放

幼儿设计的超市平面图

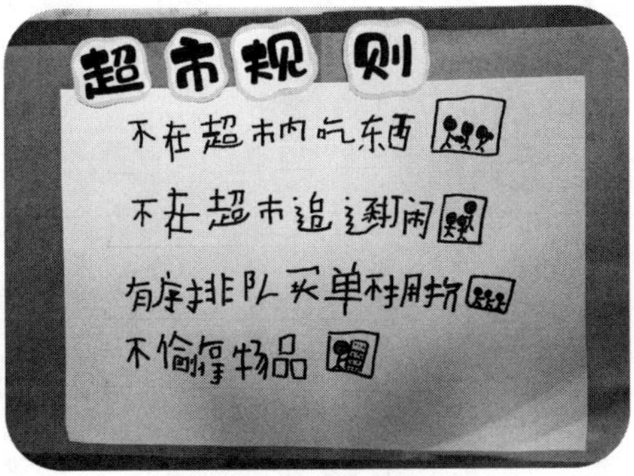

幼儿设计的超市规则

幼儿设计的超市海报

幼儿设计的工作牌

幼儿设计的蔬菜价格标签

幼儿对蔬菜进行分装及标价

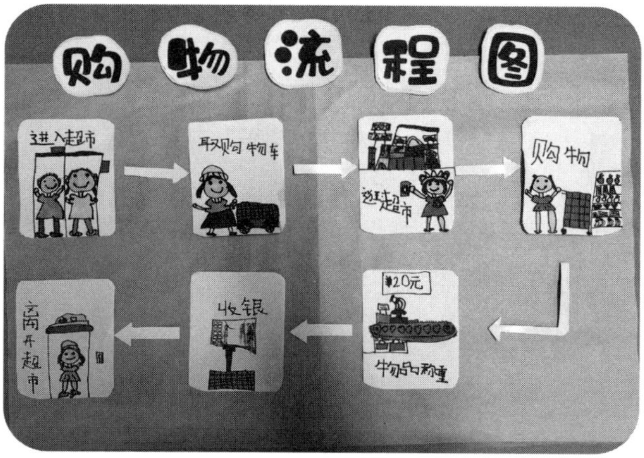

幼儿设计的超市购物指引

幼儿的超市进货单

超市中的蔬菜买卖

购买的蔬菜可以带回家品尝

熟悉超市收银流程

结合生活经验给顾客测温

3．超市欢乐多

创设好角色区后，焕然一新的大超市就正式投入运营了，每天超市的顾客都络绎不绝，工作人员也忙得热火朝天。

深圳市罗湖区清秀幼儿园　张珍珠　黄毓欣

案例解析　教师观察到班级的角色区不够吸引幼儿，于是在进一步观察幼儿的需求后，通过问题引导幼儿思考并结合生活经验尝试提出解决问题的办法。通过不断观察幼儿的表现，根据幼儿的兴趣、需求和能力，引导幼儿去超市实地考察，并将经验迁移到班级角色区创设的过程中，幼儿的想象力、创造力、合作能力、解决问题的能力等都得到了提高。

二、记录儿童的一日生活，促进师幼互动

有效地记录儿童的一日生活，可以更好地理解儿童的行为表现，并更有针对性地与他们互动交流。这不仅可以促进儿童的个人成长，还可以增进教师与儿童之间的信任度和亲密感，进而提高教育质量。此外，记录儿童的一日生活，可以帮助教育者更准确地评估儿童的发展情况，制订更具有针对性的个性化教育计划，帮助儿童得到全面的发展。

案例 1-5
教师的日常笔记

表 1-4 教师日常笔记举例

时间：2022 年 3 月 4 日　记录对象：童童　年龄：5 岁 4 个月	
8：00 入园	童童的姥姥将他送到幼儿园。童童今天状态很不好，一直哭闹。我陪他进到班级后，询问了他不开心的原因。他说想睡觉，不想来幼儿园。我告诉他中午的时候就可以午休了，他问我可不可以陪着他，我认真地告诉他，午休时我一定会去陪他。童童听后叹了一口气，好像在收拾心情，然后抱了抱我，去放书包了
9：00 区域游戏	明明、泽佳、童童一起在建构区玩卡车模型，童童抢走了泽佳手中的卡车。泽佳哭了，明明向童童喊道："你不能这样！你应该把车还给泽佳！"然后明明气冲冲地走到我面前，跟我说："老师，童童又抢别人的玩具了，他总是这样，哼！"我高声地回答明明："是吗？我相信童童一定会还给泽佳的！"我边说边看向童童，童童看了我一眼，并没有马上还车，而是开始模仿引擎声，假装驾驶。泽佳还在哭，明明在旁边耐心地安慰她。童童突然停下，将卡车还给了泽佳，好像很害羞似的，快速又小声地说了声"对不起"。我注意到童童抢走泽佳的卡车时，泽佳的情绪受到了影响，而明明则很快意识到了这一情况，并向童童表达了不满。尽管童童一开始没有马上还车，但最终还是作出了正确的决定，把卡车还给了泽佳并向她道了歉。我觉得童童在这个过程中表现出了对他人情感的关注，他也需要别人的信任，今后我要对童童多鼓励、多赞美，为他提供更好的支持和帮助
10：30 户外活动	童童今天主动和琪琪、敏杰玩拍球游戏，他们决定要比赛时我有点担心，怕童童不喜欢同伴制定的规则。看到他们开始比赛了，我在旁边给童童加油，童童赢了一局后很开心，似乎更愿意接受规则，也更有合作意识了
11：45 午餐	童童今天不太愿意吃午饭，只吃了一点点就停下来。我看了他好几次，发现他时常走神，于是提醒他要好好吃饭，但童童听而不闻。于是我问他是不是不喜欢今天的饭菜，他说不想吃餐盘里的西兰花，我鼓励他再吃三口，告诉他营养均衡的重要性。童童吃了一口，坚决不再吃了。我跟生活教师备注了童童的情况，打算放学后向童童家长了解一下童童在家的吃饭情况，一起帮助他养成健康的饮食习惯
12：50 午休	早上答应童童来陪他，午休前我拍了拍童童的背，童童很快睡着了
16：40 离园	今天离园时我告诉童童和童童的姥姥，他今天非常棒，能考虑别人的感受，区域游戏时知错就改及时向泽佳道歉，并且很有团队合作意识，在户外活动和小朋友一起拍球时进步很大，午休也表现得很好。童童听到表扬开心极了，认真地跟我说他明天要第一个来幼儿园

深圳市罗湖区清秀幼教集团培知幼儿园　孙　元　陈惠莲　丁　琴

案例解析 教师在日常笔记中记录了童童的一日生活，通过记录不断地理解童童的行为表现，更深入地了解了童童的兴趣、需求、困难和挑战，从而增进了她与童童之间的信任度和亲密感，并且更准确地评估了童童的发展情况，有针对性地为童童提供支持和帮助，不断增强与他的互动，帮助童童更好地发展。

三、理解儿童的一日生活，提供更好的支持

理解儿童的一日生活，可以更好地了解儿童的兴趣、爱好、能力和特长，提高教师对儿童的敏感度和关注度，为他们提供更有针对性的支持。在日常生活中，儿童会不断探索新的事物，他们的行为和言语往往能够反映出他们内心的感受和需求。如果教师能够关注并理解这些行为和言语，那么就能更好地为儿童提供支持，从而更好地促进儿童的成长。

案例 1-6
生活里的“小报告”

户外自由活动时，小小跑到廖老师面前说：“大龙骑了好久三轮车。我想骑，他不让我骑，还推我。”面对这一突发事件，教师会怎么做呢?

做法 1

廖老师拉着小小来到大龙身边，说：“你们俩不要抢了。操场上那么多玩具呢，抢什么抢。再抢的话，老师就把三轮车没收了，都别玩了。”

做法 2

廖老师鼓励小小想一想大龙还对什么比较感兴趣，然后建议小小尝试和大龙合作游戏。小小按照教师的建议去和大龙沟通，说：“如果你让我骑三轮车，你要荡秋千时，我就帮你推。”大龙没有接受小小的“提议”，拒绝了小小。廖老师对大龙说：“大龙，这个三轮车是我们大家的，我们开始的时候说好了，每个人都可以轮流玩，现在轮到小小了。你可以去试试那个秋千呀！如果你需要老师帮忙的话，老师会来帮你的。”

做法 3

廖老师首先确认小小是否受伤。然后询问小小："你需要我怎么帮助你呢？"小小："可不可以让大龙把三轮车给我玩？"

廖老师："每个人都有玩三轮车的权利，你想玩的话，可以去问问大龙愿不愿意和你一起玩。"

小小点了点头，去找大龙协商。过了一会儿，小小又来到教师身边。

小小："老师，大龙说不行，他想一个人玩。"

廖老师："那你可以去问问他能不能玩好了告诉你，等待的时间你可以先去玩其他喜欢的玩具！"

小小犹豫了一下，再次与大龙进行沟通。然后走向旁边的滑梯，说："我们说好了，我先去滑滑梯，等你玩完了，我再去玩三轮车。"

活动结束后，廖老师找到大龙，说："大龙，刚刚你在玩三轮车时，小小是不是也想要玩呀？"

大龙："我先玩的，我不想让她跟我一起玩。"

廖老师："你可以选择拒绝，但是我们可以直接说出来呀，用手去推别人是不是会让人摔倒？"

大龙："摔倒会受伤，很疼的。"

廖老师："对呀，下次如果你不同意别人的建议，就说出来好吗？"

大龙："老师，我知道了，我待会儿去找小小道歉。"

廖老师："老师为你点赞！三轮车很受小朋友欢迎，每个人都有骑三轮车的权利，如果你也想骑三轮车但却骑不到，你希望其他小朋友怎么做呢？"

大龙："老师，我希望他们再骑一会儿就能给我玩。我刚才不应该一直骑着三轮车不放，骑一段时间后，应该给其他小朋友骑。"

廖老师："大龙，你说得非常对，这样每个小朋友都能有机会骑到三轮车了。"

深圳市罗湖区清秀幼教集团淘金山幼儿园　廖颖彤　黄佩燕　李思欣

案例解析 以上三种做法反映了教师不同的思考与判断。做法 1 中教师的第一反应是"发生了什么事情？"并选择权威地作决断，想尽快地结束纷争。做法 2 中的教师虽然意识到可以利用这个机会让幼儿学会处理冲突，但是忽视了公平意识的培养，直接让大龙做出退让。做法 3 中的教师充分尊重两名幼儿，关注并理解幼儿的行为和言语，通过语言引导小小学习交往的技能（如沟通协调、克服挫败感、解决冲突等）以及面对挫折时的问题解决能力；同时通过与大龙的沟通，引导大龙认识正确处理问题的办法，并形成有关公平的观念。教师通过不断地理解幼儿，提高了敏感度和关注度，更好地为幼儿提供支持和帮助。教师的三种不同介入方式，决定了幼儿学习与发展的程度。

教师有效地观察、记录、理解儿童的一日生活对儿童的成长和发展至关重要，能够真正实现看见儿童。当我们能够真正看见儿童的一日生活，理解他们的行为和表现，并能够有针对性地与他们互动时，我们才能更好地促进儿童的成长和发展。通过了解幼儿园儿童成长环境的现状及其对环境的需求变化，我们能够更好地把握儿童的需求和兴趣，提供更适合他们的学习和成长环境；通过认识幼儿园是儿童成长和发展的重要场所，我们能够充分利用幼儿园的教育资源，为儿童的全面发展提供支持和帮助；通过认识看见儿童的一日生活的价值和意义，我们能够更好地理解儿童的内心世界和成长轨迹，为他们提供更具针对性的教育和引导。只有真正看见儿童的一日生活，我们才能够更好地为儿童的成长和发展贡献力量。

第二章

什么是看见儿童的一日生活

儿童在园的一日生活是其从来园到离园的一天时间里的全部经历，是一个完整而有意义的整体。当谈论儿童的生活时，我们常常会关注他们的成长、学习和发展。但是，真正看见儿童的一日生活，可能需要我们立足于不同的视角。从一日生活的本质、目的和内容三个方面来看，通过生动的案例，我们能够更加深入地了解儿童一日生活的重要性和多样性。我们还要理解儿童的生活，关注它如何影响儿童的发展，进而了解儿童一日生活的本质。同时，我们还需要了解看见儿童的一日生活的目的，为满足儿童的生活和发展需要，创造一个充满乐趣和成长机会的生活环境。我们还需要看见儿童一日生活的内容，从生活活动、学习活动、自主游戏活动和体育活动四个方面全面了解儿童的一日生活。只有真正了解儿童的一日生活，才能够更好地满足他们的需要，为儿童营造真实而丰富多彩的一日生活。

第一节　看见儿童的一日生活的本质

3—6岁是个体生命发展的重要时期，儿童既是生活的主体，也是教育的主体，看见儿童的生活意味着教育应该尊重儿童的生活，理解一日生活是儿童的一种日常生活。儿童的一日生活是他们日常生活的一部分，它应该满足儿童的需求，让他们感到自由和快乐。幼儿园应为儿童提供健康、丰富的环境，满足他们多方面发展的需要，促使他们在快乐的童年生活中获得有益于身心发展的经验。在本节中，我们将深入探讨儿童的日常生活，学习如何让他们成为生活的主人，而不是被动地接受生活。

一、一日生活应是儿童自己的生活

儿童的日常生活是他们存在的方式，也是他们与世界互动的方式。儿童的一日生活应是完整的、连续的，具有自己独特的节奏。虽然儿童在园的一日生活被划分为不同活动环节，但一日生活应是儿童自己的生活，是儿童天性的反映，具有主体性特征。儿童的生活应该由儿童自己去经历、开拓和创造，这样儿童才能获得真实的、具体生活体验。幼儿园教师应以儿童为本，根据儿童的身心发展规律，尊重儿童的兴趣、需要及个体差异，科学、合理地组织和设计儿童一日生活中各项活动的时间、空间、内容和指导方法，充分发挥儿童在一日生活中的主体性。

案例 2-1
不一样的餐后活动

餐后活动是幼儿在园进餐后的一个重要过渡环节，主要包括早餐餐后活动和午餐餐后活动。一般来说，餐后活动中的幼儿有两种状态：正在进餐或开始自主游戏。班级教师按照职责分工开展保教工作，主班教师在教室内关注正在进餐的幼儿，保育员收拾餐具，配班教师在走廊关注餐后活动的幼儿。

教师组织餐后活动时应遵循三个原则：第一，幼儿进餐后不宜进行较为剧烈的活动，以安静活动为主；第二，幼儿进餐的速度存在差异，进餐结束的幼儿可进行自主游戏；第三，餐后过渡时间较为短暂，教师设计的活动内容尽量要有趣且舒缓。但由于教师的教育观和儿童观存在个体差异，教师实际组织餐后活动的方法和技巧不同，这也造成各班级幼儿餐后活动的状态千差万别。以下是两位教师在餐后活动中的不同做法。

做法 1

为了照顾到幼儿吃饭速度不一致的情况，教师 A 安排了阅读图画书、拼插积木两种安静的餐后活动。完成进餐的幼儿把凳子搬到走廊，自主选择图画书或者积木进行活动。然而，幼儿对餐后活动的兴趣逐渐消退，走廊上出现幼儿追逐打闹、大声聊天、把图书当玩具材料等情况，班级门口闹哄哄一片。同时，教师还需要关注班级内幼儿的进餐情况，照顾个别进餐能力弱的幼儿。这个时候教师就会忙乱得难以招架。

做法 2

为了让餐后活动更加有趣、多样、有秩序，教师 B 决定以区域自选的形式为幼儿提供感兴趣、操作性强的活动内容。基于幼儿兴趣和需求，教师在餐前活动时专门组织了一次关于“餐后活动怎么玩”的讨论，综合考虑幼儿最感兴趣的活动和班级走廊空间后，教师与幼儿共同确定了本学期 4 种餐后活动的内容及规则——玩玩具、看书、绘画、折纸。进餐结束的幼儿可以把自选卡挂在喜欢的活动的活动栏里，玩法由幼儿自主决定。如看书活动，幼儿可以选择喜欢的书独自阅读，阅读能力较强的幼儿也可以组织同伴共同阅读。

此外，班级还设置了非固定性的活动内容，比如，部分幼儿想要帮助保育员一起收拾餐具，可主动申请参与；又如，根据当天全班幼儿的进餐情况及天气情况，可灵活组织幼儿到户外散步，观察幼儿园内的植物。经过一段时间的尝试，幼儿能自主、愉悦、有序地进行餐后活动，部分幼儿为了能选择自己喜欢的活动内容，进餐速度也有所提高了。

深圳市罗湖区清秀幼儿园翡翠教学点　阮　兰　黄思萍

案例解析 教师 A 从成人视角安排餐后活动的内容，忽视了一日生活是幼儿自己的生活。做法 1 中的活动形式单一、可选择范围小，幼儿很容易失去兴趣。教师 B 秉持“以幼儿为本”的教育观，将幼儿视为一日生活的主体，通过讨论、定规则等形式引导幼儿主动参与班级决策，了解、尊重幼儿的需求和想法，灵活地安排餐后活动的形式和内容。做法 2 中的幼儿不仅能在餐后活动环节获得积极的体验，自我服务能力、问题解决能力也得到了发展。

尊重儿童的生活就是尊重儿童，尊重儿童在一日生活中的主体性。儿童本质上是生活在社会中的个体，生活是儿童的存在方式，儿童在自己的生活中嬉戏、玩耍、活动，收获全方位的体验。儿童虽然具有积极的能动性，但在一日生活中不可避免地会受到客观条件的制约，教师不仅要尊重儿童的兴趣和需要，给予儿童充分发挥的空间，还要以正确的观念对儿童的一日生活进行引导。

二、一日生活应是儿童的日常生活

每个儿童都应该有自己的生活，而这个生活不应该仅仅由家长和教师安排。一日生活指的是儿童在一天中的各种活动，应该是儿童的一种日常生活，而不是为了满足成年人的要求而被设计的生活。对于儿童来说，生活目标、生活方式不应该过多地受到制度、社会规范的约束，而应该是无拘无束、自由自在的，应该充满了童心、童趣和童稚。我们要更好地满足儿童的需求，让儿童成为一日生活的主人。

案例 2-2
香喷喷的菜肴

小三班幼儿经过短暂的入园适应，已经能在幼儿园度过快乐的一天。班级教师会重点关注幼儿的吃喝拉撒睡等生活活动。经过一段时间的持续观察，教师发现大部分幼儿在午餐时会剩饭剩菜，有的幼儿只吃蔬菜，有的幼儿偏爱肉类，有的幼儿喜欢吃米饭……。教师与这部分幼儿沟通后，发现出现以上情况的幼儿存在不同程度的挑食问题。为了使幼儿营养均衡，养成良好的饮食习惯，教师就该现象与幼儿开展了系列探究活动。

1．我喜欢的食物

教师从幼儿的角度出发，了解幼儿的口味偏好，专门设计了“我喜欢的食物”调查表，请幼儿和家长一起画一画、写一写自己喜欢的食物。

调查结果显示，糖果和鱼类是幼儿喜欢的食物，幼儿喜欢有甜味、易嚼的食物。幼儿分享自己喜欢的食物时，经常用“甜的”“香香的”“嫩嫩的”来形容。

2．找一找不同的食物

除了在幼儿园和家里常吃的食物外，日常生活中还有哪些食物呢？教师鼓励幼儿利用周末时间和家长一起去超市或菜市场找一找不同的食物。周一，幼儿已经迫不及待地相互分享自己的发现了。

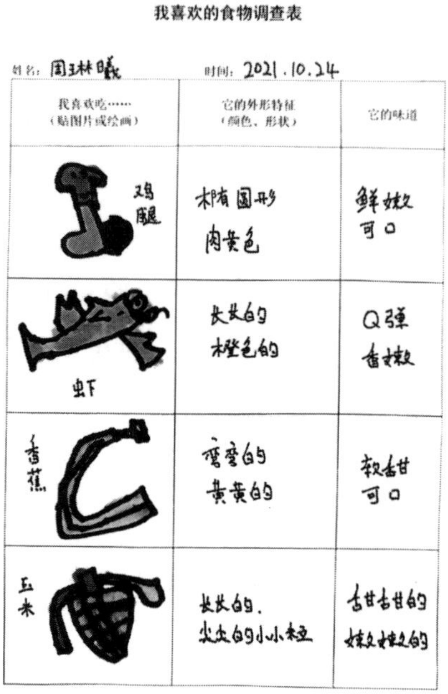

我喜欢的食物调查表

姓名：周玥林曦　　时间：2021.10.24

我喜欢吃……（贴图片或绘画）	它的外形特征（颜色、形状）	它的味道
鸡腿	椭圆形 肉黄色	鲜嫩 可口
虾	长长的 橙色的	Q弹 香嫩
香蕉	弯弯的 黄黄的	软甜 可口
玉米	长长的，尖尖的小小粒	甜甜的 嫩嫩的

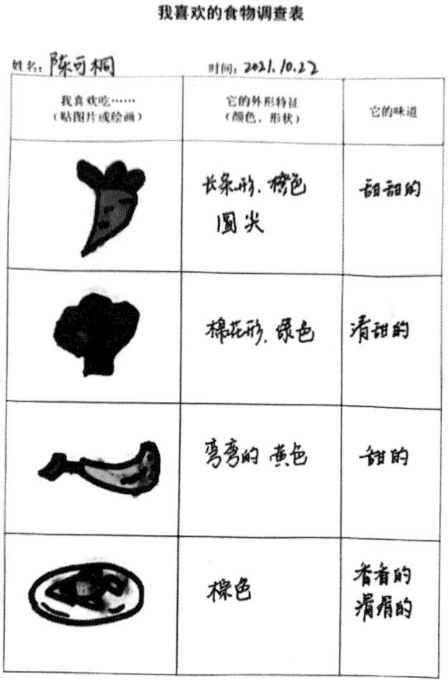

我喜欢的食物调查表

姓名：陈可桐　　时间：2021.10.22

我喜欢吃……（贴图片或绘画）	它的外形特征（颜色、形状）	它的味道
	长条形，橙色 圆尖	甜甜的
	棉花形，绿色	清甜的
	弯弯的 黄色	甜的
	棕色	香香的 滑滑的

“我喜欢的食物”调查表

豆宝：“我和爸爸一起去了肉菜市场，里面好大好大，有好多青菜、鱼、虾、肉。”

西西：“我去了超市，超市有专门卖菜的区，我看到好多种颜色的蔬菜。”

丁丁：“我们家楼下有一家钱大妈蔬菜店，那里的菜也很丰富呢。”

教师：“小朋友们都积极地和爸爸妈妈去实地调查，这些地方是我们日常购买食物经常去的地方。你们都认识这些菜吗?”

丁丁：“我经常和妈妈一起去买菜，妈妈经常教我认识这些菜，我能认识很多菜。”

豆宝：“我发现很多没吃过的食物，有洋槐花、南瓜藤、小黄鱼。”

西西：“我看到了很多我喜欢吃的菜，真有意思。”

小雨：“有好多菜我都不认识，原来有这么多食物啊。”

润润：“还有我不喜欢吃的黄瓜，是绿色的。”

香香：“对啊，我也不喜欢吃青菜，有时候吃起来有点苦。”

教师：“看来小朋友都有很多不同的发现，你们看到的这些菜都是我们饮食中不可缺少的食物，都能为我们的身体带来营养。”

经过实地考察和分享，幼儿更加直观地感受到日常生活中食物的多样性，越来越多的幼儿在一日生活中讨论着自己见过的食物，分享自己知道的食物营养价值。

3．食物营养我知道

两次活动后，教师发现越来越多的幼儿喜欢在语言区阅读与食物有关的图画书，教师开始思考如何借助图画书和视频帮助幼儿了解食物对自己身体成长的重要性。于是，教师在语言区投放了《爱吃青菜的鳄鱼》《奔跑吧！烤肉兄弟》《肚子里有个火车站》《小兔子的胡萝卜》等与幼儿健康饮食相关的图画书，提前准备了“蔬菜营养高，大家都要吃蔬菜”的动画视频。

餐前活动，大家一起观看了“蔬菜营养高，大家都要吃蔬菜”的动画视频，阅读了图画书《小兔子的胡萝卜》，在幼儿间引发了一场富有童趣的对话。

教师：“小鸟为什么要吃胡萝卜呀？”

婷婷：“胡萝卜很香。”

瑶瑶：“胡萝卜甜甜的。”

大川：“因为它有营养。”

俊俊：“小鸟像我一样喜欢吃胡萝卜。”

教师：“小朋友们说得都很棒，胡萝卜不仅可以做小雪人的鼻子，做小鸟的美食，还可以变成一道菜，钻进我们的小肚子里。钻进肚子里的胡萝卜又是什么味道的呢？今天的午餐正好有胡萝卜焖牛肉，大家都可以仔细尝一下哟。”

午餐时间，幼儿变身成动画和图画书里的小熊猫、小兔子、小鸟，纷纷认真品味午餐中的胡萝卜、牛肉、西兰花、米饭等食物，即使是有些挑食的幼儿也开始接受自己之前不喜欢的食物，愿意尝试多吃几口。

4．我要种一种

幼儿已初步了解不同食物对身体的重要性。恰逢幼儿园各班级开始计划种植园要种什么植物，为了让幼儿直接感知、实际操作、亲身体验食物的来源，参与在园的每一个活动环节，感受种植食物的辛苦，教师与幼儿共同讨论了想要种植的蔬菜，决定先尝试种植易生长的蔬菜——葱。幼儿不仅亲自种植葱，还在教师的帮助下使用观察表记录葱的生长情况，每日关注葱的变化，与教师一起除草浇水，个个化身为种植小能手。

收获的葱怎么处理呢？有幼儿提出想和教师一起用自己种植的葱做美味的菜肴。考虑到幼儿的喜好，大家决定请厨房的叔叔阿姨帮忙做一道最受欢迎的葱油饼。

幼儿亲自体验种植葱

幼儿品尝收获的葱油饼

当天的午餐似乎格外的可口，每名幼儿都品尝了自己种植的蔬菜，把碗里的饭菜吃得干干净净的。经历过种植的过程，幼儿非常珍惜自己种植的蔬菜，不舍得浪费每一餐的食物。

深圳市罗湖区清秀幼儿园　陈虹羽　韩靖晖　詹淑音

案例解析 幼儿的日常生活看似平常，却充满趣味性。“吃”对于幼儿来说是再寻常不过的事情，是每一天都在反复发生的生命活动。当教师发现幼儿在用餐习惯上有提升空间时，不是直接强制性地要求幼儿必须吃完所有的食物，而是先了解幼儿吃不完的原因，有针对性地组织幼儿参与系列活动，让幼儿走进超市或菜市场，来到生动有趣的故事世界，动手种植并照顾蔬菜，等等。这些真实的、直观的活动帮助幼儿切切实实地感知到食物的来之不易和对身体的重要性，逐步养成了良好的用餐习惯。

案例 2-3
开心商店

开心商店是最受大三班幼儿欢迎的区域之一。每天的区域活动时间，都可以看到小顾客们穿梭在商店的货架前精心挑选自己心仪的物品，商店的老板、推销员、收银员也忙得不亦乐乎。幼儿积极、主动地参与到角色游戏中，根据已有的生活经验扮演着自己的角色，开心商店内充满自由、自在、愉悦的游戏氛围。

语言区、科学区、数学区这类认知性区域可以按照领域的核心经验来投放材料。角色区作为幼儿开展角色游戏的社会性区域，是幼儿对日常生活的再现，怎样才能让幼儿真正成为“角色”的主人呢？怎样才能充分激发幼儿参与角色游戏的主动性和创造性呢？表 2-1、表 2-2 是“开心商店”的创建要点和运营情况，很好地回答了上述问题。

表 2-1　开心商店创建要点

创建阶段	主要行动	创建要点
确定角色区主题	确定要创建什么样的角色区	餐前活动中，教师与幼儿讨论要创建的角色区，并采用投票的方式确定要创建商店
商店创建前准备	了解幼儿对商店的已有经验	通过谈话活动和问卷调查两种方式，教师深度了解班级幼儿对商店的认识程度，了解幼儿的前期经验
	亲子实地考察周边商店	家长利用周末时间与幼儿一起实地考察周边商店的空间布局、物品摆放、人员分工等细节，为创建商店做准备
	初步规划商店的设计	实地考察后幼儿对商店的具体形象有了直接、鲜活的认知，经过讨论，幼儿绘画了商店设计图
创建商店行动中	选择商店货架	设计图讨论通过后，教师与幼儿根据角色区的空间开展讨论，确定了商店要用的货架样式和数量
	筹备商店货物	讨论确定了使用班级区域材料、幼儿自行准备、网上购买三种方式完成商店货物的筹备，同时幼儿学习商店分类摆放货物的方式，整理商店货架
	确定商店名称和人员分工	全班幼儿通过投票确定了角色区商店的名称为“开心商店”，并确定商店的工作角色：老板、收银员、推销员和保安

表 2-2 开心商店运营情况

创建阶段	主要行动	创建要点
开心商店正式运营	制定商店购物规则	商店试运营后，幼儿在角色游戏中发现了商店运营的一些问题。区域总结时幼儿共同讨论制定了商店的购物流程、购物规则，制作了运营记录单等
	解决商店顾客少的问题	经过一段时间的游戏，幼儿发现角色区没有想象中的受欢迎，通过采访班级其他幼儿，大家发现很多幼儿因为没钱不敢来商店采购。教师与幼儿共同讨论后决定在商店内开设银行，制定了用印章兑换钱币的规则
	制定商店借物规则	通过不断地调整，幼儿越来越喜欢开心商店，很多小顾客在活动结束后还意犹未尽，于是，幼儿提出新的问题："商店里的物品能借回家吗?"讨论后，幼儿参考图书馆的借阅规则制定了商店的借物规则

深圳市罗湖区清秀幼儿园　黄瑜婷　黄文丹

案例解析　角色游戏是幼儿按照自己的意愿扮演角色，通过模仿和想象，运用语言、动作、表情等，创造性地反映现实生活的一种游戏。案例中的教师把握住了角色游戏的核心价值和主要特征，从选择主题到创建商店，再到解决角色游戏中发现的问题，全程交由幼儿主导。幼儿根据自己的兴趣、需要和经验确定了开心商店的主题。游戏的过程是幼儿对日常生活的一种积极主动的再现，幼儿在模仿现实生活情景时，也会受到生活经验的影响，不断地调整游戏内容，这充分体现了幼儿日常生活的教育价值。

虽然儿童在日常生活中或多或少也会受到社会制度和给定规范的影响，但是与成人相比，儿童的日常生活更具有自发性、情感性、情景性。当幼儿园用制度来规定儿童的日常生活时，儿童的一日生活便减少了乐趣、活力与丰富性。幼儿园及教师要正确理解一日生活应是儿童的日常生活，避免出现两种割裂现象：一是，一日生活的教育内容远离儿童的日常生活；二是，用制度生活代替儿童真实的日常生活。

探寻儿童的一日生活要建立在理解儿童的基础上。儿童对生活具有一定的调节能力，但仍需要成人的引导和支持。教育蕴含在儿童一日生活的方方面面，当幼儿园把握住儿童一日生活的本质后，更能向教师传递正确的教育观和儿童观，从儿童的角度科学、合理地安排一日生活；当教师理解儿童一日生活的本质后，更能从儿童的角度组织和开展一日生活，尊重儿童自己的生活。

第二节　看见儿童的一日生活的目的

当我们关注儿童的一日生活时，一个问题随之产生——这些活动和经历对于儿童的生长和发展到底有何作用？在本章的第一节中，我们强调了儿童应当拥有自己的一日生活，那么这种自主的生活究竟是如何与儿童的成长和发展相联系的呢？在本节中，我们将探讨看见儿童一日生活的目的，了解一日生活对儿童当下和未来的影响，以及如何让一日生活更好地为儿童所用。儿童从入园的第一天，就开始了解、熟悉、适应并慢慢参与幼儿园的一日生活，儿童的生活不仅是成人生活的预备阶段，儿童的现在和将来是一个连续发展的过程。看见儿童的一日生活在于尊重儿童的生长发展规律，在教育教学中重视儿童的真实生活，看见儿童当下的生长与发展，让儿童回归到有意义的童年生活中。

一、一日生活在于儿童的生长、发展

儿童的生活具有生长性或发展性的特点，一日生活关系到儿童的身体、动作、技能、情绪、认知等多方面的发展。教师需要不断回归、反思，在教育过程中找到最自然、最本原、最真实、最贴近儿童成长需要的教育内容，一日生活中教育内容的安排与实施更应关注儿童的身体健康和生长发育，同时指向儿童核心经验的发展。

案例 2-4
60 克水果知多少

1．活动背景

吃水果是幼儿一日生活中的一个小环节。我们尝试过多种组织方式及水果

数量、种类的配备，从最初的集中吃水果到在区域内自主吃水果，再到进一步尊重幼儿的自主性，让幼儿灵活选择水果的种类和数量。但是关于不同水果的摄入量，班级在实施初期并未形成统一标准，因此各班级对同一种水果给出的摄入量提示都不一样，出现有的班级幼儿水果摄入量不足，有的班级幼儿摄入量超标的情况。

蔬菜、水果是膳食纤维的主要来源，根据 3—6 岁学龄前儿童膳食宝塔，幼儿每日水果建议摄入量为 150 克至 250 克，幼儿在园摄入量占全天的 70%，为 105 克至 175 克。园所制定幼儿带量食谱时遵循食物多样化的原则，每天为幼儿提供两种水果，每种水果设定的重量为 60 克，两种水果共 120 克，根据在园幼儿的配餐平均年龄为 5.07 岁，建议各年龄组幼儿的摄入量百分比为：小班 92%、中班 96%、大班 106%。

基于此，为保证幼儿身体的健康发育，每天在园能摄入足够的营养，园所保健医、教学管理人员、教师、保育员多方合力，共同商讨对策，通过保教医融合，带领幼儿制作班级水果指引牌，指导幼儿科学、自主吃水果。

2．实施策略

（1）制定幼儿每日水果量指引

教学管理者通过与园所保健医沟通，了解到根据营养膳食的要求幼儿每天的水果量大概是一种水果 60 克，共两种水果。为了让班级教师及保育员对不同种类的 60 克水果有更清晰的认识，更科学地引导幼儿吃水果，保健医将幼儿园常吃的水果对应不同年龄段幼儿所需的量进行称重，并用图标的形式制作成幼儿每日水果量指引表，方便教师了解和学习（见表 2-3）。

班级水果指引牌

表 2-3　清秀幼儿园幼儿每日水果量指引表

序号	水果名称	水果净重（100%）	食用量			备注
			小班（92%）	中班（96%）	大班（106%）	
1	红提		6—8 颗	7—9 颗	8—10 颗	班级根据当天水果的大小实际称重
		60 克	55 克	59 克	64 克	
2	苹果		2 块	2 块	2 块	建议水果块有大小之分，小班的水果块更小一些
		60 克	55 克	59 克	64 克	
3	橘子	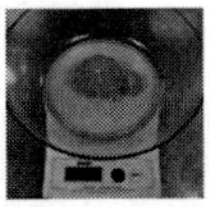	1 个	1 个	1—2 个	橘子皮可以让幼儿自己剥
		60 克	55 克	59 克	64 克	
4	香梨		3 块	3 块	3 块	建议水果块有大小之分，小班的水果块更小一些
		60 克	55 克	59 克	64 克	
5	香蕉	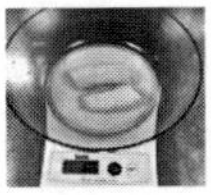	2 块	2 块	2 块	建议水果块有大小之分，小班的水果块更小一些
		60 克	55 克	59 克	64 克	
6	橙子	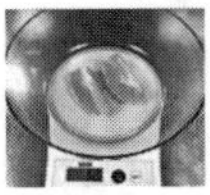	2 块	2 块	2 块	建议水果块有大小之分，小班的水果块更小一些
		60 克	55 克	59 克	64 克	
7	蓝莓	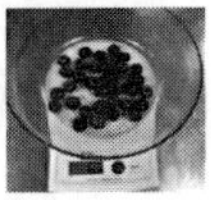	2—3 勺	2—3 勺	3—4 勺	 水果勺
		60 克	55 克	59 克	64 克	

续表

序号	水果名称	水果净重（100%）	食用量			备注
			小班（92%）	中班（96%）	大班（106%）	
8	火龙果		2 块	2 块	2 块	建议水果块有大小之分，小班的水果块更小一些
		60 克	55 克	59 克	64 克	
9	青提	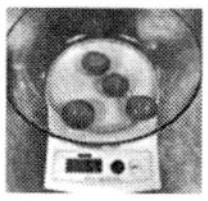	3—4 颗	3—4 颗	4—5 颗	班级根据当天水果的大小实际称重
		60 克	55 克	59 克	64 克	
10	车厘子		3—4 颗	4—5 颗	5—6 颗	班级根据当天水果的大小实际称重
		60 克	55 克	59 克	64 克	
11	哈密瓜	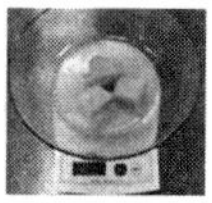	3 块	3 块	3 块	建议水果块有大小之分，小班的水果块更小一些
		60 克	55 克	59 克	64 克	
12	奇异果		3 块	3 块	3 块	建议水果块有大小之分，小班的水果块更小一些
		60 克	55 克	59 克	64 克	
13	草莓		2—3 个	2—3 个	3—4 个	班级根据当天水果的大小实际称重
		60 克	55 克	59 克	64 克	

（2）将“吃水果”与教育活动相结合

园所保健医从膳食营养管理的角度出发，与保育员、教师共同研讨，设计并规范班级幼儿吃水果的流程。教师根据幼儿每天吃的水果，适时开展相关的教育活动，如水果和身体发育相关的主题活动等，自然地将幼儿吃水果的活动与健康教育、饮食教育、生命教育等融合。

每个班级生活区的操作台上，都贴有“清秀幼儿园幼儿每日水果量指引表”，并配备电子食物秤。同时，生活区还可以粘贴食物金字塔、水果的营养表等。此外，教师可以从材料投放和环境创设等方面支持幼儿自主吃水果，如中大班幼儿可以利用生活区提供的食物电子秤对物品进行称量，了解不同种类的水果 60 克到底是多少，并通过称量自主完成水果提示牌上的任务。在这个过程中，幼儿能直观感受到物体的重量与数量、体积之间的关系，获得数学方面的核心经验。

3．活动总结

幼儿在园的膳食营养管理对幼儿身心的健康发展有着重要影响，园所需要为幼儿提供健康适宜的营养摄入，教师应当发现并抓住一日生活中的教育契机，在保证幼儿一日生活自主权和参与权的同时，引导幼儿养成良好的饮食习惯，保障幼儿的健康成长。

深圳市罗湖区清秀幼儿园 郭兰兰 张 琴 郭凯旋

案例解析 科学、合理的一日生活安排能更好地帮助幼儿实现身心健康发展，专业的指引能在一定程度上避免触及保育教育中的误区，应引导保教人员多观察、多思考，基于科学的教育观促进幼儿健康成长。

案例 2-5 周计划中的五大领域活动安排

幼儿的学习与发展离不开长期且有计划的活动安排。园所基于《3—6 岁儿童学习与发展指南》，根据不同年龄段幼儿学习与发展的核心目标与关键经验，梳理并制定每学年、每学期乃至每周教育教学活动的安排重点，把目标细化到幼儿的一日活动中。例如，大一班在安排周计划时，教师会把五大领域发展的关键经验渗透到丰富多样的学习活动中，促进幼儿的全面发展。表 2-4 详细展示了周计划中的五大领域活动安排。

表 2-4 大一班周计划安排表

本周主题	草莓生长记——自然堆肥				
本周重点	1. 持续观察、记录班级种植区内草莓的生长变化，重点关注传统种植小组的自然堆肥活动 2. 重点观察班级生命科学区记录单的使用情况				
家长工作	1. 家长配合班级开展自然堆肥活动 2. 根据天气情况，关注幼儿穿衣情况，每天为幼儿做好保暖工作				
时间	星期一	星期二	星期三	星期四	星期五
7：50—8：10 入园活动	晨检				
8：10—8：50 早餐、餐后活动、晨谈	谈话：班级地垫放在哪里比较合适？				
8：50—10：00 学习与自主游戏活动	1. 区域活动重点 （1）生活区生活技能练习（夹珠子、系蝴蝶结） （2）科学区观察生命 2. 其他区域自选	1. 区域活动重点 （1）数学区小组学习“邮票游戏” （2）科学区观察生命 2. 其他区域自选	1. 区域活动重点 （1）生活区生活技能练习（夹珠子、系蝴蝶结） （2）科学区观察生命 2. 其他区域自选	1. 区域活动重点 （1）数学区小组学习“邮票游戏” （2）科学区观察生命 2. 其他区域自选	1. 区域活动重点 （1）科学区个别学习——记录智能草莓种植变化 （2）科学区观察生命 2. 其他区域自选
10：00—11：10 户外活动	1. 体育活动：好玩的木棒 2. 器械自选：跳绳、呼啦圈、平衡木 3. 自选游戏：户外搭建积木 场地：二号场地	1. 体育活动：穿越跨栏 2. 器械自选：跨栏、钻圈、呼啦圈、体操垫 3. 自选游戏：组合攀爬架、轮胎 场地：四号场地	1. 体育活动：木头人 2. 器械自选：皮球、大象套圈、保龄球 3. 自选游戏：水池、消防员游戏、水循环 场地：五号场地	1. 体育活动：小马过河 2. 器械自选：沙包、羊角球 3. 自选游戏：骑行小车、喷泉单车、溜溜车 场地：七号场地	1. 体育活动：骑行大比拼 2. 器械自选：大型综合玩具 3. 自选游戏：墙面玩具、民间小吃车 场地：九号场地

续表

时间	星期一	星期二	星期三	星期四	星期五
11：10—11：40 餐前活动	谈话（集体）： 生活中的自然科学材料有哪些？	音乐游戏（集体）： 贪吃的小马	谈话（集体）： 户外活动中奔跑的速度	故事（集体）： 《草莓》	谈话（集体）： 隐私部位不能碰
11：40—12：10 生活活动	盥洗、自我服务、午餐				
12：10—14：45 生活活动	餐后自选活动、散步、盥洗、午睡、午检、起床、整理				
14：45—15：40 户外活动	1.体育活动：夹沙包 2.器械自选：皮球、足球、足球门 3.自选游戏：种植菜地、跳绳 场地：一号场地	1.体育活动：两人三足 2.器械自选：扭扭车、跷跷板、摇摇车 3.自选游戏：游戏车、海盗船、小型攀爬架 场地：三号场地	1.体育活动：小鸭捉鱼 2.器械自选：沙包、毽子、跷跷板 3.自选游戏：针雕玩具、陶泥、涂鸦墙 场地：六号场地	1.体育活动：写王字 2.器械自选：跳绳、呼啦圈、平衡木 3.自选游戏：音乐驿站、地面游戏线 场地：八号场地	周五下午： 14：30—15：10 起床整理 15：10—15：30 周小结 15：30—16：00 离园活动
15：40—16：00 生活活动	盥洗、午点				
16：00—16：40 学习活动	科学：自然堆肥知多少？	A组：语言“蔬菜大家族” B组：主题“自然堆肥的材料有哪些？”	音乐（集体）： 墨西哥草帽舞	社会：自然堆肥的环保计划注意事项	
16：40—17：30 离园活动	自选活动、整理、离园				

深圳市罗湖区清秀幼教集团淘金山幼儿园　郑永青　张怡艳

案例解析 在“大一班的周计划安排表”中，教师把健康、语言、社会、科学、艺术领域的相关活动与班级主题和幼儿的兴趣相结合，合理地安排到幼儿一周的活动计划中。幼儿在每一天的一日生活中，都能充分接触到各领域的学习内容，通过丰富多样的学习获得多领域关键经验的发展。

看见儿童的一日生活还应回归儿童的生活本身，关注儿童当下生活中发生的事情，以促进儿童获得丰富的生活经验，更好地适应生活。

一日之计在于晨，作为一日生活中学习活动的开端，选择合适的话题开展晨谈活动可以为儿童营造一个平等、宽松的氛围，让儿童可以自由地表达个人见解，大胆地讲述自己的经历，勇敢地发表自己的意见，有助于提高儿童的口语能力，增强儿童的自信心，培养儿童良好的行为习惯。

案例 2-6 一日生活中的晨谈活动

温暖、轻松的晨谈氛围，教师在晨谈中的良好情绪状态，有利于幼儿的身心发展。班级晨谈的内容可以包括“一日生活流程”“值日生安排”“出勤情况”“自主游戏计划”“日期、天气及温度播报”“每日趣事分享”“活动计划”“班级区域、户外场地安排”以及“班级公约”等方面。

晨谈内容应结合幼儿的一日生活，如在“日期、天气及温度播报”中，播报天气情况能帮助幼儿感知和发现不同季节的特点，体验季节对动植物和人的影响。幼儿可以根据天气变化尝试进行简单的推理，如下雨要打伞、天气寒冷要添衣等。通过对一周温度的统计，幼儿可以直观地了解生活中气温的变化，并能根据温度和湿度的变化适时增减衣物，提升自身的生活能力。

在环境创设上，晨谈墙上提供了实物日历以方便幼儿直观地了解日期，幼儿可以直接在日历上圈出当天的日期，并在上面用不同的符号，如太阳、云朵、雨滴等，表示当天的天气。日历旁边配有一周天气统计表，统计天气情况既能培养幼儿

晨谈墙的日历

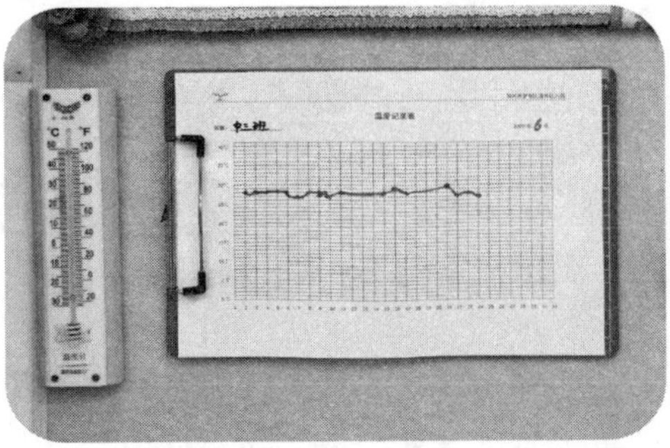
晨谈墙的温度统计表

的数学思维，也让幼儿对生活中某一段时间温度的变化有更具体的了解。

幼儿的生活活动贯穿幼儿的一日活动中，旨在帮助幼儿发展生活自理、人际交往、自我保护等能力，逐步养成健康的生活秩序和习惯。如在“值日生安排”中，可以有机渗透劳动教育的内容，让幼儿参与并融入一日生活中，通过值日生工作逐步成为生活的小主人。针对不同年龄段的幼儿，值日生工作的内容也会有所区别。小班会侧重生活自理能力的培养，如擦嘴、洗脸、洗手、喝水等；中班增加照顾动植物、午餐报告、桌椅整理等内容；大班则开始为班集体服务，如协助分餐、床铺整理、区域活动收整等。在晨谈环节中，教师会根据本班幼儿的实际情况采取不同的组织策略，有的班级采取每天轮值的形式，在晨谈中通过让值日生分享工作计划和内容，加强全体幼儿对值日生工作的了解；有的班级采用按月轮值的方式，帮助值日生逐步熟悉每一项生活技能。随着年龄的增长，晨谈的内容可以更加深入，比如，每天就出勤情况展开谈话：全班多少人？有几个没有来？来了多少人？

深圳市罗湖区清秀幼儿园　李楠楠　张　丹

案例解析　晨谈活动作为幼儿在园一日生活的重要环节，其教育价值在于关注当下幼儿的生活及学习情况，关注当下发生在幼儿身边的事情，将幼儿发展的核心经验渗透在幼儿的一日生活中，通过生活学会生活、适应生活。

儿童有着自己特有的看法、想法和感受，不能简单地用成人的观点去代替儿童的视角。对儿童来说，生活中的一切事件都直接指向生长和发展，生活活动不受其他功利性目的的支配。儿童在生活中接受教育，教育要引导儿童发现当下的生活，在一日生活中发展，在学习中适应生活。

二、满足儿童当下和未来的需要

在幼儿园，一日生活不仅要满足儿童的当前需求，也要为他们未来的生活做准备。通过丰富和规律的一日生活，儿童可以逐渐建立良好的生活和学习习惯，增强自我管理能力，提升自主学习能力。例如，在生活中，每天按时作息的安排，可以培养儿童规律生活的习惯；在学习中，通过培养细致认真的学习态度，不断探索和创新，可以发展儿童的创造性思维和问题解决能力，这些都为儿童未来的学习和生活打下了良好的基础。有意义的学习过程能让儿童在一日生活中获得学习的内驱力，教育应该引导儿童深入地感受和体验现实的、实在的当下生活，还要引导儿童积极地创造自己的生活，引导儿童把握自己未来的生活。

案例 2-7
香水制作之旅

1. 活动背景

一次户外活动，幼儿正开心地进行自主游戏，突然有几名幼儿手捧茉莉花过来找教师："老师，您闻闻，这个花好香呀！"原来是幼儿园种的茉莉花开了，掉落的花朵成了幼儿眼中的宝贝。他们捧着花朵兴奋地跟其他小朋友分享茉莉的清香。

幼儿收集的掉落的茉莉花

户外活动结束了，幼儿不忍把花朵扔掉，小心地把花朵带回班级。大家展开讨论："老师，这个茉莉花好香啊。""要是香味一直都在就好了。”“老师，我们可以把它做成香水吗？真的好香呀！”看到幼儿期待的眼神，教师同意了幼儿的想法：“当然可以，你们可以先探索一下怎么把花朵做成香水。”就这样，关于如何用花朵制作香水的探究之旅开始了。

2. 探究过程

幼儿的香水制作之旅围绕“怎么把花朵做成香水”这一问题展开，经历了幼儿自主制定方案、实施初步构想、延长香水保质期、优化香水保存方法等多个环节。在整个活动中，幼儿一直有一个清晰、明确的目标——用花朵做香水，从把花瓣撕碎加水搅拌，到研磨过滤掉花瓣放冰箱保鲜，再到采用蒸馏法提取花朵的香味，这是幼儿科学探究的过程。

（1）初步感知制作香水的过程

大部分幼儿都很喜欢茉莉花的香气，幼儿认为把茉莉花制作成香水，可以把清新的茉莉香留下来，也可以把香味喷在自己身上。幼儿对“如何用花朵制作香水”这一问题进行了集体讨论，并根据已有经验设计了第一份制作方案：把花朵撕碎放进喷瓶——往里面加水——用棍子搅拌。

确定香水制作方案后，区域活动时，幼儿开始自主尝试制作香水。制作香水之前，幼儿在美发区找到了喷瓶用来装香水，在生活区找到了筷子、吸管和木勺等材料用来搅拌。香水制作完成以后，幼儿迫不及待地拿起喷瓶往自己身上喷了几下，兴奋地喊道：“哇！好香呀，我们的香水制作成功啦！”

通过香水制作活动，幼儿初步感知制作香水的过程，并获得了成就感和满足感。

（2）积极探索制作香水的方法

原以为用花朵制作香水的活动就这样简单、愉快地结束了，幼儿每天来到班里，都要去闻一下他们自制的茉莉花香水。香水制作完的第三天，幼儿像往常一样使用自己制作的香水，但是香水喷出来的那一刻没有熟悉的清新花香，反而有一股食物腐烂的味道。于是，幼儿开始查找原因并尝试第二次制作香水。经过讨论，幼儿认为之所以会这样是因为香水里的花瓣会腐烂。同时，他们结合生活中使用冰箱保鲜物品的经验，认为把香水放在冰箱里就能防止香水变臭。基于此，幼儿第二次制定的方案是：把花瓣研磨出汁——加水过滤掉花瓣——放冰箱冷藏。但是，过了几天，第二次制作的香水也变臭了，香水的保质期并没有因为制作方法的改变而得到延长。

幼儿对香水变臭的原因再次进行了探讨，并进一步探索优化香水制作及延长香水保质期的方法。幼儿通用网络查找用花朵制作香水的方法，得知可以将花瓣放入锅中加热，通过收集水蒸气凝结之后的蒸馏水来提取花朵的香味，并且知道了有固态和液态两种不同形态的香水，他们一致决定要做液态的香水。

幼儿通过网络查找制作香水的方法

幼儿获得了制作香水的新方法，了解到用花朵制作香水的原理是通过加热收集水蒸气凝结之后的蒸馏水——纯露，这种方法叫蒸馏法。幼儿决定采用蒸馏法来制作香水。

（3）习得多领域新经验

活动需要使用很多工具，幼儿通过活动知道了这些工具的使用方法及作用，并能够自主操作，如可以用电子秤称量花的重量、用量杯衡量水的体积、用喷瓶将水变成雾状、用过滤网滤掉杂质、用酒精加热。遇到困难时，也会通过网络查找资料解决问题，会操作蒸馏实验器材，了解虹吸实验的原理，熟悉整套蒸馏仪器的功能及蒸馏实验中各种仪器的作用，如铁架是用来固定仪器的，烧瓶是用来加热材料的，冷凝管起到冷却凝结的作用。

在制作香水的过程中，幼儿不仅习得了制作香水的各种方法，还通过亲身操作和实验了解到香水保存的原理，习得了多种工具的使用方法。

（4）联系经验成功制作香水

使用蒸馏法制作香水的活动中，幼儿需要探究虹吸原理，他们一共经历了两次探索：第一次，幼儿认为只需要往进水口注水就可以了，但是实践证明这个办法不可行；第二次，幼儿认为水不能从出水口流出来的原因是注的水不够多，但是实践证明很难将蛇形冷凝管里的水注满。当发现自己的预想不能实现让水流动的目的时，有幼儿说：“老师，这个太难了，我不想做了。”教师鼓励幼儿思考解决方案，并通过分享喝水的例子给幼儿相应的提示，引导幼儿联系生活经验来思考解决问题的办法。

教师：“我手里有一杯水，我口渴了，想喝这杯水，要怎么做呀？”

包包：“把水拿起来‘咕噜咕噜’喝下去。”

教师："如果我不想移动这杯水，但是我又想喝到这杯水，还可以怎么做呢？"

家翕："那就像乌鸦喝水一样，把嘴巴凑到瓶子那里把水吸上来。"

包包："也可以拿一根长长的吸管放到杯子里，然后把水吸上来。"

教师："对的，我想喝这杯水，除了拿起水杯直接喝，也可以借助吸管把水吸进嘴巴里。这跟进水口和出水口的原理差不多，如果水杯是进水口，那老师的嘴巴就是出水口，刚刚我们向进水口注水的办法不可行，那我们还可以怎么样呀？"

家翕："把进水口的管放在水里，然后从出水口这边把水吸过来。"

教师："那你们试试看吧！"

家翕："老师，那我可以用嘴巴吸吗？像喝水一样。"

教师："当然可以呀！但是不能把水喝到肚子里！如果水不小心进入嘴巴，不要吞下去，要把它吐出来。"

再次尝试时，幼儿用嘴巴把水从进水口吸进来，水流动起来了。幼儿看到水成功地从出水口出来，高兴极了。幼儿遇到问题时，在教师的支持下，通过观察和思考，联系生活中的已有经验，并迁移经验，最终成功解决了问题。

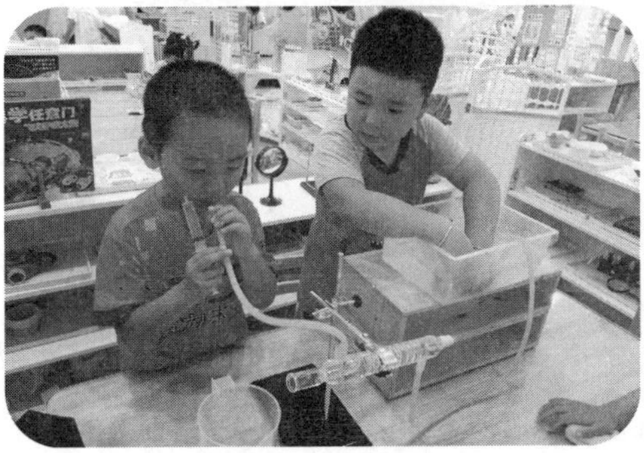

幼儿用嘴巴吸水

幼儿成功让水流动起来

（5）主动总结制作香水的经验

确定使用蒸馏法制作香水的方案后，有幼儿提出想做瓶香水带回家送给妈妈，于是实验小组把制作香水的办法制作成小书，向全班分享。全班幼儿自由分组并讨论方案，包括分组情况及组员分工安排。

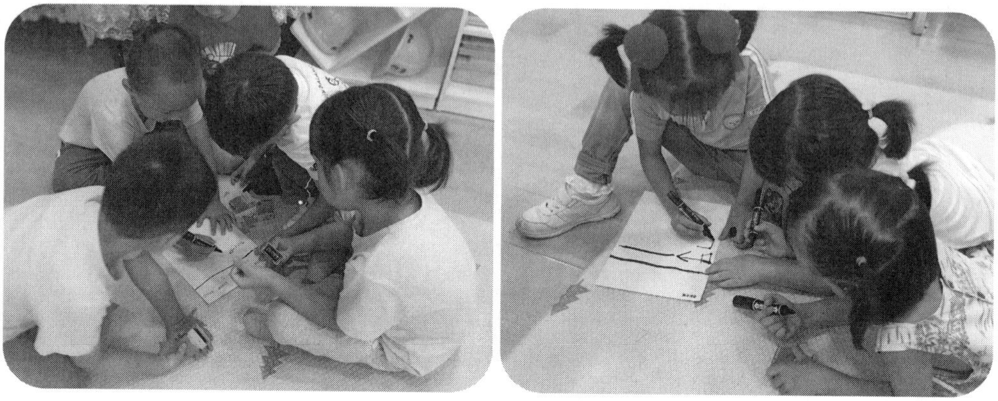

各小组对分工和制作材料进行讨论

幼儿通过小组实验制作送给妈妈的香水，班级每一名幼儿的妈妈都收到了孩子亲自制作的香水。借着幼儿园项目成果展的契机，幼儿在全园展示了香水，分享了自制香水的经验。

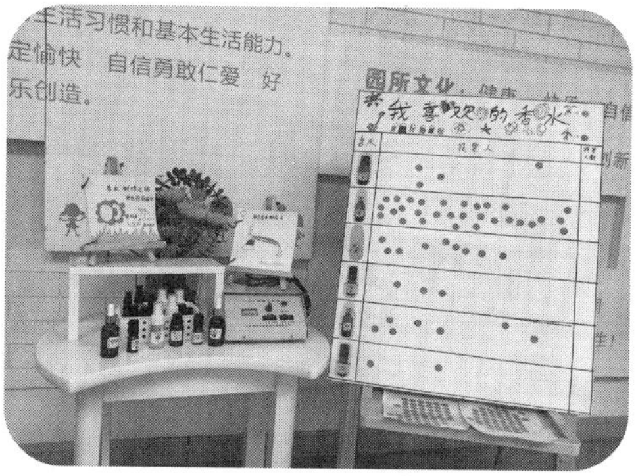

香水展

幼儿在活动中感知了虹吸和蒸馏原理，在蒸馏实验中了解了沸腾现象，知道水沸腾后会有水蒸气产生，水蒸气凝结之后又变成水。

3. 活动分析

（1）幼儿问题解决能力的发展

活动一开始，幼儿就有很明确的目标：用花朵制作香水。活动开展的过程中，幼儿遇到了各种各样的问题，但他们没有选择放弃，而是通过和同伴一起讨论、上网查找资料、咨询教师等方式努力解决问题，找出最优的解决方案。

（2）不断改进，从失败中学习

第一次遇到香水发臭的问题时，幼儿能够根据自己现有的经验去推理香水发臭的原因，并主动想办法解决问题；当香水制作连续失败两次之后，幼儿依旧能够保持积极探究的欲望，并通过上网查找资料寻找制作香水的办法，最终找到最优方案——通过蒸馏法制作香水。

（3）团队合作，相互学习

活动中幼儿能够共同商量并确定制作香水的方案，遇到问题时，能够相互支持找到解决方案，善于采纳同伴意见，乐于分工合作，共同为成功制作香水而努力。用蒸馏法制作香水时，幼儿有负责洗花的，有负责称花的重量及注水量的，有负责安装仪器的，有负责记录的，有负责监控出水口的，所有分工都是为了一个共同目的——成功制作香水。

深圳市罗湖区清秀幼儿园　沈金倩　黄香琴

案例解析 制作香水的想法来源于幼儿的一次偶然发现，教师尊重幼儿的兴趣，支持幼儿通过感知、探索、练习等在一日生活中开展有意义的学习。案例中的幼儿在调查、实验、总结、讨论中获得了对现实生活的发现，促进了问题解决、团队合作、积极应对挫折等良好学习品质的发展，为满足幼儿未来生活的需要产生积极影响。

如果教育只关注儿童在一日生活中的当下活动而不是儿童未来的需要，教育就失去了存在的价值。反之，如果教育只重视儿童未来的生活需要，而忽视了儿童在一日生活中的当下需求，儿童的一日生活便会失去生机和幸福。只有在一日生活中兼顾儿童的现实生活和未来需要，儿童才能学会创造生活、适应生活。

"生活即教育"，看见儿童的一日生活既要看见儿童一日生活的本质，还要看见儿童一日生活的目的在于儿童自身的生长、发展，同时还要满足儿童的现实生活和未来需要。教育要联系儿童的生活，还要重视生活本身的发展性和教育性，在儿童已有经验的基础上，促进儿童在一日生活中基于兴趣和需要主动发现新奇、有趣的人、事、物，在与周围世界互动的过程中获得关键经验，实现有意义的学习与发展。

第三节　看见儿童的一日生活的内容

幼儿园一日生活是指儿童从入园到离园的一天时间里，在幼儿园室内外各个空间里的全部经历。幼儿园一日生活的内容是影响儿童成长的重要因素。幼儿园的一日生活包含了各种类型的活动和任务，这些活动和任务不仅是儿童成长和发展的关键，也是儿童快乐学习和生活的源泉。我们参考《广东省幼儿园一日活动指引（试行）》将幼儿园的活动分为生活活动、体育活动、自主游戏活动、学习活动，这 4 种类型的活动共同构成幼儿园一日生活的内容。同时，还要注意，过渡环节也是幼儿园一日生活的重要组成部分，在儿童的生活中占有重要地位，也是教师实施教育的有效途径。每种活动都有其独特的教育意义和目标。因此，了解幼儿园一日生活的内容，可以更好地把握儿童的学习和成长需求，为儿童提供更加全面、有针对性的教育和支持。

一、生活活动

生活活动是指满足儿童基本生活需要的活动，主要包括儿童入园、进餐、饮水、盥洗、如厕、睡眠、离园等环节。生活活动贯穿儿童的一日活动中，旨在帮助儿童发展生活自理、人际交往、自我保护等能力，逐步养成健康的生活方式和习惯。

案例 2-8
小班幼儿入园、离园环节的组织

入园是幼儿在园一日生活的第一个环节，是一天集体生活的开始，也是幼儿园与家庭每日良好衔接的第一步，更是培养幼儿独立自主、文明礼貌等的契机。离园是幼儿在园一日生活的最后一个环节，是一天集体生活结束、幼儿身心进入放松整理的阶段，也是家园交接的时间。表 2-5 是入园、离园环节的组织策略举例。

表 2-5　小班幼儿入园、离园环节的组织

活动环节	具体内容	组织策略
入园环节	问好、晨检、放书包、换鞋子、洗手、挂毛巾、喝水、放水杯、晨间活动	以放书包为例，可以运用以下5个策略： 1. 策略一：开学前教师准备幼儿的照片，加工后张贴在书包柜的左上角，并告知家长，提前与幼儿进行沟通； 2. 策略二：开学后第一周，幼儿入园，教师在门口用言语提醒幼儿“请你找到自己的照片，打开自己的柜子，将书包摆放好”，再提醒幼儿进行下一项活动； 3. 策略三：观察一周，如果发现大部分幼儿还是不会自己放书包，就进行集体示范，共同讨论书包怎么放最方便。如果还是有幼儿不会，就在晨间活动时采取小组的形式组织幼儿学习；没来园的幼儿和未掌握的幼儿则由教师进行个别指导； 4. 策略四：如果幼儿出现不规范的动作，如用脚关柜子门，教师可以进行情景模拟，以拍照片和视频的形式进行集体分享和讨论； 5. 策略五：如果有部分幼儿仍不能自己放书包，教师可以私下和家长进行沟通，提醒幼儿书包正确的摆放方式
离园环节	如厕、洗手、喝水、换鞋子、整理仪表、背书包、排队	以排队为例，可以运用以下5个策略： 1. 策略一：当幼儿还没有排队的意识时，教师可以跟家长沟通，小声提醒幼儿有序排队； 2. 策略二：教师可以尝试在户外活动的时候，引导幼儿玩“小火车”游戏，开着小火车去散步，初步尝试排队； 3. 策略三：利用音乐游戏，如“小火车钻山洞”“一个跟着一个走”等，帮助幼儿学会按顺序排队前进； 4. 策略四：在生活活动的各环节中，如喝水、吃水果、洗手，通过小脚丫、线条、圆点等地面标志，引导幼儿排队； 5. 策略五：与家长沟通，请家长在家帮助幼儿练习排队

案例解析　生活活动中蕴含着对幼儿进行思想与情感教育的重要内容，应当采用各种教育教学方式，在具体的活动中，通过一些有效的策略，丰富幼儿的生活经验，培养幼儿良好的行为习惯。

二、体育活动

体育活动主要是指通过器械运动、自然因素锻炼、操节等形式开展的运动，主要包括集体活动、自选活动和操节三个类型。体育活动能增强幼儿的运动能力和环境适应能力，是培养幼儿健康体魄、愉快情绪的重要途径。

案例 2-9
袋鼠跳

教师：“今天我们一起去动物园吧，小朋友都当小袋鼠，好不好？小袋鼠胸前有个口袋，它跑得很快很快，今天我们就来做一只快乐的小袋鼠吧！”

教师拿来了一边封口的口袋，说：“现在请小朋友们站进口袋，我们就变成小袋鼠了。小袋鼠怎么跳的，你们知道吗？”幼儿模仿袋鼠跳。

教师：“现在请小袋鼠们，向着对面的小山坡出发！”

案例解析 案例中的教师为了指导幼儿学习双脚并足向前跳的动作技能，将传统游戏“袋鼠跳”融入教学活动中，通过角色扮演的形式，调动幼儿积极性，指导幼儿实现并足跳。组织开展体育活动不仅能够促进幼儿的基本动作发展，形成强健的体格，增强体质，还能帮助幼儿形成乐观开朗、积极向上的性格，扩大幼儿个体与周围环境的互动，促进幼儿自信心的发展。

三、自主游戏活动

自主游戏活动是指儿童在游戏情境中根据自己的兴趣和需要，以快乐和满足为目的，自由选择、自主展开、自发交流的积极主动的活动过程。自主游戏活动能够满足儿童的个体需要，促进儿童在活动中发展想象力、创造力、交往合作能力及乐于探究的品质。

案例 2-10
搭建“语言博物馆”

班级主题活动为“深圳方言”，幼儿对不同地方的方言产生了浓厚的兴趣。一次周末，妞妞参观了深圳博物馆，在自主游戏时间，妞妞对她的小伙伴们说：“我们也做一个我们班的深圳语言博物馆吧！”她的建议得到了大家的赞同。

贝贝：“我们可以利用沙区的沙子来搭建。”

安娜：“我们应该先去画出设计稿。”

于是，安娜和贝贝就来到美工区绘制深圳语言博物馆设计稿，接着在沙区进行了第一次的搭建，深圳语言博物馆 1.0 版本落地了。

在当天的区域分享中，润泰指出贝贝的博物馆不对，因为没有道路和场馆。贝贝和润泰对设计稿进行了改进，产生了深圳语言博物馆 2.0 设计稿。在当天的区域活动时间里，在教师的帮助下，幼儿完成了新版本的搭建。

沙区搭建博物馆 1.0 设计稿

沙区搭建博物馆 1.0

沙区搭建博物馆 2.0 设计稿

沙区搭建博物馆 2.0

通过贝贝的分享，子桐受到了启发，在第二天做区域计划的时候找到老师。

子桐：“老师，我今天想用积木搭建一个积木区的语言博物馆。”

教师：“这个计划听起来不错，那你打算第一步做什么？第二步呢？”

子桐：“我想先画一个设计稿，然后和小朋友搭建。”

教师：“那就去试试看吧。”

桐桐随即画出了用积木搭建深圳语言博物馆的设计稿，当天还和小朋友一起搭建了出来。

用积木搭建深圳语言博物馆的设计稿

用积木搭建的深圳语言博物馆

案例解析 基于前期活动与自身生活经验，幼儿自发尝试搭建语言博物馆。幼儿主动思考、逐步探索，通过同伴合作、自主探究、对比发现等方式建构新经验。团队合作、运用反思与批判性思维、设计与建构、解决实际问题等理念在幼儿的自主游戏中逐步渗透，让幼儿获得多方面的成长。

四、学习活动

学习活动是指教师采用游戏、谈话、实验、操作、实地参观、听赏、表演等多种方式，有目的、有计划地引导儿童通过直接感知、实际操作和亲身体验获取经验，帮助儿童逐步养成积极主动、认真专注、敢于探究和尝试、乐于想象和创造等良好学习品质。学习活动一般包括活动准备、活动实施和活动评价三个环节，教师通过集体、小组和个别学习的方式组织学习活动。

案例 2-11
小小油菜花

深圳似乎四季如夏，11 月依然鲜花灿灿、绿叶茵茵，幼儿在菜地里播撒了油菜种子。一个月后，土里就钻出绿油油的小苗苗，可仔细一看，菜苗儿都挤成一堆了。基于丰富的种植经验，幼儿熟练地开始移栽油菜苗，把挤在一起的菜苗移栽到另一块宽松的土地上。

竹竹：“油菜苗长出来了，可是它们都长成一堆了。”

轩轩：“我们可以像移黄豆一样把它们移栽出来。”

幼儿每天轮流悉心照料着小油菜苗，持续观察并记录着菜苗生长的故事。他们不断地发现问题、思考问题、解决问题、总结经验，掌握了施肥、除草、除虫、浇水等照顾油菜的基本方法。在观察油菜生长的过程中，还学会了测量和记录油菜的高度和宽度，这让他们成了油菜苗成长路上的小小见证者。

幼儿记录照顾植物的方法

冬去春来，新学期返园时，幼儿惊喜地发现油菜长出花蕾啦！当幼儿看到青绿色的花蕾时，非常兴奋。对于第一次亲自播种油菜的幼儿来说，他们很期待花开。

1．邂逅油菜花

3月初的一个清晨，幼儿再次来到天台。第一次在幼儿园邂逅金黄的油菜花时，他们眼睛里的惊奇、脸上的笑容、热烈的讨论，无不展现着他们见证油菜从播种到开花的喜悦。

翊雯："圣铭，你知道吗，油菜花里有很多花粉，早上我们还没起床的时候，蜜蜂会来这里把油菜花的花粉采走，然后酿成蜂蜜哟！"

昊昊："老师，这个花蕾里面好像还有一些花粉没有被蜜蜂采走呢！"

幼儿近距离观察油菜花

2．油菜籽成熟啦

整个三月，幼儿都热衷于观赏这些金灿灿的油菜花，他们不断地讨论和记录着关于油菜花的故事。直到有一天，金黄的花儿开始凋谢，幼儿又有了新的发现——油菜荚。

珝雯：“我看到有些油菜花掉在地上了。”

圣铭：“有一棵油菜的花全掉光了，只剩下尖尖的东西在那里。”

煜轩：“我知道，我在我姥姥家见过，油菜花上那尖尖的东西是油菜花的果实，里面是油菜籽。油菜花会全部掉光，只剩下油菜的果实，然后要把油菜整个割下来，再用棍子把油菜籽给打下来。”

原来，油菜花的凋零预示着收获的到来。户外观察时间，幼儿仔细地研究着油菜荚，探索着菜荚里面果实的秘密。

师幼共同观察油菜荚

绵绵：“老师，油菜成熟啦！你快过来看看。”

曜霆：“剥开后里面真的有油菜籽。”

四月过后，油菜花快掉完了，只剩下一大片油菜荚挂在菜秆子上，丰硕的果实也是别样的风景。幼儿又开始讨论如何收割油菜籽，从分工、选工具到最后的整理，对于熟悉的流程幼儿表现得得心应手。

晏峰：“玥玥，这个油菜有点硬，你来帮帮我吧！”

玥玥：“菜秆儿记得拔掉哟！”

收割油菜籽

油菜籽收完后，最令幼儿兴奋的就是筛选菜籽的环节，这是他们以前从来没有经历的事。教师决定让幼儿充分体验榨菜籽油的过程。6 岁的轩轩有陪姥姥收割油菜籽和榨菜籽油的经历，他在这个过程中也最积极，于是活动就从轩轩的经验分享开始。轩轩告诉大家，首先需要将菜秆晒干，然后再用木棍将菜籽和菜荚分离开，接着再把菜荚晒干，最后需要把留在菜籽里的杂物清理干净，这样就可以榨油了。

接下来，幼儿开始分工合作，热火朝天地筛选菜籽，用木棍敲打菜荚以让菜荚脱粒，再用漏网进一步筛选菜籽，就有了一大片黑油油的油菜籽。幼儿在快乐的劳动中不断感受着自然的奥秘和传承的智慧。

3. 菜籽油生成记

幼儿在体验收获的喜悦的同时，又开始了新的思考：收获的菜籽要用来做什么呢？幼儿根据之前的种植经验，经过一番热闹的讨论之后，决定将部分菜籽用来做手工、售卖、再播种，还有一部分可以用来榨菜籽油。

韵竹：“把油菜籽留下来继续种油菜呀！”

文灏：“我们可以用油菜籽做其他的呀，上次轩轩说过，他姥姥可以用油菜籽榨油。”

幼儿体验筛选菜籽的过程

榨油　　播种　　当手工材料　　卖油菜籽

幼儿经验表征

对于榨菜籽油幼儿是第一次尝试，这又激起了他们浓厚的兴趣。教师决定寻求家长的支持，让幼儿可以真实地体验榨菜籽油的过程。

家长们为幼儿提供了一台现代家用的榨油机，活动得以顺利开展。幼儿第一次尝试榨油，经历了漫长的 40 分钟，放学时间都到了，油还没有榨出来。由于时间没有预估好，幼儿并没有看到出油。

第二天，幼儿再一次尝试榨油。有了前面的经验，幼儿重新选择活动时间，并提议要给菜籽称重并记录重量，对比菜籽榨油前和榨油后的重量。1 个小时过去了，幼儿终于亲眼见证了菜籽出油的成果，还发现要用大量的菜籽才能榨出少量的油，进一步感受到食用菜籽油的来之不易。

将油菜籽倒入机器

盖上机器盖子

选择榨油程序

等待出油

第一次榨油

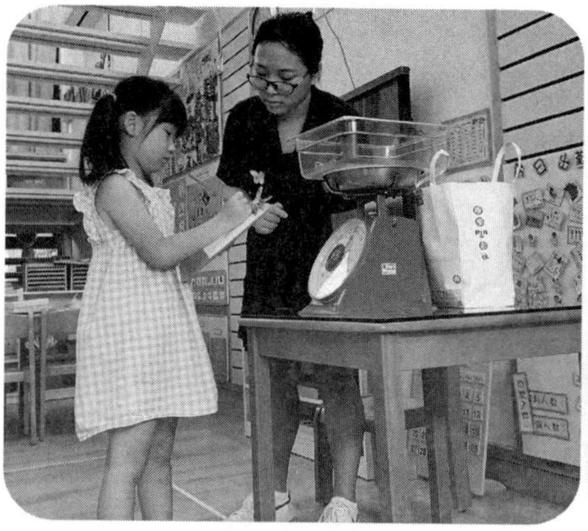

容器称重

容器加菜籽称重

第二次榨油

把菜籽倒入机器

选择程序，开始榨油

第二次榨油（续）

4. 菜籽油美食记

从播种、发芽、开花、结籽，到榨出香喷喷的菜籽油，经历了半年多时间。恰逢幼儿园一年一度的“六一自助餐”活动，幼儿决定要为全园送上一份特别的礼物——菜籽油煎鸡蛋饼。幼儿已经有多次制作美食的经验，可以独立操作大部分的过程，大家一起兴奋地制作菜籽油煎鸡蛋饼。为了让大家知道这是用自己榨出的油做的食物，他们还特意制作了一张美食宣传海报，向大家介绍收获菜籽油的全过程，呼吁所有小朋友爱惜粮食，尊重劳动成果。

到此，小小油菜花的故事已经接近尾声，教师却敏锐地抓住幼儿的一个问题，再一次拓展了幼儿的经验。

轩轩：“制作完鸡蛋饼后，我们剩下的油菜籽要保存下来，应该怎么保存呢？”

明扬：“我们用个瓶子把它装起来吧！瓶子外面还要有一个标签，这样才能知道是我们自己做的。”

晟桐：“我们可以制作一个属于阅悦班的菜籽油包装。”

诗诗：“那我和爸爸妈妈一起查阅资料，看看食品外包装上有哪些秘密吧！”

自制菜籽油的外包装上究竟需要有哪些内容呢？基于新的问题，教师发起了一次亲子调查——食品外包装的秘密，和幼儿一起对统计结果进行整理后，发现食品外包装的基本要素包括生产日期、保质期、商标、产品图片、营养成分、生产地

幼儿制作和分享菜籽油煎饼

幼儿制作的美食宣传海报

幼儿制作的菜籽油包装

址等。有了前期调查的支持，幼儿挑选材料，进行小组分工，开始为菜籽油制作“新衣”。

深圳市罗湖区清秀幼教集团荣悦幼儿园　唐兰兰　黄瑜婷　秦　莉

案例解析　这是发生在幼儿园里常见的综合学习活动，在教师默契的配合、精心的陪伴和专业的支持下，幼儿用半年的时间完整体验了从播种、照顾植物到收获的喜悦。从青绿色的油菜花蕾、金灿灿的油菜花、黄褐色的油菜荚、黑黝黝的油菜籽、亮晶晶的菜籽油，到最后香喷喷的菜籽油煎蛋饼，幼儿在这种全收获的种植活动中，与油菜、泥土、水及各类种植工具相互作用，充分了解了植物的生长过程。在对植物精心呵护、细致观察的过程中，幼儿的学习和成长是自然而然发生的。

幼儿园一日生活中除了 4 种类型的活动外，还有一个起着“穿珠成链”作用的重要环节——过渡环节。它主要是指儿童由一个活动过渡到另一个活动的过程。过渡环节可以让儿童在宽松、自然、有序的环境中自主地完成要做的事情，为下一个活动做好心理准备，养成有序生活的良好习惯。

案例 2-12

中班幼儿户外到室内过渡环节的组织

场景 1：户外到室内的过渡

中班的幼儿结束了户外体育运动，三三两两地跑进教室，而此时教师还在户外为幼儿收拾运动器材。来到教室的幼儿还沉浸在运动的兴奋状态中，因此在教室里互相追逐打闹、嬉笑玩耍。直到主班教师回到教室，幼儿才安静下来。接着，教师组织幼儿上厕所、洗手、准备吃饭。在盥洗和等待吃饭的过程中，个别幼儿仍在讨论刚才户外活动中发生的事，因而不断出现幼儿告状、不注意将碗打翻等现象。

场景 2：户外到室内的过渡

户外体育运动快要结束时，教师提醒中班幼儿：“5 分钟后准备收拾器材回教室！先洗好手的小朋友可以选择一本你喜欢的书看，静静地等待开饭。”接着，教师与幼儿唱着轻快的歌曲，一同整理体育器材。整理好的幼儿在教师的组织下分组回到教室，有序地上厕所、洗手，并很快投入到图画书阅读中。

案例解析 在场景 1 和场景 2 的对比中我们可以看出，过渡环节的有效组织能调节幼儿的行为，促进不同类别活动间的自然衔接，使一日生活紧凑而不紧张，轻松而不松散。不同的过渡环节有着不同的价值，如集体活动和游戏活动之间的过渡有利于幼儿消化集体活动中的学习任务，放松身心以开展游戏；整理环节为幼儿提供了多次、重复整理的机会，是培养幼儿秩序感和责任感的良好时机。教师应当具有一定的教育意识，充分发挥各类过渡环节的优势，科学合理地组织过渡环节，提升幼儿一日生活的流畅性和有效性。

当我们深入了解幼儿园一日生活的内容时，我们可以发现每个活动都有其独特的教育意义和价值。学习活动可以提升儿童的认知能力，生活活动可以培养儿童的生活自理和社交能力，自主游戏活动可以促进儿童的创造力和自主性发展，体育活动可以促进儿童身体健康和培育协作精神。这些活动在幼儿园一日生活中是相互融合、交替出现的，通过教师的引导，可以让儿童得到充分发展。因此，了解和关注幼儿园一日生活的内容对于我们更好地理解儿童成长，关注儿童的需求和发展，提供更优质的教育服务，都具有重要的意义。

第三章

看见儿童
一日生活中的哪些方面

儿童的一日生活包括了生活活动、学习活动、自主游戏活动和体育活动等多种内容。我们应该关注儿童的一日生活，为儿童提供一个适宜全面发展的环境。

看见儿童的一日生活，一是要探讨儿童一日生活中的环境创设，环境是影响儿童学习和发展的重要因素，一个支持儿童全面发展的环境应该是安全、舒适、富有挑战性和鼓励探索的。二是要深入了解儿童一日生活中的流程，探讨如何设计一个合理的流程，使儿童在日常活动中能够获得更多的学习和发展机会。科学的流程需要恰当的组织形式，一个好的组织形式可以让儿童有更多的自主选择和决策的机会，有利于培养儿童的自我管理能力。三是要看见一日生活中的教育契机，通过分析儿童在一日生活中的各种活动和经验，了解他们的兴趣、需求和能力，利用这些契机促进儿童的全面发展。

第一节　看见儿童一日生活中的环境创设

在儿童的一日生活中，环境创设至关重要。良好的环境创设能够满足儿童的各种需求，提供适宜的学习空间、丰富多样的活动材料，以及温馨和谐的集体氛围。儿童是环境创设的重要主体，教师在创设环境时应尊重儿童的主体地位，在一日生活的生活活动、学习活动、自主游戏活动、体育活动中打造一个更加适合儿童成长的环境，让儿童茁壮成长。

一、环境创设应满足儿童的需要

儿童的一日生活与环境创设密切相关，环境创设应该充分考虑儿童的发展阶段和兴趣爱好，能够满足儿童进行多元活动的空间需求。这样的学习空间应该充满活力、色彩丰富，设计上应该考虑到安全性和舒适性。同时，环境创设还应该提供多样且有层次性的活动材料，为儿童提供具有创造性和探索性的学习体验。

除此之外，温馨和谐的氛围也是环境创设不可或缺的一部分，它可以帮助儿童建立良好的社交关系，增强他们的归属感和自信心。

（一）创设儿童进行多元活动的学习空间

空间是支持儿童进行各种活动的基本条件，教师可以根据班级布局和儿童需要因地制宜地拓展学习空间，满足儿童进行不同形式、不同种类活动的需要，联动不同空间的学习，实现空间的一体化设计，为儿童提供多样化探索的机会。

案例 3-1
荣悦茶楼大舞台

升入中班后班级换了新位置，看着小而精的教室，教师决定在室外走廊处创设一个音乐区，既满足幼儿表演的兴趣，也能缓解室内空间有限的压力。

1．玩出来的中班合作区

音乐区创设好后，幼儿穿着表演服热热闹闹地开始表演，幼儿的笑声和歌声引发了隔壁中二班小朋友的关注。中二班在走廊处创设了一个漂亮的茶楼，茶楼里喝茶的幼儿看到中一班幼儿穿着戏服、拿着乐器表演，忍不住鼓掌，中一班幼儿也热情地邀请他们一起表演。走廊里的音乐区变得更热闹了。

中一班、中二班的小朋友一起喝茶

中一班、中二班的小朋友一起表演

区域游戏总结时，在音乐区表演的幼儿觉得和中二班小朋友一起玩得很开心，希望明天还能继续。于是，教师与中二班的教师商议共享走廊空间，做一些区域游戏联动，双方一拍即合，决定创设“中班合作区”。

2．荣悦茶楼大舞台诞生记

晨谈时，教师提出要在走廊创设合作区，幼儿非常兴奋。

睿睿：“我们给合作区取一个名字吧。”

教师：“太好了，你们想给中班合作区取什么名字呢？”

睿睿：“叫大舞台吧，这样大家都能在一起玩了。”

嘟嘟：“我知道中二班的茶楼叫荣悦茶楼，他们还邀请我们一起喝茶了。”

托娅：“那我们就叫荣悦茶楼大舞台吧！”

汭昱：“哇，我喜欢荣悦茶楼大舞台，可以喝茶，还可以表演呢。”

成成：“那我们班和中二班就变成一个班啦！”

教师：“嗯，应该说荣悦茶楼大舞台把我们班的音乐区和中二班的表演区联动在一起了，我们可以和中二班的小朋友一起做游戏了。”

两个班级的幼儿都很喜欢“荣悦茶楼大舞台”这个名字，教师开始根据幼儿的想法，与幼儿一起精心创设这个区域。

幼儿为中班合作区取名

创设荣悦茶楼大舞台

3. 荣悦茶楼大舞台开幕

荣悦茶楼大舞台搭建好了，新的区牌、手环和观众椅也被投放在区域里。开放新区域那天，中二班的熙熙提出："老师，可以多放一些椅子吗？"教师询问原因，熙熙说："这里只有 4 张椅子，我想看表演时都没有地方坐了。"教师答应熙熙解决观众席座位的问题，并在区域总结时组织幼儿展开了讨论。

教师："小朋友们，今天是荣悦茶楼大舞台开放的第一天，你们喜欢新区域吗？"

睿睿："喜欢！老师，我们的新区域很大。"

蓦蓦："对，新区域可以玩很多游戏。"

成成："我今天和中二班的小朋友唱歌，大二班的哥哥姐姐也来听我们唱歌了。"

教师："哇，太棒了！如果荣悦茶楼大舞台的观众越来越多了，该怎么办呢？"

成成："可以多放一些椅子。"

嘟嘟："可以在地上画小点点，就站得下了呀。"

教师："你们的提议都很好。观众越来越多的时候，我们可以增加一些椅子给观众，也可以画上地线点位，让观众有序地观看表演。那么，怎么才能吸引越来越多的观众呢？"

托娅："老师，我们可以表演节目呀！"

甜甜："我想演《小红帽》的故事。"

汭昱："老师，我喜欢《三只小猪》的故事，我也想演！"

嘟嘟："我想演《白雪公主》的故事。"

教师："太好啦，每个小朋友都有自己喜欢的故事，我们怎么才能满足全班小朋友的想法，让大家都有机会表演节目呢？"

成成："我们可以制作表演节目单，按照节目单的顺序表演，这样我们就都能表演自己喜欢的节目了。"

经过讨论，幼儿按照兴趣组成表演团队，并为自己的团队设计了有趣的名字，最后一起制作了荣悦茶楼大舞台的表演节目单。每天的区域活动时间，幼儿热情高涨地按照节目单演出，荣悦茶楼大舞台成为幼儿最喜欢的区域之一。

幼儿讨论大舞台的节目单

幼儿提前排练要表演的节目

幼儿设计表演团队演出海报

荣悦茶楼大舞台表演节目单

4. 荣悦茶楼大舞台经典剧目——《小红帽》

中二班幼儿成了大舞台的固定观众，经过一段时间的表演，《小红帽》是两个班级最喜欢的节目之一。于是，幼儿决定扩大《小红帽》的演出范围，邀请中二班的幼儿一起参加小红帽的故事表演。幼儿再次达成一致，决定一起创编故事情节。他们还增设了 4 张观众椅，请教师帮忙画上地线点位，设计《小红帽》宣传海报，准备迎接更多的观众。就这样，荣悦茶楼大舞台的剧目《小红帽》紧锣密鼓地开始筹备了。

幼儿在区域中做了简单的装饰，制作了剧目单，有序地摆放了观众椅，还准备了美味的茶水、茶点，并邀请大二班的哥哥姐姐和教师一起观看演出。

演出当天，荣悦茶楼大舞台的精彩表演赢得了满堂喝彩，舞台下的观众椅供不应求，好多幼儿站着观看演出。

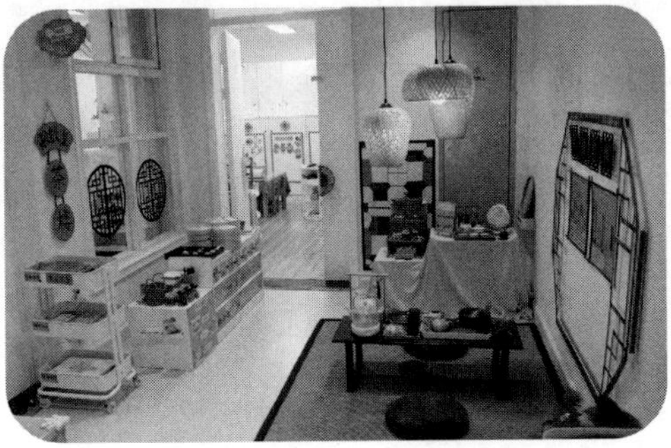

幼儿在区域中准备了茶点、茶水

幼儿在区域中准备服装

《小红帽》剧目的宣传海报

《小红帽》演出门票

幼儿的精彩演出现场

深圳市罗湖区清秀幼教集团荣悦幼儿园 王姗姗 陈晓娟

案例解析 中一班和中二班的幼儿经过讨论、协商，共同策划了荣悦茶楼大舞台，教师鼓励幼儿主动探索，为幼儿提供跨班级联动游戏的机会，满足了中班幼儿与同伴游戏、交往的心理需求。荣悦茶楼大舞台为幼儿提供了适宜的游戏空间，幼儿在游戏中积极地与同伴交往。中班合作区的创设满足了幼儿进行多种形式活动的需要，联动了中班两个班级的游戏。在创设学习空间的过程中，教师引导幼儿参与到环境创设中，体现出环境的教育价值。

安全、积极、有趣的学习空间不仅能支持儿童在多种活动中获得丰富的经验，还能帮助儿童获得愉快的情绪与情感体验。教师要深入发掘每一处空间的课程价值，用科学、多维的设计，满足儿童的多元需求，促进儿童在环境的支持下获得有意义的学习。

（二）提供多样且有层次性的活动材料

材料是儿童学习的重要载体，材料的层次性对激发儿童学习兴趣、丰富儿童学习内容、拓展儿童学习深度起着至关重要的作用。教师应关注儿童的个体发展差异，根据儿童的年龄特点和发展水平，为儿童提供难度递进、高低结构结合、材质多样的材料，结合儿童各阶段的发展目标，鼓励儿童运用多种感官进行探索和学习。

案例 3-2 班级日常生活区材料投放

根据幼儿游戏与学习的需要，班级会根据不同领域的特点创设不同的区域，促进幼儿多领域的发展。区域环境创设是一项持续性的活动，空间、内容、材料和规则等都需要随着幼儿当下的学习和发展水平不断变化。基于前期积累的区域环境创设研究成果，教师梳理了班级日常生活区材料投放操作指引，以《3—6 岁儿童学习与发展指南》为指导，结合幼儿在健康领域的核心经验，将区域材料的类型初步划分为基本动作、照顾自己、照顾环境和食物自备 4 个模块（见表 3-1）。

表 3-1　班级生活区材料投放指引

序号	模块	关键经验及建议
1	基本动作	1. 基本动作：粘贴、连线、走迷宫、画符号（勾、叉、圈、图形等）、拍打、填空、涂色、夹、插、倒、拧、拉拉链、扣、撕、剪、开关、投物、穿、套叠、搭等； 2. 设计技巧：重合、对应、统计、排序、判断、纠错、比较、分类、填空、翻转、连续（接龙）、总分、发现细节、拼摆、摘取、叠加、拆解、查找资料等
2	照顾自己	1. 掌握盥洗的顺序，学会洗手、刷牙的正确方法； 2. 能自己穿脱衣服、鞋袜、扣纽扣； 3. 能整理自己的物品
3	照顾环境	1. 每天坚持摆放衣服、鞋袜、图书、玩具等； 2. 初步了解擦洗桌椅、地板、杯子、餐具、玩教具等的正确方法； 3. 学习照顾动植物的正确方法
4	食物自备	1. 生活项目：磨豆浆、泡茶、擂茶、煮糖水、做面包等； 2. 工具材料：石磨、刮刀、煎饼机、压汁器、玉米刨、量杯等

1. 基本动作

基本动作模块包括粘贴、连线、走迷宫、画符号、拍打、填空、涂色、夹等多项发展小肌肉动作的活动，但对应同一动作的操作材料，其难易程度会有所区别。

例如，夹的动作，可以夹体积相对大一点的毛毡球、有棱角的彩珠或更小更滑的豆子等，用不同难度水平满足不同发展阶段幼儿的需要（见表 3-2）。

表 3-2　基本动作模块材料投放清单举例

活动名称	物品图片	物品描述	材料价值
碾花生		研钵 1 个 夹子 1 个 勺子 1 个 小碗 1 个 花生若干	直接目标：学习夹、舀、敲的动作技能； 间接目标：促进手部肌肉的发展，学习控制手部力度
开扣子	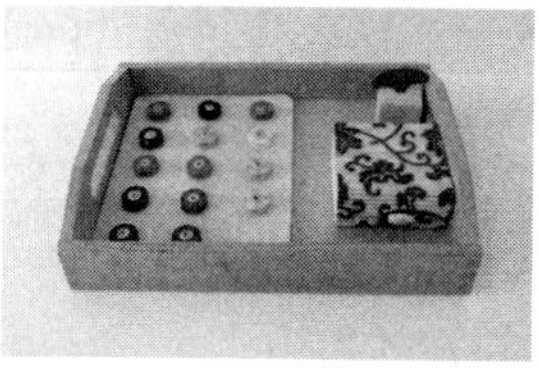	扣子板 1 个 收纳盒 1 个 撬具 1 个	直接目标：练习掰的动作； 间接目标：促进手眼协调能力的发展
穿头饰		各色有孔珠若干 参考图 1 套 美工剪刀 1 把 托盘 1 个	直接目标：学习穿的动作； 间接目标：提升创造力、专注力和手眼协调能力
夹海绵球	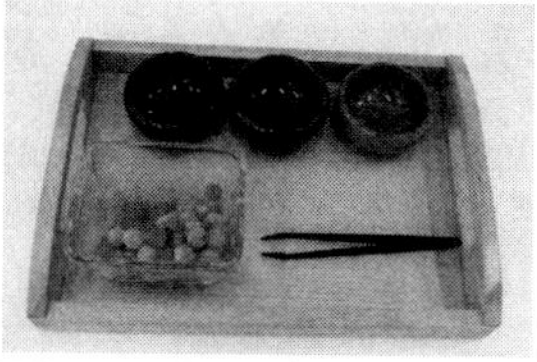	玻璃碗 1 个 瓷碗 3 个 小夹子 1 个 海绵球若干	直接目标：练习夹的动作； 间接目标：发展手眼协调能力，促进手部肌肉发展
擦洗玩具		鱼形容器 1 个 平底碟子 1 个 刷子 1 个 海绵 1 块 水壶 1 个 挤压瓶 1 个	直接目标：练习清洗和擦拭物品的技能； 间接目标：提高专注力，发展照顾环境的意识与能力
海绵运水		玻璃碗 2 个 半碗水 海绵若干	直接目标：学习拧的动作； 间接目标：提高专注力、手眼协调能力，锻炼手部抓握的力量

2. 照顾自己

照顾自己模块包括擦鞋、叠衣服、梳头发、刷牙等提升日常生活中自理能力相关的活动，其直接目标是培养幼儿的生活自理能力，帮助幼儿养成良好的生活习惯，间接目标是培养幼儿的专注力、独立性以及秩序感。活动材料的开放性强能够鼓励幼儿创造性地解决问题，在自我服务中获得成就感（见表 3-3）。

表 3-3　照顾自己模块材料投放清单举例

活动名称	物品图片	物品描述	材料价值
擦鞋		抛光器 1 个 鞋油 1 盒 鞋子 1 只 毛巾 1 条	直接目标：学习清洁鞋子的方法； 间接目标：发展专注力、独立性
叠毛巾		托盘 1 个 毛巾若干	直接目标：学习独立叠毛巾的技能； 间接目标：发展手眼协调以及动作控制能力
梳头发		编织筐 1 个 镜子 1 面 梳子 1 把 橡皮筋若干 夹子若干	直接目标：学习梳头发的技能； 间接目标：发展手眼协调能力，增强手部动作灵活性
刷牙	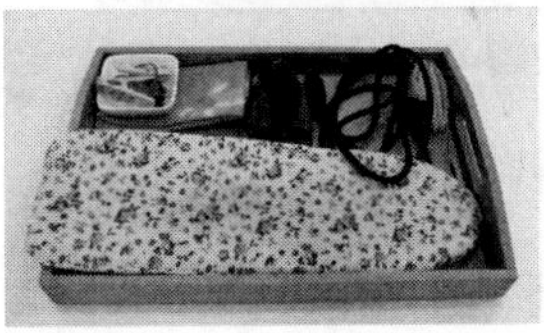	牙刷、牙膏 1 套 牙齿模具 1 个 看牙工具 1 套 小杯子 1 个 海绵 1 块	直接目标：学习正确刷牙的方法； 间接目标：发展专注力、手眼协调能力及秩序感

3. 照顾环境

照顾环境模块包括擦东西、照顾植物、扫地等技能，学习材料既有高结构材料，也有低结构材料。幼儿通过操作相关的材料，增强照顾环境的兴趣、爱好、能力及责任感，感受生活的乐趣，体验劳动的快乐（见表 3-4）。

表 3-4 照顾环境模块材料投放清单举例

活动名称	物品图片	物品描述	材料价值
擦玻璃	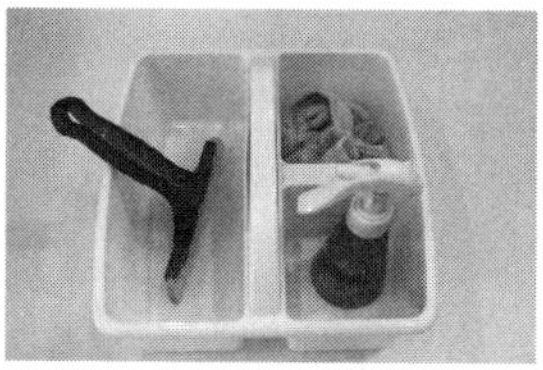	托盘 1 个 塑料刮刀 1 个 喷壶 1 个 毛巾 1 条	直接目标：学习擦玻璃的动作技能； 间接目标：锻炼手臂和手腕的力量，增强动作的协调控制能力，建立对班级的责任感
插花	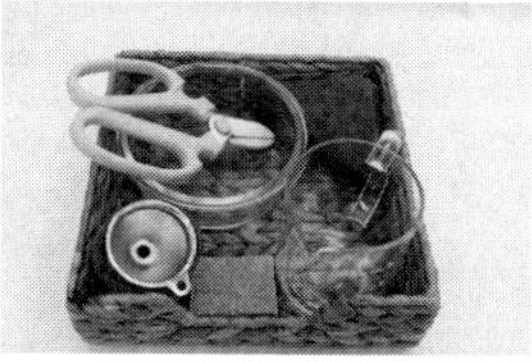	玻璃杯 1 个 玻璃碗 1 个 裁剪刀 1 把 浇花漏斗 1 个 吸水毛巾 1 条 吸水海绵 1 块	直接目标：学习插花的动作技能； 间接目标：促进手部精细动作发展，发展感受美、欣赏美、创造美的能力
扫地练习		托盘 1 个 小扫把 1 套 粉笔 2 根 干花若干 装干花小碗 1 个	直接目标：学习扫地的动作技能； 间接目标：学习照顾环境，发展手眼协调能力，发展小肌肉精细动作

4. 食物自备

食物自备模块包括对食物的称重、制作、烘焙、料理等活动内容，包含不同的难度水平，将食育教育目标融入幼儿的区域游戏活动，让幼儿体验制作食物的快乐，学习照顾自己的同时也能够关心他人、与他人分享（见表 3-5）。

表 3-5 食物自备模块材料投放清单举例

活动名称	物品图片	物品描述	材料价值
称重		重量秤 1 台	直接目标：学习使用秤来称量食物的重量； 间接目标：发展手眼协调能力，感知不同食物的重量

续表

活动名称	物品图片	物品描述	材料价值
制作蛋糕	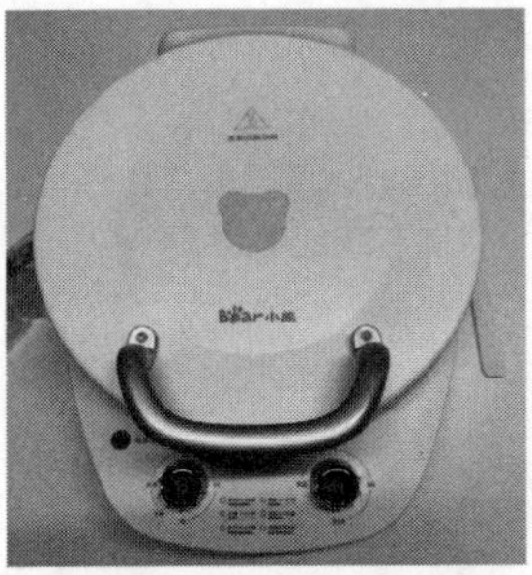	蛋糕机 1 台	直接目标：学习使用蛋糕机制作蛋糕； 间接目标：发展手眼协调能力，感知食物在加热中的变化
压模		心形、圆形、三角形等形状的模具	直接目标：学习使用模具制作不同形状的食物； 间接目标：促进手眼协调能力、创造力、想象力的发展
切青瓜		瓷碗 2 个 托盘 1 个 夹子 2 个 切板 1 个 安全水果刀 1 把 海绵 1 块	直接目标：学会使用安全刀具切青瓜； 间接目标：发展手部精细动作，体验制作食物的乐趣

深圳市罗湖区清秀幼教集团荣悦幼儿园　郭禹含　李元珊　符晓文

案例解析 日常生活区是幼儿园中常见的班级区域之一，在生活区投放基本动作、照顾自己、照顾环境、食物自备等模块的学习材料，使同一模块的材料有不同水平的难度和开放性，既能满足幼儿的学习需要，也能让不同发展水平的幼儿自主选择活动。幼儿通过在生活区操作层次丰富多样的材料，习得必要的生活技能，逐步增强自我服务和服务他人的能力。

同一年龄段的儿童在多个方面存在差异，教师既要考虑儿童发展的基本需要，还要考虑儿童的兴趣、爱好、个性、能力和发展速度等方面的不同，通过投放多种类、多类型、多难度的材料，让每个儿童都能找到适合自己的材料，激发儿童的主动性，使儿童在适宜的环境中获得发展。

（三）营造温馨和谐的集体氛围

集体氛围是一种隐性的环境，儿童与教师、儿童与儿童之间的和谐关系及良好的班级氛围，能让儿童感到温暖、舒适、安全和愉悦。这种温馨和谐的集体氛围不仅能促进儿童学习并体验积极的人际交往，习得社会行为规范，还能为儿童创造良好的探索氛围和发展契机。

案例 3-3
玫瑰和平桌

幼儿之间时常会出现一些小矛盾，偶尔甚至出现打架的情况。这些冲突大都是非敌意的，是幼儿丰富交往体验、学习交往规则、处理人际关系所经历的社会化过程。

1．争吵的发生

某天餐后活动，包包在走廊开心地玩着自己喜欢的玩具。思源看见包包手上的玩具正是他喜欢的那一个，直接走过去，试图把玩具从包包手上拿过来。两名幼儿因此争执起来。

思源：“你为什么要拿我的玩具?”

包包：“这是我先拿到的，不是你的。”

思源：“这是我最喜欢的玩具，我上次还在玩。”

包包一激动，动手拍了思源一下，思源哭了起来。走廊上突发的这一幕引发了教师的关注，教师及时介入，询问情况。

包包：“他抢我的玩具。”

思源：“他打我了。”

两名幼儿的争吵引发了班级其他幼儿的关注，包包和思源看到大家围观，有些尴尬，噘着嘴，僵持不下。教师见状把包包和思源带到了二楼语言区，语言区的阅读桌上有一支玫瑰花，教师决定把玫瑰花作为解决两人冲突的道具。

教师："阅读桌上有一支玫瑰花，现在你们轮流拿起玫瑰花，告诉老师刚刚发生的事情，包包先开始。"

安静下来后，两人的情绪明显平复了许多。包包、思源把争执的经过详细地讲了一遍。

教师："好，现在你们轮流拿起玫瑰花，说一下你觉得该怎么解决这件事情。思源先开始。"

思源："我觉得今后要先说一下，不能直接抢。"

包包："我觉得不能打人，对不起，思源。"

没过一会儿，两名幼儿你看我、我看你，笑了起来，又成了好朋友。

2. 创设和平桌

第二天，教师调整了语言区的布局，创设了玫瑰和平桌。餐前活动时，教师就昨天餐后的小插曲生成讨论话题，并与幼儿一起确定了玫瑰和平桌的使用方法和规则。没过多久，玫瑰和平桌就成了幼儿解决冲突的重要场所。

语言区的玫瑰和平桌

师幼讨论玫瑰和平桌的使用方法和规则

某天，幼儿户外活动后回到教室，有序地进行生活活动。在饮水处，子政突然插队到彬彬前面，彬彬不让他插队，推了一下子政，子政反过来把彬彬推倒在地。

教师："你们发生了一些矛盾，对吗?"

两名幼儿点了点头。

教师："那你们要在这里解决吗?"
子政看了看周围，说："我想去和平桌。"

彬彬点头表示同意。两人来到和平桌，冷静了一会儿，开始手持玫瑰花说话。

子政："你刚刚推我，我的手被碰到了。"

说完他把玫瑰花递给了子政。

彬彬："那是因为你插队，老师说了插队是不对的。"

说完，彬彬也默契地把玫瑰花递给了子政。
就这样，两个人你一言我一语，玫瑰花也在两个人手中持续地传递着。

彬彬："对不起，我不该动手。"
子政："没关系。"
子政："对不起，我也不该插队，更不应该推你。"
彬彬："没关系。"

3. 隐形和平桌

餐后阅读时间，彦琳在认真地看书，琪琪想加入彦琳一起看书，就坐在彦琳的旁边。彦琳想要翻页，可琪琪没看完，于是她就用手挡住图画书不让彦琳翻页。彦琳又着急又生气，一把推开了琪琪，琪琪哭了起来。

教师正要介入时，彦琳合上书本，拉着琪琪走到了教室的一处安静空间。

彦琳：“就在这儿吧，我们假装这里有一支玫瑰花。”

彦琳说完把两只手握在一起，放在胸前。

彦琳：“我先说，刚才你挡住我了，还不给我看书。该你说了。”
琪琪：“可我想和你一起看书，我们是好朋友呀。该你说了。”
彦琳：“刚刚我不想和你一起看书。我不喜欢你这样挡住我，你应该和我道歉。”
琪琪：“对不起，可是你是我最好的朋友，你看书可以等等我。”
彦琳：“好朋友不一定要一直黏在一起的。”
琪琪：“那我们什么时候可以在一起玩呢？”
彦琳：“户外活动时，我们可以一起玩抓人游戏。”
琪琪：“好啊。”

达成一致后，两个人手拉手回到座位。教师看着这一幕欣慰地笑了，看起来他们已经不需要坐在和平桌前才能解决问题了。

深圳市罗湖区清秀幼教集团荣悦幼儿园　苏晓芳　王　影

案例解析　上述案例呈现了和平桌从无到有、从有到无的过程。当包包和思源发生矛盾时，教师适时介入，相信幼儿能自己解决问题。教师把两名幼儿带到相对安静的空间，引导幼儿自主解决冲突，把主动权交给了幼儿，鼓励他们表达自己的想法，做到了既关注又不干预。此事件促成了玫瑰和平桌的创设。每一名幼儿都是独特的个体，拥有不同性格、不同想法、不同习惯的幼儿生活在一起时，难免会发生矛盾。教师创设的和平桌为幼儿提供了一个可以和平解决矛盾的安全环境，也成了幼儿学习处理人际关系的重要场所。在这里，幼儿学会了倾听，学会了自己解决问题，学会了表达情绪和情感需求。子政和彬彬之间发生的故事正说明了这一点。创设玫瑰和平桌是为了引导幼儿在安静的环境中平复情绪，学会通过倾听和表达来解决交往中的矛盾。彦琳和琪琪遇到矛盾时能主动使用和平桌的规则解决问题，说明幼儿已经学会把规则内化成解决问题的方法了。

通过使用和平桌，幼儿学会了表达自己的感受和识别他人的情绪，在一个安静、独立的空间里学习处理同伴交往中的矛盾，懂得相互谦让。和平桌从无到有、从有到无的过程，体现了教师为幼儿创设自主处理冲突的条件和机会，引导幼儿与同伴发生相互作用，帮助幼儿学会与同伴相处的技巧，理解人际交往的规则与技巧。

环境是有生命的，儿童的心情、感受与行为表现都受到环境，尤其是集体氛围的影响。集体氛围的核心是和谐、平等、健康的人际关系，教师要关注儿童、尊重儿童、接纳儿童、信任儿童，创设有助于促进儿童游戏、学习、成长的氛围，鼓励儿童积极表达与交流，主动发现周围世界的奥秘。

儿童正处于身体与智力迅速发展以及个性形成的重要时期，环境创设应充分考虑儿童的发展水平、年龄特点、兴趣爱好、个性特征等因素，满足儿童的发展需要。教师具备正确的教育观念与行为，才能敏锐地发现儿童的各种需要，协调多种因素，为儿童创设一个良好的发展环境，促进每一个儿童全面和谐地发展。

二、儿童是环境创设的主体

幼儿园的环境是为儿童创设的，儿童是环境的使用者。支持儿童参与环境的创设，会让他们更加深刻地理解环境，也会使他们更加爱护环境。因此，教师在创设环境时，应该从儿童的真实生活出发，结合儿童的兴趣和需要，与儿童合作设计环境，将环境的教育价值渗透在环境利用及其创设的过程中。

（一）环境创设以儿童的真实生活为主

幼儿园环境应该融入儿童的生活，走进儿童的生活，服务儿童的一日生活，反映儿童在园一日生活中的各种状态，支持儿童按照自己的节奏探索周围世界。呈现内容可以是儿童在园的活动记录、作品及重要事件等，也可以随着班级活动主题、季节、节庆节日等的变化而改变。呈现形式要考虑到小、中、大班儿童的发展水平，小班以实景照片为主；中班以简笔画为主，辅以文字；大班以汉字、简笔画或儿童书写的符号为主。

案例 3-4
幼儿园基础环境的创设

幼儿园基础环境主要包括常规类环境、流程类环境、区域环境、主题探究类环境和安全类环境等模块。不同的环境模块有各自的功能和价值，但无一例外，这些环境都应遵循幼儿中心的原则，呈现的内容和方式应根据幼儿的需求来决定。

1．常规类环境的创设

常规类环境一般包括一日活动安排图示、日期板、值日生安排图示、晨谈板、点名牌、天气预报板、户外活动安排表、班级公约等内容。创设常规类环境需要重视幼儿的主体性和话语权，贴合幼儿的真实生活，符合幼儿一日生活的安排，引导幼儿关注当下生活，培养幼儿的规则意识与秩序感。

2．流程类环境的创设

幼儿园流程类环境一般包括喝水、洗手、叠衣服 / 被子、照顾动 / 植物、图书修补、前书写练习、来离园等流程内容。流程类环境旨在引导幼儿完成当下活动，让幼儿获得自我管理的掌控感，让幼儿在园一日生活的各环节更加有序和规范。创设时要考虑将直观的流程图放置在能对幼儿进行有效指引的位置，如喝水流程图应贴在饮水机附近，图书修补流程图贴在书架附近等。

一日活动安排图示

小小值日生图示

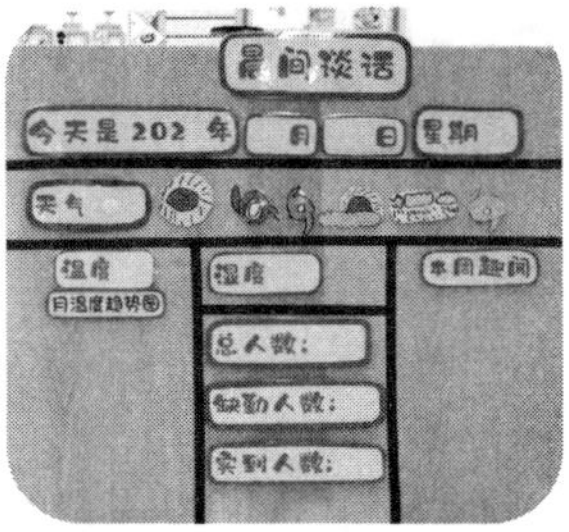

晨谈板

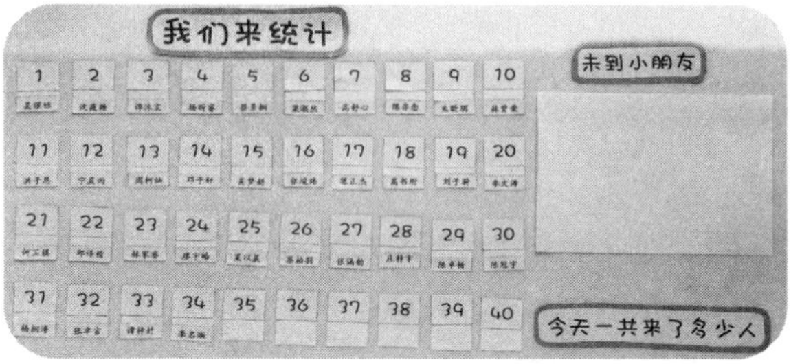

点名牌

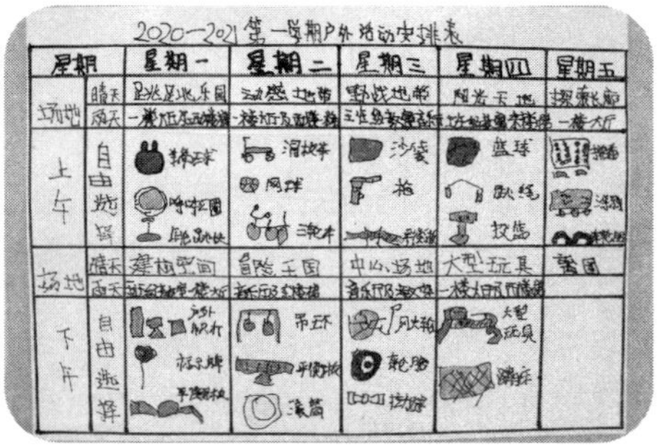

户外活动安排表

班级公约

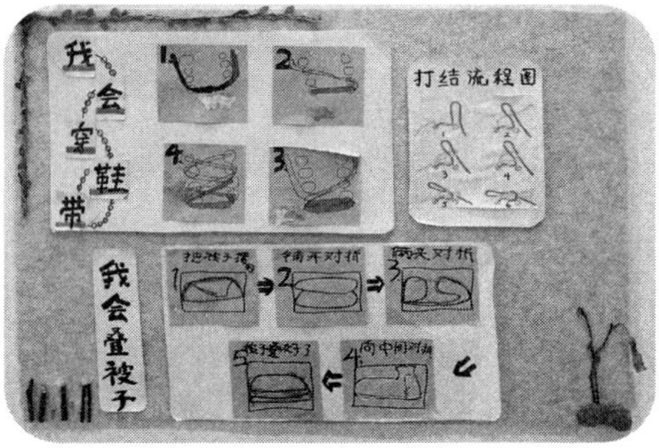

穿鞋子、叠被子流程图

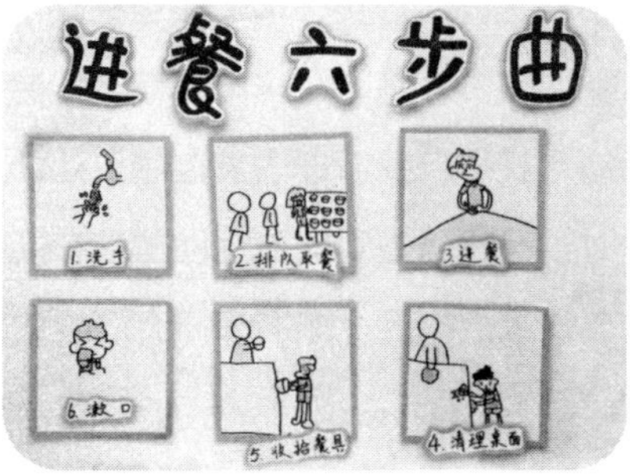

进餐流程图

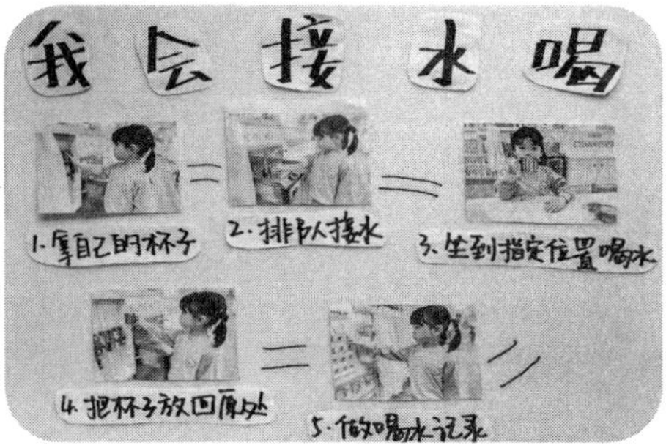

喝水流程图

图书修补图

3．区域环境的创设

幼儿园区域环境一般分为外环境和内环境，外环境包含区牌、区域规则、进区卡、计划墙、区域卡放置点、材料标识标签等，内环境包含区域目标、区域材料、材料记录单、区域活动评价表等。区域环境的创设旨在让幼儿通过自主游戏与材料互动，获得各领域的学习与发展。区域环境创设需要结合幼儿各领域发展的核心经验和个体差异，通过多层次的、丰富的、清晰易懂的规则和环境促进幼儿的全面发展。

4．主题探究环境的创设

主题探究环境包括主题墙、主题情景桌、活动材料等。主题墙的布置应体现幼儿的学习过程，体现探究活动开展的轨迹，并随着活动的变化持续更新。主题情景桌、活动材料等应能促进幼儿主动与环境展开互动，激发幼儿不断发现和探索的欲望。创设时，教师要随着主题活动的深入开展不断更新环境，使环境真正成为教育的载体和促进幼儿发展的有效手段。

小班区域规则牌

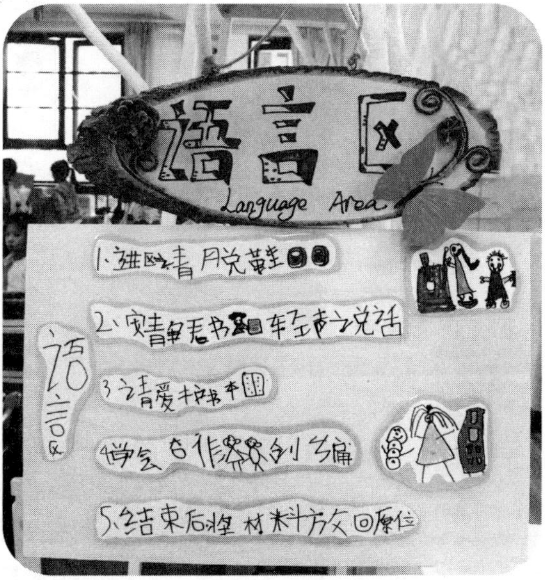

大班区域规则牌

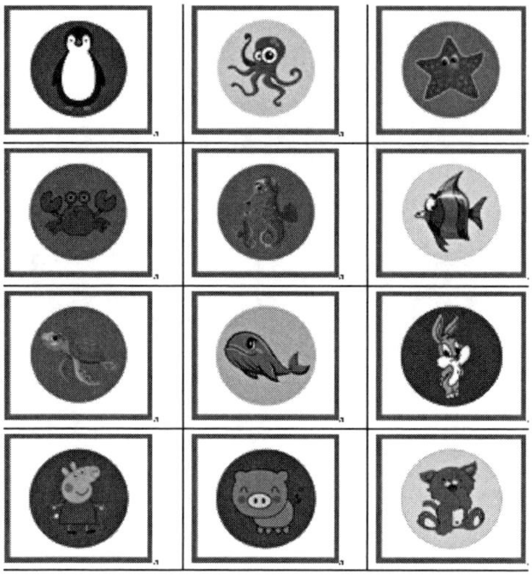

小班区域材料标识

中班区域材料标识

“十二生肖”主题墙

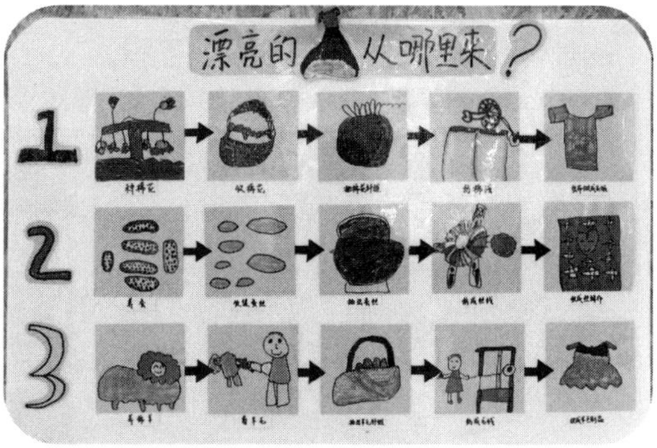

“漂亮的衣服从哪里来”主题墙

“再生纸的秘密”
主题情景桌

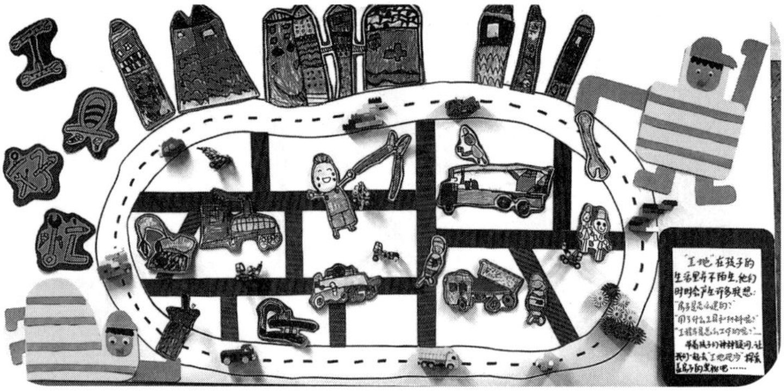

“工具好忙”主题墙

5. 安全类环境的创设

安全类环境包括危险预防标识、危险物品标识、清洁用品、工具标识、操作流程图、设备使用标识、指引地线、物品公告标识等内容。安全类环境的创设旨在培养幼儿的安全意识与自护能力，需要简洁、清晰、醒目，用幼儿能理解的方式让其学会规避风险，安全地生活与学习。

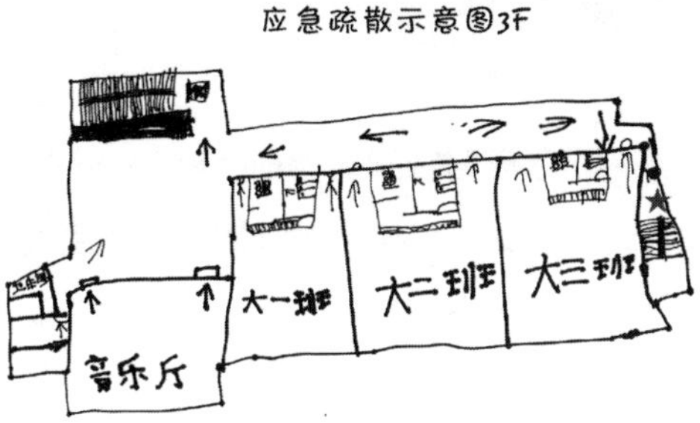

幼儿绘制的幼儿园应急疏散图

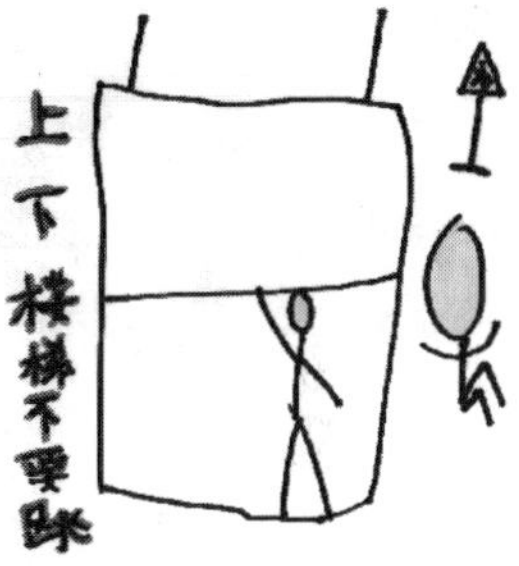

幼儿绘制的安全提示图

深圳市罗湖区清秀幼教集团荣悦幼儿园　王梓谕　冯春阳

案例解析　通过常规类环境、流程类环境、主题探究环境和安全类环境等幼儿园基础环境的创设，可以培养幼儿在一日生活中的秩序感和安全感。同时，幼儿园基础环境创设的内容要以幼儿的真实生活为基础，激发幼儿与环境互动的积极性，潜移默化地促进幼儿主动学习。

幼儿园的基础环境应与儿童的一日生活紧密结合，为儿童有序开展一日生活提供有准备的条件，支持儿童的游戏和各种探索活动，使儿童与周围环境之间发生积极的相互作用。同时，环境应该反映儿童生活的痕迹，并随着活动的变化更新，让环境成为展示儿童学习与发展的平台。

（二）支持儿童参与环境创设

儿童的一日生活与环境创设相互依存，应该支持儿童在一日生活中参与环境创设，激发他们的创造力和探究精神。这不仅可以提高儿童对环境的认知，还可以培养他们的自主性和责任感。通过参与环境创设，他们可以更好地理解和利用环境，更加珍惜和爱护环境。因此，儿童在环境创设过程中的参与应该被视为不可或缺的一部分。

案例 3-5
我的区域我做主

新学期伊始，幼儿长高了不少，在集中区落座时空间显得很拥挤，坐在中间的幼儿也不方便进出，走动时容易碰到同伴。对于这个现象，教师通过问题引发幼儿思考："集中区还能坐下我们所有人吗？集中区的位置是否可以再大一点？"幼儿就这个话题展开了热烈的讨论，由此引发了班级区域的调整。

1. 幼儿自由表达对现有班级布局的想法

幼儿对班级区域的真实感受是什么？他们是否喜欢现在的区域？是否希望对区域进行改变？幼儿眼中理想的班级区域是什么样的？晨谈时，教师针对以上问题与幼儿开展了讨论，邀请幼儿表达对班级区域的感受。

幼儿认为最不方便的是，每次集中交流时都需要挪动积木区的弧形柜和长柜。另外，在区域活动时会出现因幼儿走动发生相互碰撞的情况。大家把讨论的问题记录在表格里，在教师的支持下，幼儿兴致勃勃地开始改造班级的区域布局。

2. 第一次调整

第一次正式调整前，教师和幼儿针对班级区域的两个主要问题制定了调整方案（见表 3-6）。确定调整方案后，教师和幼儿开始调整班级区域布局。在这个过程中，幼儿初步感受到了参与班级空间改造的快乐和成就感。以下为第一次调整前和调整后的班级区域布局。

3. 第一次调整后的"用户体验"

班级区域布局调整后的第二天，教师重点观察了幼儿在一日生活各环节的行动路线及活动状态。离园前，教师组织幼儿就班级新布局的使用情况进行了讨论。

表 3-6　班级区域的第一次调整方案

问题	调整方案
每次集中活动时，需要移动的柜子比较多，幼儿坐下比较拥挤	1. 美工区减少一张桌子，扩大集中区的面积； 2. 音乐区从室内调整到室外，把从美工区移走的桌子放到原音乐区的位置
区域活动时，幼儿会出现因走动发生碰撞的情况	调整区域的空间布置，尽可能做到各区域分隔开又方便走动

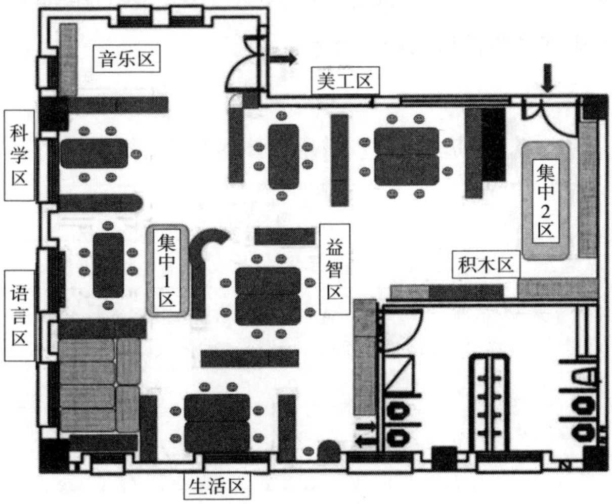

第一次调整前的班级区域布局

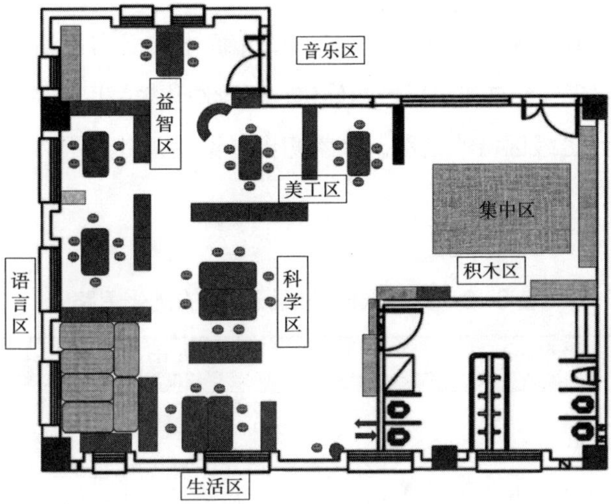

第一次调整后的班级区域布局

霏霏："我感觉教室里乱七八糟的。"

梓豪："我们的教室怎么变成这样啦，一点都不好。"

淏辰："老师，这是什么区域呀？我的材料要在哪张桌子上玩呀？"

均均："前门进来的地方好窄呀。"

东辰："益智区位置好少呀，材料都放不下了。"

从"用户体验"来看，幼儿的反馈并不好。于是大家一起统计了新发现的问题（见表 3-7），为再次调整区域布局做准备。

表 3-7 第一次"用户体验"调查结果

视角	结果反馈
幼儿	容易混淆各区域的位置；益智区存放材料的空间偏少，导致材料放不下
带班教师	1. 新的集中区面积还是不够大，幼儿活动时依旧存在拥挤情况； 2. 户外活动结束回到班级时，男孩、女孩没有相对独立的空间换衣服； 3. 班级常规需要重新建立
保育员	区域活动时发生碰撞的情况减少了，但是部分区域进区人数有限，不能满足幼儿的需要

4. 第二次调整

基于第一次调整后的"用户体验"，幼儿提出想要自己设计班级区域。于是，教师让他们全程参与班级区域的优化，引导幼儿根据区域的具体问题思考解决办法，并设计班级区域改造图。大家初步讨论后，针对具体问题提出了解决方法（见表 3-8）。

表 3-8 第二次调整班级区域的优化思路

幼儿眼中的问题	幼儿提出的解决办法
1. 积木区太小了； 2. 益智区的材料太远了，不好拿； 3. 美工区好乱，材料不是很整齐，彩笔不好拿	1. 扩大积木区（集中区），钢琴再往后移； 2. 区域柜和桌子要安排在一起，距离不能很远； 3. 调整美工区的位置及材料的摆放

（1）讨论班级区域的设计

教师：“我们班需要有哪些区域？”
童童：“积木区、音乐区、生活区、科学区、益智区、美工区、语言区。”
教师：“那这些区域，我们要怎么设置呢？”
天保：“我们要在积木区搭城堡和幼儿园，要大一点，可以放在门口那里。”
卢薏：“音乐区很吵，要放在外面。”
婧瑶：“生活区要倒水，要离厕所近一点。”

幼儿对班级区域的设置有说不完的想法，他们你一言我一语地表达了自己的看法。教师决定先根据讨论结果设计班级区域布局图，让幼儿真正体验“我的区域我做主”。

（2）第二次调整班级区域

讨论后，幼儿决定分工合作调整班级区域。设计组负责设计班级区域调整的平面图，幼儿画好他们心目中的班级区域布局图后，把它粘贴在班级的投票墙上，通过投票，设计图 3 成为全班幼儿最喜欢的设计方案。确定班级区域的优化方案后，幼儿开始有条不紊地分组合作调整区域。桌柜组幼儿和教师一起重新摆放班级的区域柜、桌子和椅子；区域柜、桌椅调整完成后，材料组幼儿开始分类整理各个区域的材料；当材料组幼儿完成某个区域材料的分类整理工作时，运输组幼儿同步开始分批把区域材料送回家。

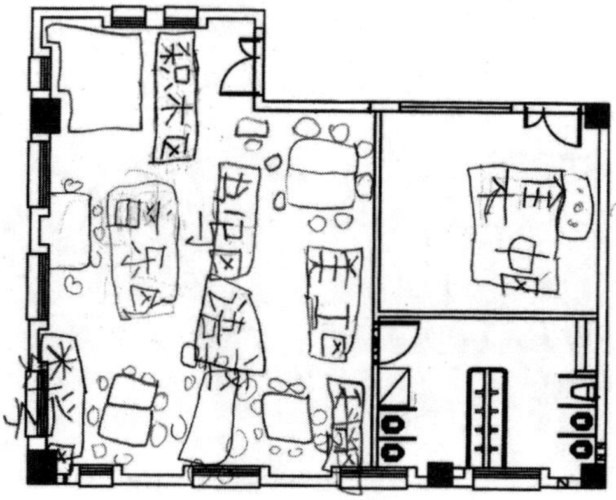

幼儿设计的班级区域设计图 1

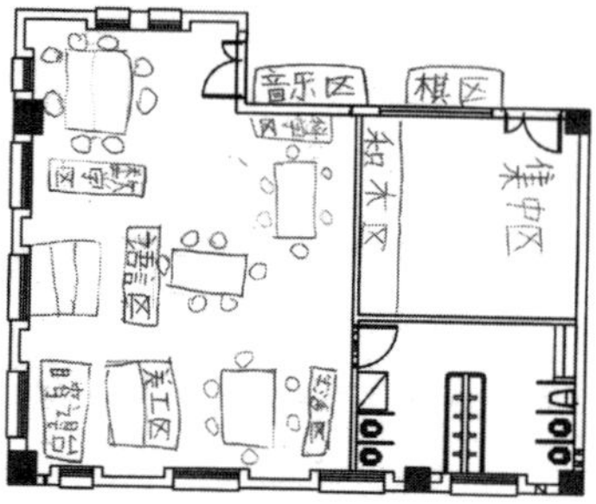

幼儿设计的班级区域设计图 2

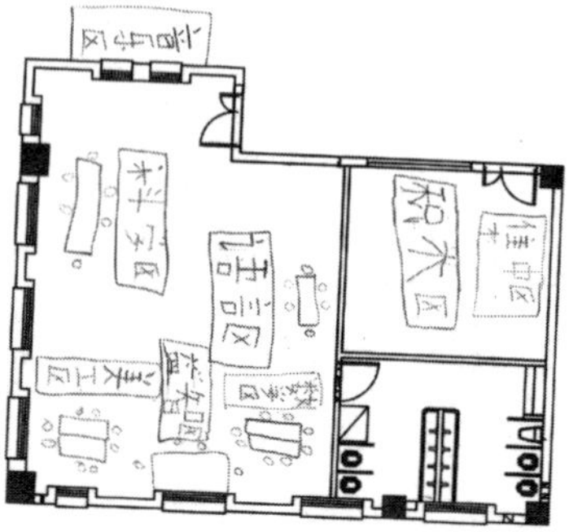

幼儿设计的班级区域设计图 3

桌柜组幼儿摆放区域柜、桌椅

材料组幼儿分类整理材料

运输组幼儿重新摆放区域材料

在各小组齐心协力地配合下，班级区域的第二次大调整终于顺利完成。幼儿从设计布局图到动手布置班级区域，表现出非常强的主动性和创造性。

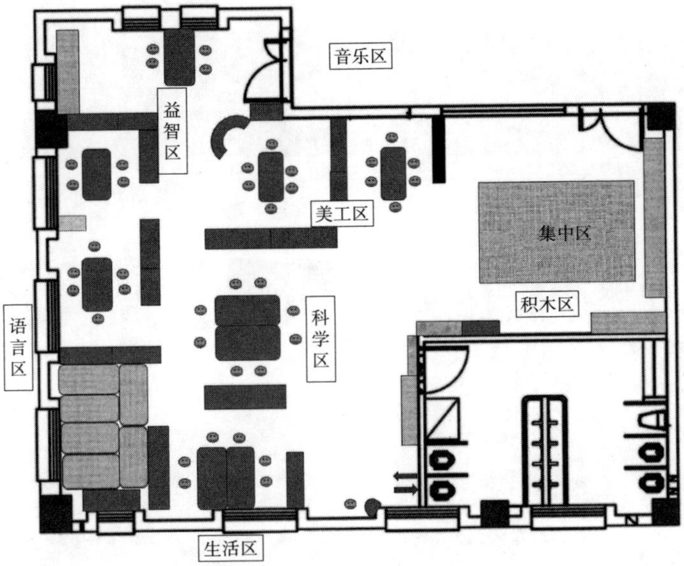

第二次调整前的区域布局图

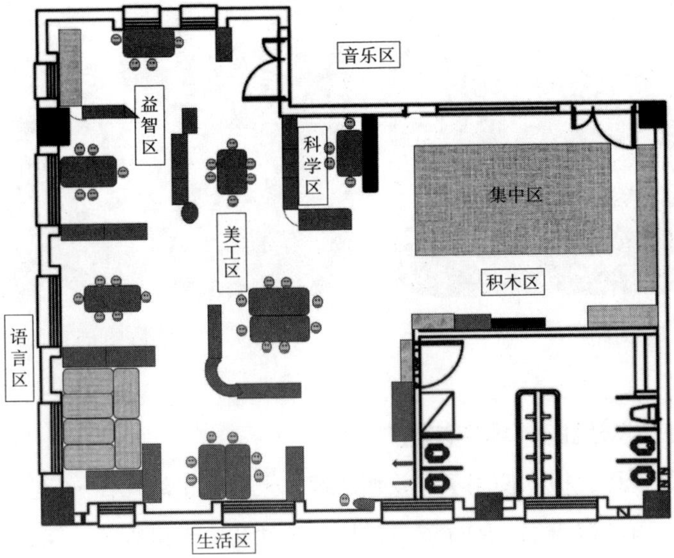

第二次调整后的区域布局图

调整前的科学区

调整后的科学区

调整前的美术区

调整后的美术区

调整前的语言区

调整后的语言区

5．第二次调整后的“用户体验”

新的班级区域正式投入使用了，教师持续3天观察了幼儿在一日生活各环节的活动情况后，再次调查幼儿的体验，并统计了幼儿、带班教师、保育员的反馈情况（见表3-9）。

表 3-9　第二次“用户体验”调查结果

视角	结果反馈
幼儿	积木区更宽敞了，益智区拿材料更方便了，区域活动时大家更有秩序了
带班教师	1. 集中区的空间变得充裕了，幼儿集中时不再拥挤； 2. 一日生活中的各个活动流程很顺畅，幼儿很开心
保育员	幼儿可以在班级内自由走动，区域活动时也相互不干扰，安全性提高了

从“用户体验”看来，与第一次调整后的结果相比，幼儿对本次调整后的班级区域使用体验更加满意，在区域活动中的专注度和兴趣水平也得到了提升。

深圳市罗湖区清秀幼教集团荣悦幼儿园　李　蕊　文　霞

案例解析　很多时候教师会根据环境创设原则和班级空间实际情况规划班级区域，幼儿能“做主”的空间不大。案例体现了儿童视角下的班级区域创设，可以看到教师需要适时地放开手，真正地相信幼儿、尊重幼儿，幼儿的表现能够超乎教师的想象。幼儿从发现问题、重新规划到亲手布置和使用环境，最大限度地发挥了主观能动性。

儿童的一日生活和环境创设是密切相关的。儿童在成长的过程中，需要在丰富多彩的环境中进行多样化的学习和体验，这些经验对于儿童的身心发展和学习能力都有着重要的影响。因此，环境创设应该满足儿童的需要，为他们创造一个安全、和谐、有趣的环境，使儿童能够在自然、舒适、丰富多彩的环境中自由地探索、尝试和发现。

儿童的一日生活和环境创设是相互依存的。儿童是环境创设的重要主体，他们的参与是环境创设的关键因素。儿童可以通过自己的活动和体验来探索环境，积极参与环境的设计和改造，这种参与可以增强儿童的自信心和主动性，也可以培养儿童的创新思维和合作精神。

环境作为隐性课程，有极其重要的作用，与环境互动是儿童学习的重要途径。在一日生活中，环境的创设应满足儿童的需要，它并不是一成不变的，应在保障儿童日常生活的基础上，根据儿童的发展水平和实际活动需要，对空间、位置和材料等进行及时调整，以满足儿童的多元需求，为儿童提供多样化的体验机会。幼儿园的环境应以儿童为中心，教师在创设环境的过程中要尊重儿童的主体地位，让环境与儿童相关、有儿童参与、由儿童选择、满足儿童使用，更好地发挥环境的教育作用。

第二节 看见儿童一日生活中的环节与流程

一日生活是实现幼儿园教育目标的载体，幼儿园要尊重儿童的年龄特点和学习发展规律，合理设计环节与流程，按照一定的时间分配相对稳定地安排儿童的生活活动、学习活动、自主游戏活动和体育活动。当儿童能够预知自己在园的时间和活动内容后，他们会对自己的生活产生掌控感和内在的秩序感，其归属感和自主性也会有所增强。同时，一日生活的环节也需要具备一定的灵活性，园所在规划儿童一日生活作息表时要先保障儿童一日生活能有序开展，班级在制订周计划时要在落实每月教育目标的基础上，考虑儿童的最近发展区，让儿童在一日生活中能够有自己的计划，允许儿童有一定的自由度和选择权，为儿童的成长和发展打下坚实的基础。

一、幼儿园的一日生活作息安排

幼儿园需要合理安排儿童在园的一日生活，既要从内容上兼顾儿童身心全面发展，又要从时间上保障教育的质量，使一日生活有序开展。

案例 3-6
幼儿园里的大时钟

依据上级政策文件精神，结合幼儿的身心发展特点和园所课程规划，园所设计了一系列幼儿一日生活作息安排，包括常规一日生活作息和非常规情况下的一日生活作息，由 1 套幼儿一日作息时间安排总表和 8 套一日生活作息安排表组成，分别是“幼儿一日作息时间安排总表”“冬令时幼儿一日生活作息表（小、中、大班）”“夏令时幼儿一日生活作息表（小、中、大班）”“小班新生一日生活作息表”“大班幼小衔接一日生活作息表”。具体如表 3-10 至表 3-14 所示。

表 3-10 清秀幼教集团幼儿一日作息时间安排总表

夏令时（5—10 月）

<table>
<tr><th>活动环节</th><th>小班</th><th>中班</th><th>大班</th><th>备注</th></tr>
<tr><td>入园
（来园、晨检）</td><td>7：50—8：10</td><td>7：50—8：10</td><td>7：50—8：10</td><td rowspan="13">周一上午（三个年龄班作息一致）
早餐
8：10—8：35
餐后活动、晨谈
8：35—9：10
户外活动（含升旗）
9：10—10：10
学习与自主游戏活动
10：10—11：10

周五下午（三个年龄班作息一致）
午点
14：45—15：10
周小结
15：15—15：30
离园活动
15：30—16：00</td></tr>
<tr><td>早餐</td><td>8：10—8：40</td><td>8：10—8：35</td><td>8：10—8：30</td></tr>
<tr><td>餐后活动、晨谈</td><td>8：40—9：00</td><td>8：35—8：55</td><td>8：30—8：50</td></tr>
<tr><td>户外活动</td><td>9：00—10：00</td><td>8：55—9：55</td><td>8：50—9：50</td></tr>
<tr><td>学习与自主游戏活动</td><td>10：00—11：10</td><td>9：55—11：10</td><td>9：50—11：10</td></tr>
<tr><td>餐前活动</td><td>11：10—11：40</td><td>11：10—11：40</td><td>11：10—11：40</td></tr>
<tr><td>午餐</td><td>11：40—12：10</td><td>11：40—12：10</td><td>11：40—12：10</td></tr>
<tr><td>餐后活动、散步、午睡</td><td>12：10—14：30</td><td>12：10—14：30</td><td>12：10—14：30</td></tr>
<tr><td>起床、整理</td><td>14：30—14：45</td><td>14：30—14：45</td><td>14：30—14：45</td></tr>
<tr><td>户外活动</td><td>14：45—15：40</td><td>14：45—15：40</td><td>14：45—15：40</td></tr>
<tr><td>盥洗、午点</td><td>15：40—16：00</td><td>15：40—16：00</td><td>15：40—16：00</td></tr>
<tr><td>学习活动</td><td>16：00—16：20</td><td>16：00—16：30</td><td>16：00—16：40</td></tr>
<tr><td>离园活动
（整理、离园）</td><td>16：20—17：30</td><td>16：30—17：30</td><td>16：40—17：30</td></tr>
</table>

表 3-11　清秀幼教集团小班幼儿一日作息时间表

冬令时（11—次年 4 月）

活动环节	起始时间	具体时间	详细安排	备注
晨间活动	7：50-9：00	7：50—8：10	来园环节（面部识别、晨检、问好、放书包、换鞋、洗手、挂毛巾、喝水、做计划）	周一上午 户外活动（含升旗） 9：00—10：10 学习与自主游戏活动 10：10—11：10
		8：10—8：40	早餐、漱口	
		8：40—9：00	餐后自选活动（阅读、叠毛巾、扣纽扣、舀珠子、穿珠子、美工、拼插玩具） 晨谈（每日播报、做计划、主题谈话）	
学习与自主游戏活动	9：00—10：00	9：00—10：00	区域自选活动、小组活动、区域小结	
户外活动	10：00—11：10	10：00—10：40	早操、有组织的体育锻炼	
		10：40—11：10	户外自选游戏活动	
餐前活动	11：10—11：40		图画书阅读，音乐游戏，安全、社会、健康等活动，餐前准备	
午间活动	11：40—14：45	11：40—12：10	午餐、漱口	
		12：10—14：30	餐后自选活动（阅读、叠毛巾、扣纽扣、舀珠子、穿珠子、拼插玩具） 散步、值日 睡前整理（脱叠放鞋、衣、裤、袜）、午睡	
		14：30—14：45	起床、穿（衣、裤、袜、鞋）、整理床铺、盥洗、梳头	

续表

活动环节	起始时间	具体时间	详细安排	备注
户外活动	14：45—15：40	14：45—15：15	体育锻炼、体育游戏	周五下午 午点 14：45—15：10 周小结 15：15—15：30 离园活动 15：30—16：00
		15：15—15：40	户外自选游戏活动	
午点	15：40—16：00		整理、午点	
学习与自主游戏活动	16：00—16：20		集体活动、区域自选活动	
离园活动	16：20—17：30		离园准备及离园	

表 3-12 清秀幼教集团小班幼儿一日作息时间表

夏令时（5—10月）

活动环节	起始时间	具体时间	详细安排	备注
晨间活动	7：50—9：00	7：50—8：10	来园环节（面部识别、晨检、问好、放书包、换鞋、洗手、挂毛巾、喝水、做计划）	周一上午 户外活动（含升旗） 9：00—10：10 学习与自主游戏活动 10：10—11：10
		8：10—8：40	早餐、漱口	
		8：40—9：00	餐后自选活动（阅读、扣纽扣、穿珠子、开锁、叠衣服、美工） 晨谈（每日播报、做计划、主题谈话）	
户外活动	9：00—10：00	9：00—9：40	早操、有组织的体育锻炼、体育游戏	
		9：40—10：00	户外自选游戏活动	
学习与自主游戏活动	10：00—11：10		区域自选活动、小组活动、区域小结	

续表

活动环节	起始时间	具体时间	详细安排	备注
餐前活动	11：10—11：40		图画书阅读，音乐游戏，安全、社会、健康等活动，餐前准备	周五下午 午点 14：45—15：10 周小结 15：15—15：30 离园活动 15：30—16：00
午间活动	11：40—14：45	11：40—12：10	午餐、漱口	
		12：10—14：30	餐后自选活动（阅读、扣纽扣、开锁、叠衣服、拼插玩具） 散步、值日 睡前整理（脱叠放鞋、衣、裤、袜）、午睡	
		14：30—14：45	起床、穿（衣、裤、袜、鞋）、整理床铺、盥洗、梳头	
户外活动	14：45—15：40	14：45—15：10	体育集体教学活动、体育游戏	
		15：10—15：40	户外自选游戏活动	
午点	15：40—16：00		整理、午点	
学习与自主游戏活动	16：00—16：20		区域自选活动、集体活动	
离园活动	16：20—17：30		离园准备及离园	

表 3-13　清秀幼教集团小班新生一日作息时间表

夏令时（9—10月）

活动环节	时间	具体时间	详细安排
新生适应期	第一周	周一、周二、周三	1. 教师分批开展新生家访、面谈、约谈工作（熟悉幼儿的性格、家庭环境、身体健康情况、饮食习惯、兴趣爱好）； 2. 家长完成新生接送人脸识别录入； 3. 家长帮助幼儿进行入园心理、物质、生活自理能力准备
		周四 9：00—10：00 10：00—11：00	分 A、B 组，由家长带领幼儿熟悉班级环境
		周五 9：30	举行新生联欢会 （由一名家长陪同幼儿入园参加）
	第二周	周一、周二 上午 7：50—12：00 下午 14：30—16：30	周一： 上午 A 组幼儿在一名家长的陪同下参加入园体验及半日活动，午餐后 12：10 离园； 下午 B 组幼儿在一名家长的陪同下参加入园体验及半日活动，16：30 离园。 周二： 上午 B 组，下午 A 组，内容与周一一致
		周三、周四、周五 7：50—11：30	全体幼儿正常时间入园，家长早上送幼儿到班级教室，11：30 离园
	第三周	7：50—12：10	全体幼儿正常时间入园，家长早上将幼儿送到班级教室，午餐后 12：10 幼儿离园

续表

活动环节	时间	具体时间	详细安排
新生适应期	第四周	7：50—15：30	全体幼儿正常时间入园，家长早上送幼儿到幼儿园门口，幼儿开始在园午睡，下午起床用完午点后15：30离园
	第五周		国庆假期
	第六周	7：50—16：30	全体幼儿正常时间入园，在幼儿园午睡，下午4：30离园

注：小班新生采取“梯度入园”的方式，逐步适应。

表3-14 清秀幼教集团幼小衔接幼儿一日作息时间表

大班下学期（6—7月）

活动环节	时间	详细安排
晨间活动	7：50—8：10	来园环节（面部识别、晨检、问好、放书包、换鞋、洗手、挂毛巾、喝水、做计划）、升旗
	8：10—8：30	早餐、漱口
	8：30—8：50	餐后自选、晨谈（每日播报、做计划、主题谈话）
活动一	8：50—9：20	户外自主游戏活动、早操
活动二	9：20—10：00	户外体育课及体能锻炼
生活整理	10：00—10：15	盥洗、整理、课间餐（水果餐）、喝水、如厕、自由活动

续表

活动环节	时间	详细安排
活动三	10：15—10：50	健康、语言、社会、科学、数学、艺术活动
课间十分钟	10：50—11：00	喝水、如厕、自由活动
餐前活动	11：00—11：40	健康、语言、数学、社会、音乐活动等 餐前准备、盥洗、值日
	11：40—12：10	午餐
	12：10—14：30	餐后自选活动、散步、值日 睡前整理（脱叠放鞋、衣、裤、袜）、午睡
	14：30—14：45	起床、穿（衣、裤、袜、鞋） 整理床铺、盥洗、梳头
活动四	14：45—15：25	户外体能游戏
课间十分钟	15：25—15：40	户外自主游戏、自由活动
午点	15：40—16：00	午点
活动五	16：00—16：40	眼保健操 集体学习活动：领域活动、主题活动、换师活动
活动回顾	16：40—16：45	一日回顾、布置家庭任务
离园活动	16：45—17：30	离园准备及离园

园所对幼儿在园的一日生活做了相对块状的安排，不仅有利于一日生活活动的开展，更能让班级弹性调整安排。表 3-15 以幼儿一日生活作息表（冬令时）的设计为例，简要说明作息表背后的设计意图。

表 3-15 清秀幼教集团幼儿一日生活作息表

冬令时（11 月一次年 4 月）

活动环节	小班	中班	大班	备注
入园（来园、晨检）	7：50—8：10	7：50—8：10	7：50—8：10	周一上午（三个年龄班作息一致） 早餐 8：10—8：35 餐后活动、晨谈 8：35—9：10 户外活动（含升旗） 9：10—10：10 学习与自主游戏活动 10：10—11：10 周五下午（三个年龄班作息一致） 午点 14：45—15：10 周小结 15：15—15：30 离园活动 15：30—16：00
早餐	8：10—8：40	8：10—8：35	8：10—8：30	
餐后活动、晨谈	8：40—9：00	8：35—8：55	8：30—8：50	
学习与自主游戏活动	9：00—10：00	8：55—10：00	8：50—10：00	
户外活动	10：00—11：10	10：00—11：10	10：00—11：10	
餐前活动	11：10—11：40	11：10—11：40	11：10—11：40	
午餐	11：40—12：10	11：40—12：10	11：40—12：10	
餐后活动、午睡	12：10—14：30	12：10—14：30	12：10—14：30	
起床、整理	14：30—14：45	14：30—14：45	14：30—14：45	
户外活动	14：45—15：40	14：45—15：40	14：45—15：40	
盥洗、午点	15：40—16：00	15：40—16：00	15：40—16：00	
学习活动	16：00—16：20	16：00—16：30	16：00—16：40	
离园活动（整理、离园）	16：20—17：30	16：30—17：30	16：40—17：30	

从幼儿一日生活作息表（冬令时）可以看出，园所根据不同年龄段幼儿发展的差异性和不同活动的时间要求，对一日生活的环节和流程都做了相对稳定的安排，如两餐间隔时间不少于 3.5 个小时，每天户外活动时间不少于 2 个小时，每天持续自主游戏时间不少于 1 个小时等。

整体来看，幼儿的一日生活作息在同一个年龄段上是相对稳定的，但相同活动环节的时长在不同年龄段上会有所差异，如小班幼儿的生活时间会相对延长，中、大班幼儿的生活活动时间会相对减少，而学习活动的时间会适当增加，这符合当下的学前教育要求，即小班要重视幼儿生活自理能力的培养，中、大班更加重视幼儿学习品质的培养。这些设计背后的逻辑深刻地体现了一日生活安排需要根据幼儿年龄特点和身心发展需求有层次地设计，既要具有稳定性，又要兼顾灵活性。

除了从幼儿年龄段上灵活调整一日生活时间安排，园所可以基于不同课程内容资源，适当进行调整。如淘金山幼儿园基于自身的自然教育资源，灵活地将自然日活动安排在一日生活时间作息表内，具体如表 3-16 所示。

表 3-16　清秀幼教集团淘金山幼儿园幼儿一日生活作息安排表

<table>
<tr><th>活动环节</th><th>小班</th><th>中班</th><th>大班</th><th>自然日</th><th>备注</th></tr>
<tr><td>来园</td><td>7：50—
8：10</td><td>7：50—
8：10</td><td>7：50—
8：10</td><td rowspan="3">与日常
时间一致</td><td rowspan="6">周一上午
早餐
8：10—8：35
餐后活动、晨谈
8：35—9：00
户外活动（含升旗）
9：00—10：10
学习与自主游戏活动
10：10—11：10</td></tr>
<tr><td>早餐</td><td>8：10—
8：40</td><td>8：10—
8：35</td><td>8：10—
8：30</td></tr>
<tr><td>餐后活动
晨谈</td><td>8：40—
9：00</td><td>8：35—
8：55</td><td>8：30—
8：50</td></tr>
<tr><td rowspan="3">学习活动
户外活动</td><td>9：00—
10：00
学习与自主
游戏活动</td><td>8：55—
10：00
学习与自主
游戏活动</td><td>8：50—
10：00
学习与自主
游戏活动</td><td rowspan="3">9：00—
11：10
自然体验</td></tr>
<tr><td>10：00—
10：40
体能操、有
组织的体育
活动</td><td>10：00—
10：40
户外自选
活动</td><td>10：00—
10：30
体能操、有
组织的体育
活动</td></tr>
<tr><td>10：40—
11：10
户外自选
活动</td><td>10：40—
11：10
有组织的体
育活动</td><td>10：30—
11：10
户外自选
活动</td></tr>
</table>

续表

<table>
<tr><th>活动环节</th><th>小班</th><th>中班</th><th>大班</th><th>自然日</th><th>备注</th></tr>
<tr><td>餐前准备</td><td colspan="3">11：10—11：40</td><td rowspan="9">与日常时间一致</td><td rowspan="9">周五下午
起床
14：30—14：45
午点
14：45—15：05
学习活动
15：05—15：30
离园准备、离园
15：30—16：00</td></tr>
<tr><td>午餐</td><td colspan="3">11：40—12：10</td></tr>
<tr><td>散步</td><td colspan="3">12：10—12：20</td></tr>
<tr><td>午睡</td><td colspan="3">12：20—14：30</td></tr>
<tr><td>起床</td><td colspan="3">14：30—14：45</td></tr>
<tr><td>户外活动</td><td colspan="3">14：45—15：40</td></tr>
<tr><td>午点</td><td colspan="3">15：40—16：00</td></tr>
<tr><td>学习活动</td><td>16：00—16：20</td><td>16：00—16：30</td><td>16：00—16：40</td></tr>
<tr><td>离园准备
离园</td><td>16：20—17：30</td><td>16：30—17：30</td><td>16：40—17：30</td></tr>
<tr><td colspan="6">备注：每周二、周三、周四上午9：00—11：10分别为大、中、小班自然日时间</td></tr>
</table>

因自然日只有一上午的活动安排，是幼儿日常学习活动和户外活动时间的总和，此处结合小班自然日的某一次活动为例进行阐述，具体时间安排如表3-17所示。

表3-17 清秀幼教集团淘金山幼儿园小班自然日细化时间安排表

时间	事项	具体内容
8：40—9：00	准备环节	餐后整理、穿安全服、物品准备
9：00—9：10	排队、出发	小一、小二、小三、小四、小五、小六
9：10—9：30	路途环节	教师及两名家长在幼儿队伍的前后左右
9：30—10：00	活动一	自然体能游戏：踢纸球
10：00—10：10	生活环节	休整、喝水、场地调整
10：10—10：40	活动二	自然游戏：树叶粘贴画

续表

时间	事项	具体内容
10：40—11：00	活动三	自由活动：感受大自然
11：00	回园环节	总结分享、整理衣服、合影

深圳市罗湖区清秀幼教集团 郭 扬 赵 婷

案例解析 幼儿园的一日生活作息表的安排，从总表到夏、冬季的不同幼儿年龄段，再到拥有不同课程资源的园所，都可以灵活设计，从而符合幼儿身心发展的基本需求，为幼儿能够在幼儿园一日生活中获得高质量发展保驾护航。

二、班级的周计划制定

幼儿园的周计划是一周之内全部教育活动及相关工作的具体方案，是当月工作计划内容的具体化，是保障月教育目标和周工作目标顺利落实的必要条件，也是制定每日教育目标与方案设计的依据。

案例 3-7 幼儿园的一周

一个完整的幼儿园周计划，一般包括如下内容：对月主题的解析、安全教育、教学活动、生活活动、游戏活动、户外活动及家园共育。清秀幼儿园针对周计划需要具备计划性、目的性、针对性、时效性、可操作性的特点，为保障幼儿园整体的教学质量，让教师更好地开展每周每日的活动，设计出周计划模板。具体以大班周计划模板为例（见表 3-18）。

表 3-18 清秀幼教集团大班周计划模板

<table>
<tr><td colspan="6">20××—20××学年第一学期××园大班第××周活动计划</td></tr>
<tr><td>本周主题</td><td colspan="5">××××</td></tr>
<tr><td>本周重点</td><td colspan="5">1. 主题开展 / 教育教学重点；
2. 幼儿生活自理、行为习惯培养 / 安全教育重点、保育重点（学期生活常规培养计划指引，保育员参与制定，每周根据幼儿上周的表现制定）；
3. 节庆 / 活动</td></tr>
<tr><td>家长工作</td><td colspan="5">1. 结合班级教育教学、主题进程、班级活动而制定的共育内容；
2. 根据对幼儿行为习惯、自理能力培养目标而制定的共育内容</td></tr>
<tr><th>时间</th><th>星期一</th><th>星期二</th><th>星期三</th><th>星期四</th><th>星期五</th></tr>
<tr><td>7：50—8：10
入园活动</td><td colspan="5">入园晨检</td></tr>
<tr><td>8：10—8：50
晨间活动</td><td colspan="5">盥洗、早餐、餐后自选活动、晨谈</td></tr>
<tr><td rowspan="2">8：50—10：00
学习与自主游戏活动</td><td colspan="5">重点观察的区域 / 内容：
幼儿个别关注：
材料更换：（附班级区域材料投放、记录规划表指引）</td></tr>
<tr><td>主题 / 区域活动
（小组 / 个别）名称</td><td>主题 / 区域活动
（组 / 个别）名称</td><td>主题 / 区域活动
（小组 / 个别）名称</td><td>主题 / 区域活动
（小组 / 个别）名称</td><td>主题 / 区域活动
（小组 / 个别）名称</td></tr>
<tr><td rowspan="2">10：00—11：10
户外活动</td><td>体育游戏 / 活动
名称
器械自选（三种起）</td><td>体育游戏 / 活动
名称
器械自选（三种起）</td><td>体育游戏 / 活动
名称
器械自选（三种起）</td><td>体育游戏 / 活动
名称
器械自选（三种起）</td><td>体育游戏 / 活动
名称
器械自选（三种起）</td></tr>
<tr><td>场地名称</td><td>场地名称</td><td>场地名称</td><td>场地名称</td><td>场地名称</td></tr>
</table>

续表

时间	星期一	星期二	星期三	星期四	星期五
11：10—11：40 餐前活动	活动 （集体 / 小组）名称	生活渗透 / 班级 特色活动	故事 / 音乐欣赏、 手指游戏等	故事 / 音乐欣赏、 手指游戏等	猜谜语等
11：40—12：10 生活活动	午餐、盥洗、值日、餐后自选活动				
12：10—14：45 生活活动	散步、盥洗、午睡、午检、起床、整理				
14：45—15：40 户外活动	体育游戏 / 活动 名称 器械自选（三种起）	体育游戏 / 活动 名称 器械自选（三种起）	体育游戏 / 活动 名称 器械自选（三种起）	体育游戏 / 活动 名称 器械自选（三种起）	体育游戏 / 活动 名称 器械自选（三种起）
	场地名称	场地名称	场地名称	场地名称	场地名称
15：40—16：00 生活活动	盥洗、午点				
16：00—16：40 学习及自主游戏 活动	重点观察的区域 / 内容 幼儿个别关注： 材料更换：（附班级区域材料投放、记录规划表指引）				
	主题 / 领域 / 生活 活动（集体 / 小组） 名称	主题 / 领域 / 生活 活动（集体 / 小组） 名称	主题 / 领域 / 生活 活动（集体 / 小组） 名称	主题 / 领域 / 生活 活动（集体 / 小组） 名称	周五下午 15：30 离园活动
16：40—17：30 离园活动	自选活动、整理、离园				
责任人：××× 张贴、回收人：××× 检查人：××× 有效期至：20×× 年 ×× 月 ×× 日					

周计划的设计主要是根据幼儿一日生活中的生活活动、学习活动、体育活动、自主游戏活动 4 个模块的内容，以幼儿在园的一日生活环节为主线，将 4 个模块的内容分散在适宜的时间阶段内，并进行对应的归类。具体归类如表 3-19 所示。

表 3-19　清秀幼教集团周计划内容模块与具体活动

内容模块	具体活动
生活活动	餐点（含早餐、水果、午餐、午点）、饮水、如厕、盥洗、午睡
体育活动	早操、体育集体教学活动、体育游戏
自主游戏活动	餐后自选（含来、离园环节）、区域自选活动、户外自选活动
学习活动	主题探究活动、区域活动、领域教学活动

根据对活动内容全面性和丰富性的需要制定幼儿园一周活动内容及频次安排指引，从生活活动、体育活动、自主游戏活动、学习活动 4 个模块进一步细化每一个内容模块的具体活动，针对具体内容和频次的适宜性制定安排指引，供各园制定周计划内容时参考。具体如表 3-20 所示。

表 3-20　清秀幼教集团一周活动内容及频次安排指引

内容模块	具体活动	渗透领域	参考建议
生活活动	升旗仪式	综合	根据全园统筹安排学期的升旗活动排班表，安排本班活动
	行为培养	健康、社会	每天随机进行
	安全卫生	健康、社会	1. 园所保健医生及安全主任统一安排的安全卫生课程； 2. 教师随机开展的安全卫生活动
体育活动	操节活动	健康	根据幼儿年龄特点设计适宜的操节活动，可根据园所场地分时段进行
	集体活动	健康	1. 每周 1 节体育集体教学活动； 2. 其他活动以体育游戏的形式开展
	自选器械	健康	以小组、个别形式开展

续表

内容模块		具体活动	渗透领域	参考建议
自主游戏活动		餐后自选	综合	在入园离园、餐前餐后等过渡环节安排幼儿可自选的游戏活动内容
		区域自选活动	综合	每次活动时间不少于40分钟，每天活动次数不少于1次
		户外游戏活动	综合	1. 每天上午、下午各安排半小时游戏活动； 2. 可根据天气情况适当增加或减少游戏活动时间
学习活动	主题探究活动	主题讨论活动	语言、社会	1. 每周1—2次，晨谈或餐前等碎片时间进行，5—10分钟即可； 2. 师幼/幼幼/家长/专家访谈
		实地参访观察记录活动	综合	1. 每周1—2次，集体或小组活动（主题探究的第一、二阶段）； 2. 实地考察记录的表述方式可与绘画、写作、写数字相结合
		调查活动	综合	每周根据主题进展情况安排的直接或间接研究（从书本、网络、博物馆、他人提供的资料中获取信息）
		表征/展示活动	综合	1. 每周2次小组活动，在活动区进行，1/2或1/3幼儿； 2. 表征形式多元，包括艺术表征、角色扮演、建构搭建、书写设计、信息技术表征等； 3. 阶段性和结题展示（收集的物品、问题表、主题墙面、布告牌、幼儿作品、主题发布会、分享会等）
	区域活动	小组活动	综合	每周围绕五大领域开展2—3类小组活动（内容可与主题活动结合）
		个别操作活动	综合	每两周完成全班幼儿的个别观察记录（教师每天完成约2名幼儿的观察记录）

续表

内容模块		具体活动	渗透领域	参考建议
学习活动	领域教学活动	健康活动	健康	1. 每天 2 课时集体教学，含户外体育活动； 2. 通过图画书阅读、戏剧体验等方式开展
		语言活动	语言	1. 每天 1 次 8—10 分钟晨谈； 2. 每周 1 次午餐前 10—15 分钟集体听读； 3. 每月 1—2 次图画书集体教学或小组活动
		社会活动	社会	1. 每周开展 1 次集体活动（可安排在餐前活动环节），内容可结合节日节气、主题活动等； 2. 通过图画书阅读、戏剧体验等方式开展
		科学活动	科学	1. 每 2 周开展 1—2 次小组操作或实验活动； 2. 根据幼儿的学习需要，每月开展 1—2 次数学集体教学活动
		艺术活动	艺术	1. 每周安排 1 次音乐集体 / 小组活动、每 2 周安排 1 次美术集体 / 小组活动； 2. 过渡环节渗透音乐欣赏、游戏、律动等内容

园所有了固定的周计划模板，对应周计划的内容模块和具体操作指引，教师可以很好地制定一周活动计划。教师以尊重幼儿身心发展规律与需求为原则，结合班级正在开展的活动，合理地安排幼儿学习和生活的内容，让幼儿在一周内通过各种类型的活动回顾旧经验、获得新经验，充分体现幼儿一日生活和学习的多样性与整体性。

当教师具备了较丰富的主题活动经验时，就可以灵活地将主题活动融入五大领域教学模块中，并合理地运用一日生活中的晨谈活动、区域活动、集体活动时间，从而将主题活动目标渗透到幼儿的一周活动中。通过明确周活动重点，用不同的组织形式达到活动的预期目的，将幼儿的一周活动安排得更加丰富、科学。通过清秀幼教集团庐峰翠苑幼儿园大二班的一周活动计划，可以看出本班活动的重点和具体内容。具体周计划内容如表 3-21 所示。

表 3-21　2021—2022 学年第一学期庐峰翠苑幼儿园大二班第 5 周活动计划表

本周主题	东门我知道				
本周重点	1. 聚焦了解东门的人、事、物，了解城市发展变化下的集市发展过程； 2. 幼儿分享参访记录单，将绘制的景点线路图整合成完整的儿童地图； 3. 流感季关注幼儿个人卫生及饮水量				
家长工作	1. 辅助幼儿借助信息技术记录里程，并生成儿童地图； 2. 科普关于集市买卖、以物换物的交易方式，协助收集角色区货品				
时间	星期一	星期二	星期三	星期四	星期五
7：50—8：10 入园活动	来园、晨检				
8：10—9：00 早餐及餐后活动	**团体讨论：在东门，我发现了…… 介绍新材料：语言区“我爱去集市” 幼儿分享：我的景点路线图**				
9：00—10：10 户外活动	综合 2、4 区	综合 1 区	综合 3 区	综合 2、4 区	综合 1、4 区
	1. 升旗仪式 2. 户外体育游戏 A 组：篮球高手 B 组：玩转彩虹伞 3. 器械自选：轮胎、跳绳、篮球	1. 户外体育游戏 A 组：翻山越岭 B 组：我乘坐什么回家 2. 器械自选：攀爬架、跳远、三轮车	1. 户外体育游戏 A 组：我乘坐什么回家 B 组：体能循环 2. 器械自选：滑滑梯、垫子、风火轮	1. 户外体育游戏 A 组：体能循环 B 组：篮球高手 2. 器械自选：跳绳、篮球、呼啦圈	1. 户外体能游戏 A 组：快乐皮筋 B 组：猴子摘桃 2. 器械自选：跳皮筋、跳远、三轮车

续表

时间	星期一	星期二	星期三	星期四	星期五
10：10—11：20 学习及自主游戏活动	区域活动重点 1. 关注幼儿的区域计划 2. 小组活动 数学区“五子棋技巧” 3. 其他区域自选	区域活动重点 1. 积木区个别搭建技巧 2. **小组活动** **绘画区“东门的建筑”** 3. 其他区域自选	区域活动重点 1. 户外写生 2. 小组活动 手工区“给妈妈的礼物” 3. 其他区域自选	区域活动重点 1. 关注幼儿进区情况 2. **小组活动** **语言区“介绍东门的景点”** 3. 其他区域自选	区域活动重点 1. 积木区个别搭建技巧 2. **小组活动** **建构区“老东门”** 3. 其他区域自选
	1. 重点观察区域：**建构区“老东门”**； 2. 更换材料：**语言区“我爱去集市”**				
11：20—11：40 餐前活动	安全活动“防溺水”	音乐欣赏活动“静静的小河”	诵唱《望庐山瀑布》	故事讲述活动“我爱去集市”	科普活动“公道秤”
11：40—12：30 生活活动	盥洗、值日、午餐、餐后自选活动、散步				
12：30—14：30 生活活动	盥洗、午睡、午检、起床、整理				
14：30—15：30 生活活动	盥洗、值日、午点				

续表

时间	星期一	星期二	星期三	星期四	星期五
15：30—16：00 学习活动	**社会（集体） “儿童地图”**	**数学（集体） “认识人民币”**	**语言（集体） “妖精豆豆逛集市”**	健康（集体） “食物的奇妙之旅”	安全周小结 离园活动
16：00—16：35 户外活动	1. 户外体育游戏：战斗鸡 2. 器械自选：网球、滑滑梯、跨栏	1. 户外体育游戏：小兔子抬花轿 2. 器械自选：呼啦圈、跨栏、轮胎	1. 户外体育游戏：趣味接力 2. 器械自选：三轮车、攀爬架、轮胎	1. 户外体育游戏：平衡大挑战 2. 器械自选：平衡板、篮球、地垫	
	综合 3 区	综合 2 区	综合 1 区	综合 3 区	
16：35—17：30 离园活动	整理、离园、自选活动				

在周活动计划表中，加粗的部分均为与主题活动相关的内容。通过活动周重点、家园联动、具体活动安排等将主题活动布局到一周活动中，保证活动组织类型和内容的多元化、丰富性，使幼儿习得与主题相关的连贯性经验。从一周具体活动的密度来看，除了与主题活动相关的活动以外，还有很多其他活动来满足幼儿的个体需求。

深圳市罗湖区清秀幼教集团　罗　佳　陈宇丽

案例解析 园所以资料包的形式给教师一些可以参考的内容，教师根据活动的推进情况设计不同类型的活动，从而实现活动目标，满足幼儿探究、学习的需求。教师尝试着和幼儿一起商讨周活动计划，如在周四、周五的时候，教师根据目前幼儿开展的活动内容，和幼儿一起计划下周的活动内容及活动安排，尽可能地将活动的自主权赋予幼儿。在周计划中既体现教师的活动计划，又可以让幼儿参与其中，进一步提升幼儿的规划能力，增强幼儿参与活动的积极性，提升活动开展的质量。从教师主导走向幼儿参与，再到幼儿主导，真正地将幼儿园课程活动的决策权赋予幼儿，让一日生活计划变得富有灵气。

三、儿童的半日活动计划

幼儿园工作中包含很多需要计划的内容，但大部分的计划是针对教师而言的，那么计划对于儿童来说，有没有实际意义呢？儿童的计划有实现的可能吗？事实证明，学会做计划有助于儿童学会预期、增强自信、提升自我指导与评价能力等。

案例 3-8
我自己的一天

就“一日生活中如何激发幼儿的计划行为”教师进行了这样一个尝试：以半日活动中的自选区域活动为切入点，逐渐培养幼儿计划的意识和能力，从而进一步提高幼儿自主计划的能力。

1．幼儿半日活动计划前提

（1）整体规划

幼儿半日活动计划需要建立在教师对班级一日活动计划的基础上，也就是教师需要在周计划的基础上做好每日活动计划。幼儿计划能力的培养有赖于教师和家长给幼儿提供的计划机会。因此，教师基于幼儿教育教学活动计划，对幼儿计划的可行性进行思考，从幼儿一日活动中设计了一些可以由幼儿自主计划的活动环节。

在幼儿区域活动中，小班幼儿可以通过插牌进区的方式自选区域。当幼儿形成进区需要计划的意识后，教师可以结合班级的信息化环境，引导幼儿尝试在一体机上进行区域自选。

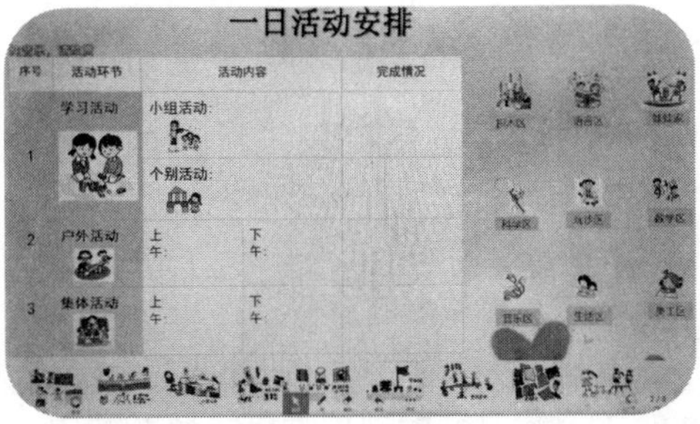

一日活动安排

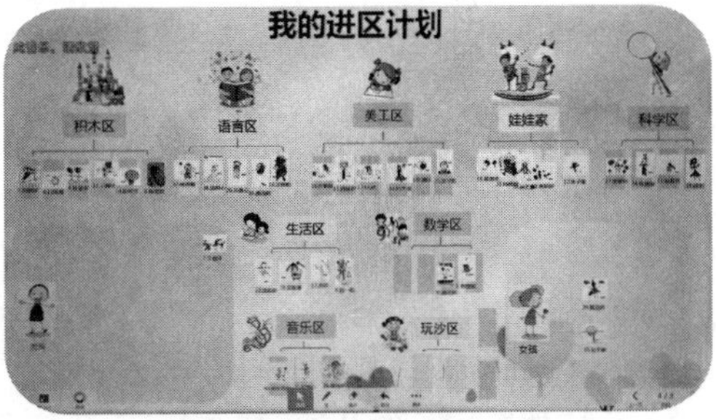

幼儿进区计划

（2）幼儿经验准备

幼儿在日常活动中会有很多表征，如活动的调查记录、动植物的观察记录、绘画作品等，幼儿在日常的表征中不断地发展小肌肉的控制能力、绘画构图能力、思维能力等，为幼儿进行自主活动计划提供书写经验和能力的准备。

2．幼儿半日活动计划的具体内容

通过对 3—6 岁幼儿思维发展及身体发育特点等的分析，我们发现 6 岁幼儿计划能力的可塑性是最强的。为了让幼儿的计划能力循序渐进地发展，我们在幼儿在园的 3 年中逐步培养幼儿的自主计划能力。针对小班，我们引导幼儿逐渐具有计划意识，让其知道自己选择了哪个区域就需要到哪个区域进行游戏，也可以根据自己的需求更换区域。中班幼儿可以根据自己的进区想法选择区域，并将其画在自己的计划本上。此阶段，仅聚焦区域活动进行计划，属于半日活动中的局部活动计划。大班幼儿可提前做区域计划，不再停留于表征要选择的区域，而是更加细致地表征要进行的游戏内容。此阶段，大班幼儿对区域活动和户外活动进行计划，是对半日活动的整体活动计划。

（1）小班幼儿的区域活动计划

小班幼儿还处于具体形象思维阶段，一一对应的思维和按规则进区活动的意识相对薄弱，因此在该年龄段，教师要有意识地用具体的实物制作有童趣的进区卡，幼儿通过对应插卡的形式做进区计划，以培养幼儿选区、进区的意识为主。幼儿对计划本身是不理解的，只是反复练习一一对应，从而建立这种选区、进区的意识。

（2）中班幼儿的区域活动计划

到了中班，幼儿在进区前对自己要在区域里做的事情已经有了想法，于是教师会提供进区计划本，幼儿在来园、早餐后等环节可以根据自己当日的选区计划，在计划本上表征自己的区域活动计划。中班幼儿开始表现出不同的表征水平，有的幼儿只是简单地表征出对应区域里面的单一行为，如在语言区看书；有的幼儿会对自己要在区域里做的事情进行详细描述，如计划在生活区里插 3 瓶花、在音乐区里和好朋友一起唱歌、在积木区里和好朋友搭建城堡里的马路等。可见，幼儿开始对计划有了更加细致的描述，从简单的行为描述，逐渐细化到对任务目标和游戏情境的描述。

中班阶段，幼儿逐渐形成自主计划意识的同时，也开始对计划本身的意义有了自己的理解，会对具体要做的事情进行表述和记录。

（3）大班幼儿的半日活动计划

大班幼儿运用绘画和书写表征的方式做计划，幼儿对活动计划的口头表述能力也明显开始具有逻辑性，同时对半日活动时间和内容安排的计划也开始有了自己的想法。教师开始升级幼儿的计划本，加入了户外活动和完成计划情况等内容，开始尝试让幼儿自主计划在园的半日活动。幼儿开始计划前，教师会组织相关的集体教学活动，让幼儿知道计划要包含准备做什么、怎么做、在哪儿进行、和谁一起等内容，通过具体的活动情境让幼儿理解计划除了表述要做的事情以外，还需要包含时间、地点、人物、事件、情境、目标等基本要素。

大班幼儿已经开始内化计划的意义，并对计划的基本要素有了深入了解，把计划当作自己每天入园时需要主动完成的事情。有的幼儿还会对自己要做的事情进行更完整的表述，如今天做什么、计划的完成情况、明天接着做什么等。这意味着幼儿对活动的计划、实施、完成这一完整过程逐步形成了自己的认知。

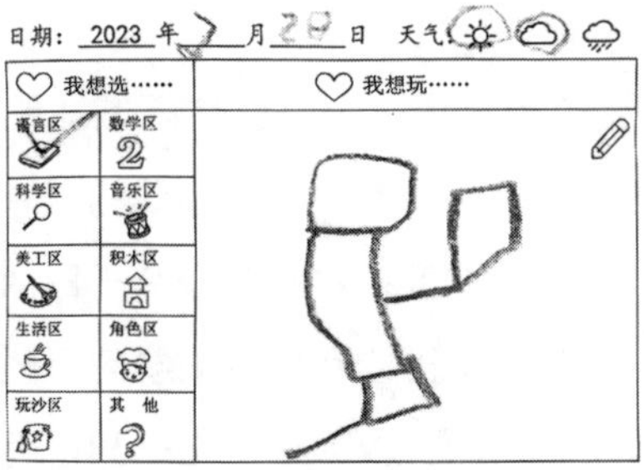

中班幼儿区域活动计划 1

中班幼儿区域活动计划 2

中班幼儿区域活动计划 3

中班幼儿区域活动计划 4

大班幼儿半日活动计划 1

大班幼儿半日活动计划 2

3. 幼儿自主计划开放日

在培养幼儿计划能力的过程中，教师发现，幼儿认为自己是区域活动的主人、幼儿园生活的主人，能够非常自信、有能力、有目的地推进活动的发展，也能对自己的活动结果负责，自我效能感很强。为了能够将幼儿在园的一日活动自主权交于他们，教师做了一个大胆的尝试：结合幼小衔接目标中的学习品质发展目标，当大部分大班幼儿对半日活动计划有了了解后，教师确定在一周内固定的一天进行开放日活动，让幼儿自主设计在幼儿园的一天。在不影响其他班级日常活动正常开展的前提下，开展幼儿自行计划的活动，比如，在户外活动时间开展找影子游戏，在学习活动时间进行搭建类的情境游戏。

幼儿在这一天特别高兴，一切都按照自己的计划进行，他们在自己规划安排的环境中，特别有归属感。教师也会按照计划，为小朋友讲故事，和他们一起玩游戏等。在幼儿自主计划开放日的活动中，他们充分地体验到了自主、自信与责任。

幼儿自主计划开放日活动相当于一次关于“做计划”的探究活动，需要有整体的规划和安排。一是，活动前，教师和幼儿一起商讨如何进行计划、需要做哪些准备；二是，活动中，即计划开放日当天，教师首先要关注活动的注意事项，并要观察幼儿计划与实施的匹配程度，以及幼儿整体的活动情况，包括幼儿的情绪情感体验和任务意识；三是，活动后，即计划开放日活动后一天，及时和幼儿讨论开放日的体验、活动过程中的问题和解决对策等。该活动充分体现了计划的价值和意义，教师与幼儿不断地优化开展计划开放日的过程，提升计划质量，逐渐提高幼儿计划的能力，培养幼儿良好的学习品质，为幼儿上小学做好计划的能力准备。

教师推进计划开放日时发现，幼儿在计划的过程中不仅会规划个人时间，同时也会考虑到同伴在活动和计划中的参与情况，并努力在计划中与同伴达成一致。计划开放日不仅增强了幼儿的自我管理能力，还促进了幼儿社会交往与表征能力的发展。

深圳市罗湖区清秀幼儿园　廖春媚　郭丽娟

案例解析 幼儿园教育工作的重点是培养幼儿各方面的能力，教师意识到

“计划”本身的教育价值，通过梳理幼儿一日生活中的计划，发现把计划的自主权充分归还给幼儿的可能。随着幼儿自主计划活动的推进，幼儿的认知、情感、行为及社会性等方面得到了综合发展，做事逐渐有了一定的计划性，自我管理能力得到了提升，为进入小学作了较为充分的学习准备。

幼儿园的一日生活环节流程对于儿童的成长发展具有至关重要的作用。在设计环节流程时，需要多主体之间的相互配合，从幼儿园的一日生活作息到班级的周计划安排，再到儿童的半日活动计划，都要合理地安排和调整儿童的一日生活，促进儿童的自主性和责任感的提升，推进儿童的学习和发展。

幼儿园的一日生活应该兼具稳定性和灵活性，满足儿童全面发展的需求和权益。设计幼儿园一日生活环节时，必须始终坚持以儿童为中心的原则，尊重儿童的个体差异和发展需求。只有关注儿童的个性化成长，才能够让幼儿园的教育目标真正得以实现。因此，在幼儿园的一日生活中，应该始终秉持“看见儿童”这个核心价值取向，通过科学合理的环节设计，让儿童快乐地成长。

第三节　看见儿童一日生活中的组织形式

一日生活皆教育，幼儿园教育目标的实现离不开教育活动的内容和组织形式的设计，活动内容是实质，组织形式是载体。幼儿园教育活动的内容与儿童生活息息相关，科学的组织形式是保证儿童积极、有效学习的重要条件。幼儿园教育活动的组织形式多种多样，常见的形式有集体活动、小组活动和个别活动，组织形式本身并没有优劣之分，但会影响儿童活动的效果。教育活动的组织形式应根据需要合理安排，因时间、地点、内容、材料灵活地运用。因此，教师应该充分考虑儿童的身心发展规律、兴趣和个体差异，结合时间、空间以及教育目标、教育内容、活动材料等现实条件，在一日生活的生活活动、学习活动、自主游戏活动、体育活动中灵活选用适宜的组织形式开展教育。

集体活动、小组活动和个别活动这三种形式的教学活动都有其独特的功能，要根据活动目标、活动内容及儿童的兴趣和发展水平等，选择合理的活动组织形式。三种组织形式的适用范围、优势与不足如表 3-22 所示。

表 3-22　三种组织形式的使用说明指引表

组织形式	适用范围	优势	不足
集体活动	1.健康领域的动作技能、安全类常识、体育游戏等活动内容； 2.社会领域中的行为规范、规则和相关的社会知识； 3.语言领域中简单的诗歌文学欣赏、戏剧活动等； 4.艺术领域中幼儿歌唱律动、舞蹈动作等； 5.一日生活中，幼儿共性的问题、共性的兴趣爱好，或不需要进行动手操作的内容，如讲故事等	1.幼儿获取的知识经验较为系统、连贯； 2.相对节省人力、物力和时间，能较快完成活动目标； 3.有利于培养幼儿的自制力和集体意识	1.教师难以照顾到幼儿的个体差异，难以因材施教； 2.幼儿充分探索的时间难以得到保证，很难发挥每名幼儿的自主性
小组活动	1.需要幼儿动手操作、亲身体验和深入探究的活动，如绘画、手工、科学实验等； 2.教师根据教学需求，结合幼儿的兴趣和发展水平进行的分组活动； 3.幼儿可以根据自己的兴趣和需要，自发地组成小组开展活动	1.教师能够兼顾组内的幼儿进行较为细致的指导； 2.幼儿自由活动的效率和参与度提高，能较好地获得某种经验； 3.有利于幼儿与组内成员进行充分的讨论与合作，提升幼儿的合作意识和能力	对教师的专业能力、指导技巧要求较高
个别活动	1.个别幼儿在集体活动或小组活动时未能完成的事情，可采用个别活动来完成； 2.根据幼儿的兴趣爱好、发展水平等个体差异，教师可适当进行个别指导	1.有利于满足幼儿的个别兴趣与需求，有利于培养幼儿的独立性； 2.教师可以充分考虑幼儿的兴趣、能力水平等，进行有针对性的指导	1.需要花费较多的时间、精力、人力等； 2.幼儿缺少合作的机会，难以面向全体幼儿

一、集体与个别活动形式灵活转换的生活活动

生活活动是满足儿童基本生理需要、帮助其养成良好习惯、提高自理能力的活动。生活活动贯穿整个一日生活中，包括入园、离园、餐点、饮水、如厕、盥洗、午睡、整理和过渡 9 个环节，是构成儿童日常生活的基本要素，每一个要素在儿童生命成长中都具备独特的教育功能和教育价值。在引导和促进儿童在生活中学习、在生活中发展的过程中，教师应该正确理解和认识童年生活对儿童学习和发展的独特价值。教师需要深入理解 9 个环节蕴含的教育价值，结合儿童的身体特点及生理需要组织生活活动，有针对性地对其进行教育引导，耐心地帮助儿童掌握自我服务方法，养成良好的生活习惯。

生活性是儿童学习的重要特点。儿童学习的独特之处在于：以自己的生活为主要学习对象，又以自己的生活为主要学习途径，并以更好地适应生活为学习目的，即为了学会生活，通过生活来学习，学习与生活相互交融，学习、生活、发展三位一体。儿童生活能力的个体差异是非常明显的，这也是决定教师选择教育方法和组织形式的重要因素，教师需要适当地变换教学组织策略来针对性地培养儿童的自理能力。

案例 3-9
小班幼儿一日生活常规中的喝水环节

幼儿处于生长发育的重要时期，每天除了从所吃的食物中获得水分外，还需要及时通过饮水补充水分，天气比较干燥时尤其需要及时补水。根据中国营养学会颁布的《中国学龄前儿童平衡膳食宝塔（2022）》，小、中、大班幼儿的日饮水量大约是 600 毫升、800 毫升、1000 毫升，按照日托制幼儿在园时间，幼儿每日在园饮水量大约为 400 毫升、550 毫升、700 毫升。

喝水是一日生活中必不可少的一个环节，幼儿的一日饮水量会直接影响幼儿的身体健康，尤其是新入园的小班新生，其每天的喝水量是教师和家长重点关注的

问题。教师在观察幼儿当日喝水情况时发现：户外活动回来后幼儿纷纷来到饮水机旁喝水，其他时间自主喝水的幼儿寥寥无几；一些幼儿围在饮水机旁边，常常把饮水机开开关关，甚至有幼儿接完水后不关饮水机就走掉了。基于这样的问题，小班教师开始研讨如何有效地引导幼儿在园的喝水行为，逐渐培养幼儿自主饮水的良好习惯。

1．引导幼儿关注喝水的重要性

针对小班幼儿喝水的现状，教师选择关于喝水的图画书，如《主动喝水不生病》《咕咚咕咚喝水啦》《水精灵游历记》等，通过集体故事阅读的方式引导幼儿发现喝水的好处，并引导幼儿发现一天当中什么时候需要喝水、每次喝多少水等问题。为了让小班幼儿更加直观地了解一天究竟要喝多少水，教师在幼儿水杯 2/3 的高度处做上标识线，把 400 毫升水瓶里盛满的水分装出了 6 小杯水——这 6 杯水就是小班幼儿一天最低的饮水量。

饮水机边墙面上的喝水流程图

这么多水，什么时候喝呢？教师和幼儿一起回顾幼儿园一日生活流程后发现，幼儿在来园、户外活动前、户外活动回班后、午睡后、午点后等环节需要集中喝水，其他环节幼儿可以根据自己的需求自主喝水。

2．鼓励幼儿主动饮水

教师观察发现，幼儿对饮水机的使用方法不是很清楚，于是教师拍摄了正确使用饮水机的视频，组织幼儿集体观看，引导幼儿分组操作，同时对能力相对薄弱的幼儿进行个别指导。为了能够让幼儿做到自主接水、饮水，教师在饮水机旁边的墙面上创设了喝水流程图，创编了控制接水量的儿歌，鼓励幼儿在饮水记录墙面上记录喝水情况，借助环境和游戏引导幼儿养成良好的饮水习惯。

3．采用多种方法进行分流喝水

为了避免喝水环节人流量过多，班级教师细致观察幼儿饮水情况后，决定通过人员分流、增设饮水点、音乐提醒等方式来减少幼儿接水的等待时间。增设饮水点需要在班级选择一个适宜的位置，装设水杯架，方便幼儿取水后放置水杯。同时，班级教师基于现场情况，沟通确定教师的站位和分工，主班教师负责与幼儿一起开展音乐律动等活动，减少过渡环节的消极等待，配班教师或保育员根据幼儿饮水情况进行个别指导。

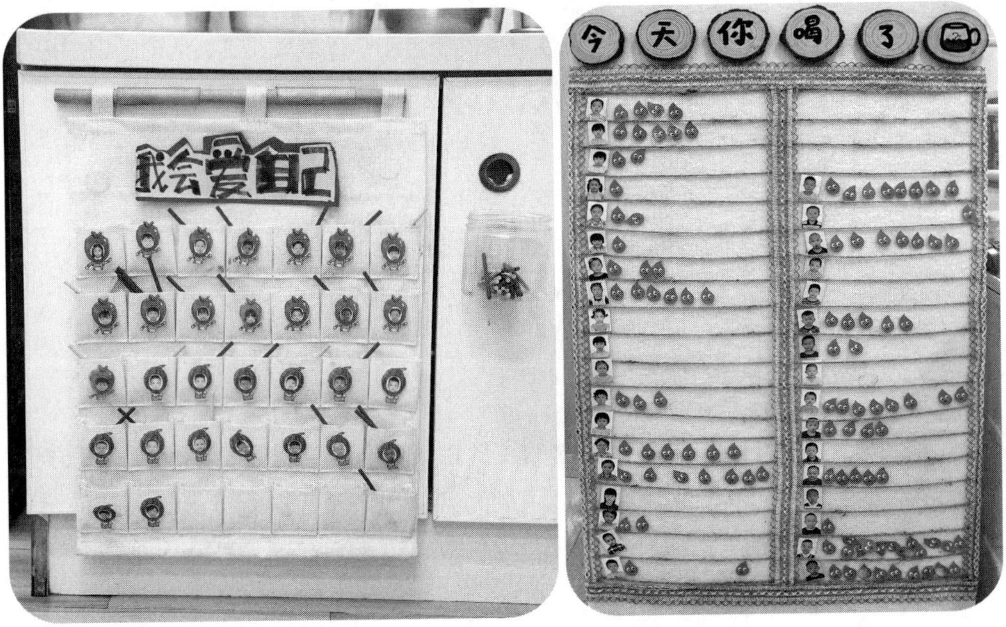

喝水记录图（如插签式、粘贴式）

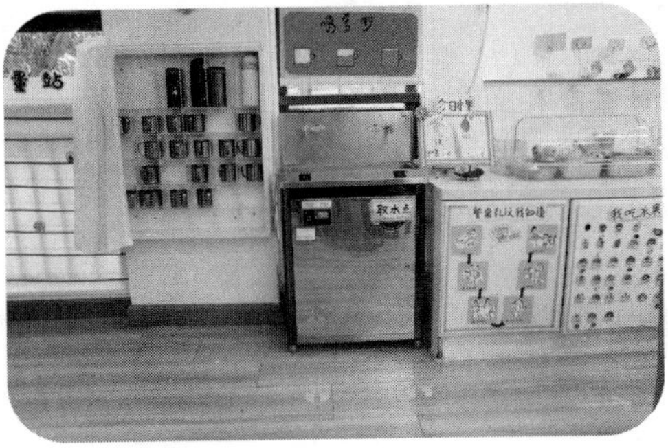

饮水机接水点

班级其他分装接水点

4．重点关注个别幼儿饮水情况

幼儿对水的需求量存在较大差异，为了保证幼儿基本的饮水量，根据幼儿生长的基本特点，教师会特别关注部分幼儿当日的喝水情况，如感冒初愈、出汗量高、哭闹多、近期上火、体质特殊等需要特别提醒的幼儿。教师制作了水宝宝胸牌，运用胸牌提醒幼儿及时饮水，激发幼儿自主喝水的意识。

深圳市罗湖区清秀幼儿园　张志良　李周婷　陈巧如

案例解析　依据小班幼儿社会性发展的特点和个体差异，班级活动的组织形式一般是以集体活动和个别指导活动为主，这也与生活活动在小班年龄阶段的占比和生活活动本身的组织形式特点相契合。案例中教师关注到了小班幼儿喝水环节的问题，通过环境引导、游戏开展等方式让幼儿感受到了喝水的重要性，通过游戏情境的创设，逐渐引导幼儿养成自主喝水的良好习惯，以上策略也逐渐地培养了幼儿对集体的归属感，使幼儿在关注自我的基础上，加强对同伴、集体的认识。

二、多元组织形式并行的学习活动

学习活动是幼儿园教育教学活动的重要组成部分，是儿童获得系统知识经验的有效途径。学习活动的来源多数是儿童的兴趣和园所的现有资源，教师通过挖掘有价值的教育契机，通过不同类型的教学组织策略来开展活动，以集体活动为主导，适当地开展小组和个别活动，根据不同儿童的个体差异，选择适宜的、针对性的教学策略，充分激发儿童的探究兴趣和主观能动性，促进儿童的发展。

案例 3-10
幼儿园来了新朋友

户外活动时，大一班幼儿偶然发现运动场边的玉兰树上有一团黑黑的东西。在教师和保安叔叔的帮助下，幼儿确认这团黑黑的东西是藏着 4 颗鸟蛋的鸟窝。幼儿被这个神奇的鸟窝吸引了，他们还发现鸟窝的一个角上有些破损。幼儿连续两天讨论着与鸟窝有关的话题，户外活动时间总是不忘去玉兰树下抬头看一看。教师发现了幼儿强烈的好奇心和兴趣，看到了这个事件背后隐含的教育价值，决定追随幼儿的探究欲望，开展了“幼儿园来了新朋友”的主题探究学习活动，促进幼儿的探究性学习。

1．观察遇问题，幼儿共解决

幼儿发现鸟窝在玉兰树的顶端，无论从地面的哪个角度观察都只能看到鸟窝的底部，从幼儿园的二楼走廊观察仅能看到模糊的影子。他们认为，如果要做进一步的探究，必须先解决看不清楚鸟窝的问题，并由此发起了一场集体讨论。

鸟窝太高看不清

子枫：“我们可以用望远镜看呀！我以前去野生动物园时用望远镜看狮子，可清楚了。”

跑跑：“还可以用椅子，站在椅子上面我们就变高了。”

开心：“我们需要一个梯子，梯子一层一层的，很高，我们可以站在梯子上看。”

包包：“我知道了！攀爬架可以帮助我们！”

于是，从已有的资源入手，幼儿搬来了户外的攀爬架，借来了梯子，不断寻找能够清楚观察鸟窝的最佳角度。

幼儿借助梯子观察鸟窝

幼儿借助攀爬架观察鸟窝

多次观察鸟窝，幼儿发现借助支撑物观察时存在一定的危险，大家根据观测时发生的问题又展开了集体讨论，决定制定一个观察公约。

小宝：“梯子有点高，如果不小心摔下来就惨了，要有人扶着我。”

飞飞：“观察的时候不要讲话，万一声音太大就会把鸟妈妈吓跑。”

鹏鹏：“我们要提醒小朋友们遵守约定，就像我们的班级公约一样。”

晓彤：“那我们可以画下来，做一个观察小鸟的规则来提示大家，这样我们的小鸟就不会被吓跑，小朋友也不会摔跤！”

集体讨论后幼儿决定制定观察公约，包含安全防护、安全标识、注意事项等内容，并组成制作公约小组进行公约绘制。有了公约，观察的过程变得更加顺畅了。

制作公约

“公约图”完成稿

鸟窝上的豁口会不会有危险？幼儿又对此展开了讨论。

小宝："窝这里有个豁口，鸟宝宝会不会掉下来呀？"

佳佳："肯定是台风刮的，鸟妈妈肯定很担心。"

舒林："我们帮它修好吧，还要铺得软软的。"

冰冰："对，我去叫兰兰他们一起找材料，我们一起动手吧。"

最终，幼儿捡来树枝、软草、棉花等，在厨房师傅的帮助下，用细铁丝、扎带等将树枝固定在鸟窝所在部位，同时将棉花放进鸟窝，小心翼翼地将鸟蛋放在上面。大家高兴地说："鸟妈妈，这回安全了，你就放心地养宝宝吧。"

2．远程关注鸟宝宝一家

过了一段时间，新的问题又产生了，有幼儿提出："每次我们都要借梯子和攀爬架在固定的时间内观察，我们可以随时随地地观察鸟窝吗？"抓住幼儿发现的新问题，教师又带领大家进行了集体讨论。

乔治："爬梯子好危险呀，我有点害怕。"

萱萱："万一我们在教室的时候，小鸟妈妈回来了，我们没看到怎么办？"

梓豪："对呀对呀，万一蛋宝宝被风吹下来，我们没有及时看到怎么办？"

淘淘："老师，滑滑梯那里有一个能拍照的机器，那个机器可以看到小鸟的家吗？"

教师："这个主意不错！我们这就去找保安叔叔，看看这个监控能看到小鸟的家吗。可是班上这么多人，都去找保安叔叔，房间挤不进去怎么办？"

鹏鹏："那我们选出几个代表去问问，回来告诉大家。"

小宝："对，让一个小组去问。"

于是，教师带领监控观察小组来到保安室，向保安叔叔表达了查看监控的想法。在保安叔叔的帮助下，教师和幼儿一起查看了离鸟窝较近的摄影头，发现通过这个摄像头不能直接看到鸟窝内的情况。监控观察小组的幼儿把这个问题带回班上，和班级的其他幼儿一起想办法。在集体讨论的过程中，有幼儿提出想在合适的位置安装摄像头，教师非常支持幼儿的想法，于是一起向园长申请安装摄像头。

在园长的帮助下，幼儿利用信息化技术观察鸟窝，通过摄像头及云连接，幼儿能够在一体机和其他移动设备上实时观看、记录鸟妈妈和鸟宝宝的变化。

幼儿在一体机旁边观察鸟窝的画面

3．鸟妈妈喜欢这里吗？

连续观察了一周，鸟窝没有任何动静。第二周，依然没有动静。教师爬上树，发现有一只鸟蛋已经被太阳晒得发臭了。幼儿确认，鸟妈妈不会再回来了。可是，这是为什么呢？

丁丁："是不是鸟妈妈发现了我们，它害怕我们会抓住它？"

晓云："鸟妈妈是不是被别人抓走了？"

璐瑶："是鸟妈妈迷路了吗？"

芳菲："有可能，鸟妈妈迷路了。"

子欣："爷爷好像知道，我要回去问问爷爷。"

一波讨论并没有得出结论，于是教师引导幼儿回家去问问爸爸妈妈、爷爷奶奶，在网上搜一搜"为什么鸟妈妈不回家"。通过搜集资料，幼儿总结出：因为我们靠近了鸟巢，并为鸟巢进行了修补，鸟妈妈闻到了我们的气味，有所警惕，所以就不再回来了。

就在幼儿无比遗憾的时候，丁丁又发现操场另一端的树枝上有个小小的圆形的东西，看起来很像鸟窝。这一发现震惊了所有人，大家的注意力立即转移了过来。"我看见鸟妈妈进窝里啦！"幼儿兴奋极了，一边讨论接下来怎么办，一边纷纷拿起画板，记录自己的观察结果。

有了上次的经验，这次幼儿直接制作了申请书，向园长提出安装摄像头的申请。几个小时后，园长安排了安装工作，一切准备就绪。

4．这是什么鸟？

有了信息技术的助力，幼儿能更加清晰地观察鸟儿的形态特征。他们发现这只鸟与平时见到的鸟不一样，这到底是什么鸟呢？教师引导幼儿仔细观察鸟的特征，尝试运用多种方法解答疑问。

菲菲：“它的羽毛灰灰的，上面还有一条条花纹。”

子航：“它的嘴巴尖尖的，眼睛圆圆的。”

等等：“它有点胖。”

萱萱：“它的尾巴不太长，颜色有点黄黄的。”

为了更好地了解这个新朋友，幼儿在教师的帮助下使用手机软件的识图功能，终于确定，新朋友是绣眼眉鸟。幼儿想要全面了解新朋友的习性和特点，于是设计了一份“专家征集令”发布在了幼儿园公众号上，公开邀请“鸟类专家”来班里分享。幼儿园的彤彤妈妈看到征集令，主动作为家长助教为幼儿带来了一场精彩有趣的鸟类知识分享活动。

制作“专家征集令”

在分享的过程中，彤彤妈妈还给大家展示了不同鸟窝的区别，如鸟窝的大小、材料、造型、位置等。彤彤妈妈还运用视频讲解的形式，给幼儿观看了鸟宝宝的成长过程、鸟妈妈喂鸟宝宝的过程。幼儿观察得很仔细，发现每一只鸟宝宝都能够吃到鸟妈妈喂的虫子，有的吃了两条，有的吃了三条。幼儿还发现，鸟妈妈不停飞来飞去地捉虫子喂宝宝，5 分钟里喂了 24 次，幼儿感叹道：“鸟妈妈好辛苦呀！”视频中的鸟宝宝在鸟妈妈的照顾下逐渐长大。突然有一天，有一只鸟宝宝爬到了鸟巢的边缘，在鸟妈妈的保护下，成功地飞了出去。

幼儿通过彤彤妈妈的分享，丰富了自己对鸟的认识，也看到了鸟宝宝的成长过程。活动结束后他们还意犹未尽，想知道还有哪些鸟、在哪里可以看到幼儿园的那只鸟等。可见，幼儿对自然有着与生俱来的好奇，通过这样的活动，幼儿对鸟和自然、生命有了更丰富的认识。

家长助教分享鸟类知识

深圳市罗湖区清秀幼教集团荣悦幼儿园　黄佩燕　张志华

案例解析 幼儿在户外活动中一次偶然的发现，引发了一场持续性的深度探究。在这场探究中，幼儿在发现树上的鸟窝、观察鸟窝的过程中不断产生新的问题，再通过各种途径不断去寻找答案，整个过程由幼儿主导。随着活动的深入开展，逐渐生发出小组活动和针对个别幼儿发展水平的个别活动。教师巧妙地运用不同的活动组织形式，给予幼儿恰当的引导、回应和支持，充分地发挥幼儿学习的主观能动性，激发幼儿持续探究的兴趣，支持幼儿主动、有创造性地自由探究，充分体验探究的快乐。

三、以个别活动生发的自主游戏活动

游戏是儿童最喜爱的活动，儿童对游戏充满热情，能主动、专注地在游戏中获得成长与发展。游戏为儿童提供了自由探索、大胆想象的机会，与他人合作的游戏经历能给儿童带来愉快和成功的体验。幼儿园里的游戏活动是儿童学习的重要途径，一般是儿童自发的个别或小组游戏活动，当游戏内容充分引起班级大部分儿童的关注时，集体游戏活动就自然而然地产生了。教师在这一过程中需要更多地关注游戏的自主性和持续性，让儿童在游戏中与同伴、教师建立平等、和谐的互动关系，能在积极愉快的氛围中认识事物、体验情感、整合生活经验，实现游戏与学习、生活的相互融合。

游戏不仅是最适合儿童的活动，也是儿童特有的学习方式。儿童是积极主动的学习者，他们在没有外部压力、没有反馈或奖赏、纯自足的情境中学习，如通过操作材料或工具探索自己感兴趣的问题，积极与周围环境互动，在游戏中获得有益的学习经验。教师观察到儿童游戏中的教育契机时，应采取适当的方式让儿童在游戏中获得丰富的经验。

案例 3-11 沙箱里的寻宝游戏

1．自由探索的玩沙游戏

新学期开学，教师在班级的沙箱里投放了不同疏密孔洞的筛子、不同容积的量杯、不同大小的铲沙工具以及一些相关的玩具。刚开始，幼儿对新玩具都很感兴趣，一到区域游戏时间，便前往沙区游戏。

教师希望幼儿能在游戏过程中通过不同的筛子、量杯、铲子等感知沙子和玩沙工具的特性等。通过观察，教师发现玩沙游戏渐渐偏离原来的设想。大部分幼儿并未按教师预设的方式进行游戏和学习，有的幼儿热衷于用力地挖沙子，随着动作幅度的增大，安全问题也随之出现，沙子被弄得到处都是。有时候沙子会被扬到幼儿的眼睛里，有时候会被撒到地上，路过的人走在有沙子的地面上也容易滑倒。

此外，幼儿玩沙时特别容易兴奋，声调不由自主地提高，动作也越来越大，笑声、打闹声、叫声混合在一起，虽然能感受到幼儿在玩沙游戏中的快乐，但是也让教室变得嘈杂。每当幼儿开始变得无拘无束时，教师都在一旁提醒幼儿注意动作和音量，也会有意识地引导幼儿关注材料的共同点和差异性，试图让幼儿注意观察和感知沙子的外观和触感，但这些措施都收效甚微。第二天，幼儿依旧像以往一样进行玩沙游戏，教师决定借助这个教育契机，组织幼儿开展一次关于班级玩沙区问题的集体讨论，以此来引导幼儿发现玩沙区噪声对整个班级的影响，并提出对应的解决策略。

2．进阶版的二人小组沙箱寻宝游戏

三星堆的考古新发现引发了国内外的高度关注。幼儿也通过电视和互联网对三星堆有了初步的了解，主动地和教师、同伴讨论起三星堆考古工作。教师捕捉幼儿

对三星堆考古工作的兴趣，收集了相关网络资源、书籍和图片，开展了关于三星堆的探究活动，通过小组项目探究，幼儿了解到三星堆出土的重要文物、考古学家的日常工作、考古学家开展挖掘工作的注意事项、考古工作的意义等。

区域活动时间，有的幼儿会到美工区用黏土创作三星堆出土的文物，如青铜树、面具、水壶等。创作的“文物”干了以后，便会被摆放在班级的作品展示柜上。有一天，乐乐把他的面具藏到了班级的沙箱里，然后喊来了他的好朋友芃芃。

乐乐紧张又兴奋地跟芃芃说：“沙箱里有宝物，你猜猜是什么？”

芃芃：“不知道，是玩具吗？”

乐乐：“不对，你再猜。”

说着芃芃便迫不及待地要伸手去挖沙箱里的宝物，乐乐赶紧拉住芃芃，说：“不能这样挖，这样会把宝物弄坏的，要像考古学家那样轻轻地。”芃芃思考了一下，然后开始研究起沙箱旁边的工具，拿起一大一小的两个铲沙工具，对比后选择了一个小勺子，一点一点地、慢慢地挖开盖住宝物的沙子。经过一番细致的“考古挖掘”，芃芃终于看到了宝物露出的一个边角，正当他想用手直接把宝物拔出来的时候，乐乐又提醒他了：“还要继续挖，你直接拉出来，宝物会坏的。”芃芃接受了乐乐的建议，用小勺子继续他的挖掘工作。看见宝物的轮廓以后，芃芃加快了动作，不一会儿，宝物便露出大半了。

芃芃兴奋地说：“哇！这是三星堆的黄金面具吗？”

乐乐得意地说：“对啊！对啊！”

芃芃想继续用小勺子把宝物铲起来，他尝试了好几次，小勺子都没有办法把“黄金面具”完全托住，他又观察了一下沙池旁边的工具，发现有一个大一点的铲子，于是芃芃换上了大铲子，一下子便把“黄金面具”从土里挖了出来，乐乐也赶紧拿上一个筛盘把面具接住。乐乐藏的宝物终于露出了真面目，但是刚刚“出土”的宝物带出了很多沙子，沙子缓缓地从筛盘的洞里流下去，随着乐乐手部动作的变化，流速也发生了改变，乐乐和芃芃惊喜地发现了筛盘的妙用。接着，他们轮流开始了你藏我挖的寻宝游戏，整个区域活动时间，乐乐和芃芃都专心地开展着沙箱寻宝游戏。由于每次挖掘宝物都要十分专注和小心，沙区中扬沙、撒沙的情况也几乎没有了。

3．深度学习的高水平游戏

幼儿对寻宝游戏的热情持续高涨，寻宝游戏从教室里的沙箱延伸到户外的沙池。除了三星堆的相关文物模型以外，教师还在沙池里投放了不同时期的生物模型，如恐龙、海洋生物等。同时，教师在沙池旁边投放了关于考古、生物演变的图画书。幼儿挖到宝物以后，可以通过阅读相关的图画书了解这一宝物的相关信息。此外，教师对玩沙工具也进行了补充和优化，增加了大小不一的铲子、小刷子、小勺子，漏孔不一的筛子，考古学家的服装等。

随着挖掘出来的宝物越来越多，有的幼儿会主动地对宝物进行分类，如把同一类型的动物放在一堆。持续观察幼儿的游戏过程，教师发现同类活动内容的集体游戏活动中开始出现了自主分类的数学学习以及观察、比较等科学探究行为。为了进一步增加游戏的复杂性和挑战性，教师决定在沙池旁投放用于分类的收纳箱及记录游戏过程和寻宝结果的操作单。

沙池寻宝游戏逐渐成了全园幼儿都喜欢的户外游戏，不同年龄段的幼儿都可以参与到游戏中。有的幼儿还会和同伴进行合作搭建，利用各种模具在沙池中堆砌出漂亮的城堡和高山河谷，再把挖到的宝物轻轻地放在不同的建筑里，进行情景表演，当需要某种材料时，幼儿也会主动向教师寻求帮助。

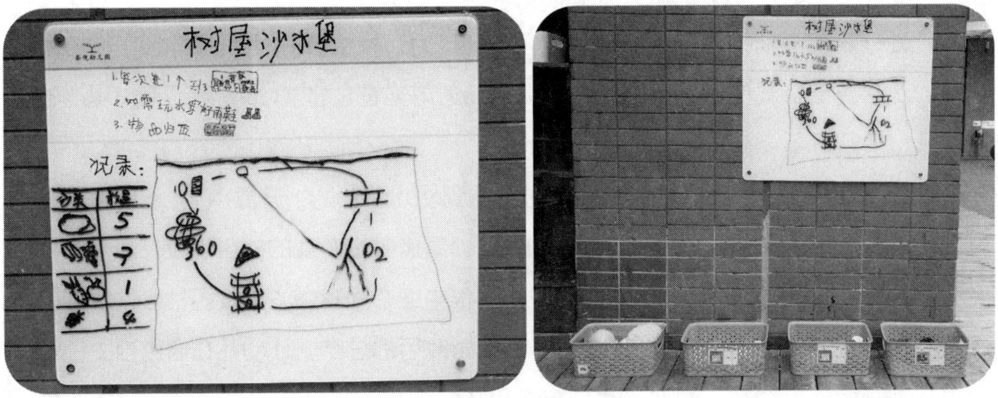

沙池“记录单”

深圳市罗湖区清秀幼教集团淘金山幼儿园　董迎青　温柳芳

案例解析 在自由探索的玩沙游戏阶段，幼儿玩沙时，处于无拘无束的状态，其特点为幼儿声音大、音调高，出现安全隐患和极端的欢闹，如不可控地大笑、傻笑等。这一阶段，幼儿可能会对沙子的特性和玩沙工具的使用有所了解，但深度学习并未发生。基于此，教师需要对幼儿的游戏行为进行引导，让幼儿安全地进行游戏，通过不同的支持策略帮助幼儿进行高水平游戏。同时，教师适时开展与玩沙区相关的讨论活动，让幼儿理解个人对集体的影响，增强幼儿对班级的责任感和归属感。

进阶版的二人小组沙箱寻宝游戏中，幼儿将玩沙游戏与自己的生活经验相联系，游戏水平有了明显提升，从无目的、无纪律地玩沙进阶到有目的地游戏阶段。这一阶段，出现了二人的合作游戏，同时也出现了游戏情境；幼儿也有意识地联动其他区域创新游戏内容。挖掘宝藏的过程中幼儿的小肌肉动作、手眼协调能力、注意力和控制能力得到了发展，同时也在游戏中运用了观察、对比、实验等科学探究方法。

深度学习的高水平游戏阶段，幼儿像考古学家那样小心翼翼地将宝物从沙池里挖出来，这个过程中会使用小刷子、小勺子、铲子、筛子等工具，幼儿的精细动作技能得到了发展。后期幼儿能根据不同的分类标准对自己挖掘的宝物进行分类留存，这不仅仅是数学学习，更是对不同物品特征和属性的深入了解。随着游戏复杂性和挑战性的提升，幼儿开始运用操作单等记录游戏过程，其表征能力、前书写水平、经验统整能力等都获得了一定的发展。幼儿在与同伴合作堆砌沙堡、创设情境、进行表演游戏的过程中，其想象力、创造力、社会交往能力也得到了充分发展。沙池寻宝游戏使幼儿的认知、技能、情感等方面的能力都得到了不同程度的提升。

让游戏活动来源于幼儿，教师及时关注到幼儿游戏的“升温点”，运用适当的教育策略，巧妙地结合幼儿游戏学习的特征，聚焦考古游戏的材料投放、从个别到小组或集体的组织形式等，在幼儿游戏的过程中细心观察、主动发掘社会性发展的契机，做好游戏前的准备、游戏中的干预和游戏后的总结，让幼儿在自由自主的情境下展开合作与交往，实现自我、集体和社会认知的提升，促进了幼儿的社会性发展。

游戏是促进儿童身心发展最好的活动形式，也是其认识世界的重要途径。幼儿园要以游戏为基本活动，把游戏作为促进儿童全面发展的重要形式。教师要重视游戏的价值，充分尊重儿童游戏中的好奇心和主观能动性，因地制宜地为儿童创设游戏环境，提供丰富适宜的游戏材料，支持儿童在游戏中的探究行为，与儿童一起分享游戏经验，促进儿童和谐全面地发展。

四、以集体活动为主的体育活动

体育活动是儿童健康领域教育的重要方式，也是增强儿童运动能力和环境适应能力、形成积极情绪的重要途径。幼儿园户外体育活动主要是指在户外运动场地上，以身体动作的练习为主要内容，注重儿童身体健康的全面锻炼与发展，有目的、有计划地提高儿童的身体素质，在发展儿童基本活动能力的同时，促进儿童身体、智力与社会性等方面协调发展的一种有目的、有计划、有组织的集体教育活动。

户外体育活动除了教师组织的体育集体教学活动以外，还存在着多种形式，如体能训练、体育游戏、儿童自主选择体育器械的体育活动、大型器械活动、儿童体操等。教师组织开展形式多样的户外体育活动对儿童的健康发展起着非常重要的作用。教师在体育活动中注重儿童体能发展的同时，要关注个体差异性，设置有层次、有挑战、有趣味的体育活动，进行分组及个别化指导，提升儿童身体素质，让儿童拥有强健的体魄。

案例 3-12
挑战勇敢者之路

户外体育活动时间到了，今天的活动是挑战勇敢者之路，目标是通过拓展和积累平衡木通行动作经验，提高幼儿的力量和平衡控制能力。教师通过创设游戏情境激发幼儿参与活动的兴趣，再利用桌面创设不同难度层次，锻炼幼儿平衡能力，发展幼儿手部和腿部肌肉的力量和耐力。活动开始前教师准备了高矮不同的桌子、两个海绵垫等器械，并有序地摆放好。

1．热身环节

教师以情境导入的方式，带领幼儿在运动场跑步，跑完后站成两排，呈体操队形散开，随教师口令做关节运动，活动头、手臂、腰、腿等。

2．教学环节

（1）四方桥——激发兴趣：引发幼儿对于移动身体不同部位的兴趣

将 4 张长桌呈“口”字形摆放，幼儿跟着教师绕四方桥，根据指令变化方向；

身体不同部位接触桌面移动，需要部分身体在桥面上，部分在地面上。

（2）独木桥——探索：尝试体验，拓展在平衡木上通行的不同动作经验

将 3 张长桌连接摆放，幼儿上桌通过独木桥；

更换新的方式通行，着重引导幼儿以身体不同部位接触桌面移动。

教师：人只能用脚移动吗？

小结：当然还有很多方法，在运动的时候可以动动脑筋，用身体的不同部位进行运动。

（3）斜面桥——拓展：再次探索，积累通行不稳定桥面的经验

准备 4 张长桌，其中两张长桌单侧桌脚用另一桌子垫起，形成斜面桥；

用不同动作克服斜面阻力通行，根据活动进程调整桌面倾斜度。

教师：怎样才能让自己稳稳地通过斜面桥？

小结：面对挑战的时候我们可以减慢速度，以确保自己顺利并安全通过。

（4）冲刺桥——挑战：鼓励幼儿突破自我，体验成功的乐趣

将 4 张长桌连接摆放，幼儿上桌通过独木桥，教师坐于桥尾 1 米左右的位置；

根据幼儿运动能力，增加桥尾障碍宽度。

教师：在桥面上跑起来可以让自己跳得更远。

小结：在运动的过程中，我们要动脑筋、敢尝试、相信自己。

3．放松环节

活动接近尾声，教师组织幼儿排成一排，坐在桌子上放松自己的身体，抖抖腿、锤锤腿、拍拍手臂、甩甩手，以游戏的方式进行自由放松活动。

幼儿独立尝试

教师辅助幼儿尝试

幼儿挑战跨越 1 人

幼儿挑战跨越 2 人

深圳市罗湖区清秀幼儿园　戴雨润　黄子义　罗　东

案例解析 一般情况下，体育教学活动是教师有目的、有计划地组织幼儿进行体能练习的集体活动。通过案例“挑战勇敢者之路”，可以看出教师在组织幼儿进行体育活动时是以集体教学活动为主，过程中会进行分组练习，并全程关注个别幼儿的运动情况，及时针对个别幼儿的表现进行引导和示范，尽可能帮助其提高动作发展水平，增强体能。

幼儿园体育活动应该是游戏化的，教师在组织儿童进行体能练习的过程中，需要考虑儿童发展和学习的特点，运用游戏的方式发展儿童的身体素质，还可以通过有趣的体育游戏活动培养和磨炼儿童坚强的意志品质。案例“挑战勇敢者之路”体育活动中需要多次针对儿童的手臂、大腿肌肉进行耐力练习，儿童在教师的关注和引导下，达到了对其肌肉耐力的练习和发展，在跨越运动学习难点的同时，也确保了儿童在运动中保持积极主动的情绪状态，体验运动的快乐，使锻炼成为一种生活习惯。

儿童与教师在各类教育活动过程中相互作用。儿童是活动的主体，教师是活动的组织者，教师要从儿童的兴趣、需要和发展水平等出发选择合适的组织形式来开展活动，充分尊重儿童在一日生活中的自由和自主。为了达到教育目标，教师要有目的、有计划地组织和指导儿童参与到一日生活的活动中。无论是哪一种活动组织形式，教师都应做好充足的活动前准备，围绕教育目标灵活选用或者组合使用不同的组织形式，并在一日生活的生活活动、学习活动、自主游戏活动、体育活动中及时给予儿童引导。当教育活动的内容、形式与组织形式相得益彰时，活动就能促进儿童的持续性发展。

当我们谈论幼儿园一日生活的组织形式时，主要指的是如何安排和管理幼儿园里的各项活动，以促进儿童获得全面的发展。看见儿童一日生活中的组织形式，需要教师根据儿童的生活，灵活采用集体活动、小组活动、个别化指导促进儿童的发展。随着儿童年龄特点和个体经验的变化，教师要在一日生活中保持着敏锐的专业意识，在生活活动、学习活动、自主游戏活动、体育活动中观察儿童的兴趣、能力和反应，深入了解儿童的想法和已有经验，把握儿童生活中的各种教育契机，在稳定且灵活的活动组织中促进儿童的学习与发展。

第四节　看见儿童一日生活中的教育契机

当我们看见儿童的一日生活，就会意识到这其中的每个瞬间都可能蕴含着教育的契机。儿童在一天中的各个时间段，都在经历着不同的体验，这些都为教育提供了丰富的资源。为了创造促进儿童学习与发展的契机，我们需要把握活动环节的教育价值，把时间转化为学习实践，关注儿童的整体发展，提供充分的参与机会，让儿童在活动中学习，通过实践获得知识和经验。而当我们充分利用一日生活中的各种教育契机时，更加要关注儿童的活动过程，抓住活动中的关键事件，重视并回归儿童的生活经验，将儿童的一日生活变成一个充满教育契机的世界。

一、充分利用一日生活中偶发的教育契机

通过观察儿童的一日生活，我们可以发现，儿童生活的方方面面都蕴含着教育的价值，只有深入了解儿童的一日生活，才能更充分地利用儿童一日生活中的偶发教育契机，将这些契机转化为儿童学习和发展的机会。通过关注儿童的活动过程、抓住关键事件和回归儿童的生活经验，教师可以利用周围环境的动态变化，捕捉隐含的课程资源，让儿童在生活中获得更多的学习和发展机会。在儿童的一日生活中，教育契机无处不在。让儿童在游戏中学习，在生活中发展，使教育寓于一日生活的过程之中。

（一）关注儿童的活动过程，抓住活动中的关键事件

一日生活中的儿童具有主观能动性，儿童的活动过程是一个动态生成的过程。教师要关注儿童在活动中的表现和反应，敏感觉察儿童的兴趣和需要，判断儿童当前的发展水平，通过分析儿童遇到的问题、困惑，根据关键事件的特性，把握时机灵活决定反馈的时机。教师要基于教育机智，为儿童发展提供切实可行的支持策略，促进儿童在活动过程中的情感、态度、认知等方面的发展。

案例 3-13
有趣的“装纽扣”游戏

某天晨谈的“今日出勤”环节，小二班的教师发现有几名幼儿请假了。于是提出：“我们一起数一数有几个小朋友请假了?”幼儿跟着一起数：“1，2，3，4。”蒽蒽一边数一边伸出 5 根手指，说：“老师，有 4 个小朋友没有来。”蒽蒽虽然知道缺勤 4 人，却伸出了 5 根手指，不能手口一致地表示数量。教师引导说：“蒽蒽，你现在伸出了 5 根手指，把 1 根手指藏起来才是 4。”经过教师的提醒，蒽蒽手口一致地说出了 4。

晨谈上的小插曲引起了教师的关注，教师在一日生活中持续观察全班幼儿的点数情况，发现班里三分之一的幼儿对数概念不太敏感，不能手口一致地正确点数 5

以内的物体并说出总数。为了帮助幼儿理解 5 以内数的实际意义，教师专门开展了“5 以内数物结合”的数学集体活动。为了兼顾每名幼儿的发展水平，且在一日生活中持续巩固幼儿的新经验，教师特别设计了具有层次性和趣味性的“装纽扣”材料。这份材料由 6 种颜色的纽扣组成，每种颜色有 10 颗纽扣，配置了与纽扣颜色一致的 6 个塑料盒，每种颜色的盒子按照从 1 到 6 的顺序贴好数字贴纸。

1．关卡 1

挑战说明：将纽扣按照颜色进行分类，放入颜色一致的塑料盒里。

操作情况：幼儿非常喜欢这份新材料，能独立按照规则把相应颜色的纽扣挑选出来。

设计意图：用色彩多样的纽扣吸引幼儿的操作兴趣，基于幼儿的最近发展区，让幼儿从挑战难度较小的关卡开始游戏，激发幼儿持续与材料互动的信心。

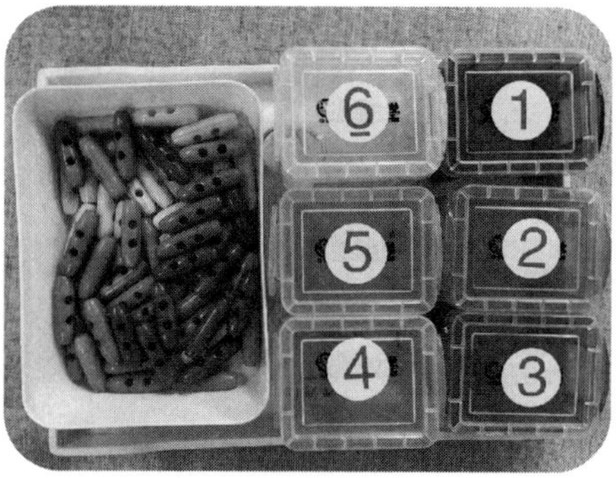

“装纽扣”游戏关卡 1 材料

幼儿挑战“装纽扣”游戏关卡 1

2．关卡 2

挑战说明：任意选择一个自己喜欢的塑料盒，按照盒上的数字，从纽扣盒里选出相同数量（不限颜色）的纽扣，放入塑料盒里。

操作情况：经过一段时间的练习，幼儿基本能按照塑料盒上的数字正确数出 4 以内数量的纽扣，部分幼

幼儿挑战“装纽扣”游戏关卡 2

儿数到 5 和 6 时，会出现数与物不一致的情况。教师会有针对性地通过语言、示范等引导这些幼儿继续感知 5 和 6 的数量关系。

设计意图：适当增加挑战难度，初步挑战按数取物，让幼儿按照自己的喜好在快乐中感知 5 以内的数量，练习 5 以内的数物匹配。

3．关卡 3

挑战说明：按照不同颜色塑料盒上的数字，从纽扣盒里选相同颜色和数量的纽扣，放入对应的塑料盒里。

操作情况：幼儿挑战关卡 3 的同时，教师通过小组、个别等形式支持幼儿自主操作，通过有目的地练习，全班幼儿基本掌握了 5 以内的按数取物。

“装纽扣”游戏关卡 3 材料

设计意图：在关卡 2 的基础上，增加颜色的要求，增强操作的趣味性和难度系数，帮助幼儿在已掌握 5 以内按数取数的基础上继续发展新经验，同时引导尚未掌握新经验的幼儿通过反复练习真正理解 5 以内数的实际意义。

4．关卡 4

挑战说明：增加颜色排序操作单，根据颜色操作单选出相应颜色的纽扣，按照颜色顺序摆放同样颜色的纽扣，并能手口一致地点数纽扣，说出总数。

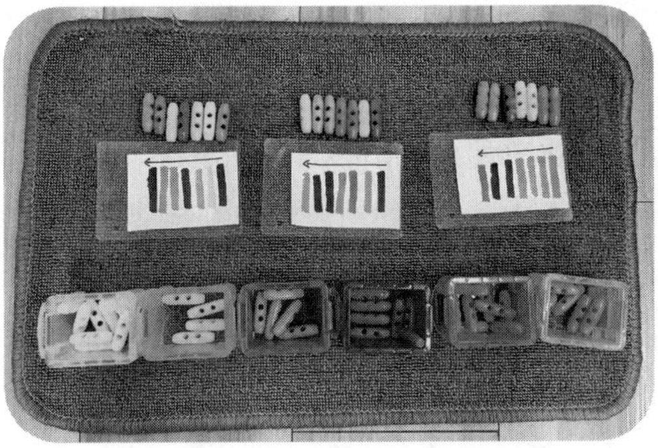

“装纽扣”游戏关卡 4 材料

幼儿挑战“装纽扣”游戏关卡 4

操作情况：掌握操作规则后，经过一段时间的练习，大部分幼儿掌握了 7 以内按数取物，还能根据操作单的颜色要求正确给纽扣排序。

设计意图：幼儿掌握了 5 以内按数取物后，对 5 以上的数字产生了探究兴趣。教师决定追随幼儿的兴趣，结合班级内正在进行的排序学习活动，设计一份简单的颜色排序操作单，实现一物多玩，让幼儿在自主操作中发展数概念和对颜色的认知。

深圳市罗湖区清秀幼教集团荣悦幼儿园　谭　馨　莫佳萌

案例解析　投放“装纽扣”材料的核心目标是使幼儿在自主游戏中学会根据数量要求取与数量对应的物品，掌握手口一致点数 5 以内数量的物体，巩固新经验，促进幼儿数概念的发展。考虑到幼儿数概念的现有水平和幼儿的操作兴趣，教师有目的地设计了有利于幼儿循序渐进掌握数概念的操作规则。同时，教师持续观察幼儿操作该材料的过程，及时发现幼儿操作中遇到的问题，给予语言支持和示范，灵活结合班级内正在开展的数学活动，及时调整“装纽扣”材料，增加自主游戏的挑战性和趣味性。每一次材料操作变量的改变，教师都适时地抓住了幼儿操作时遇到的关键问题，给予幼儿充分的自主探究空间，促进每一名幼儿的发展。

教师在尊重儿童的个体差异和活动兴趣的基础上，关注儿童活动的整体情况，分析儿童在活动过程中的表现，如表情、语言、动作等，有效地捕捉儿童的隐性需求，发现有价值的教育契机。通过观察儿童的活动兴趣，分析儿童认知特点、学习品质等，教师可以对儿童已有的学习信息进行重组和统整，采取相应的策略，促进儿童的学习与发展。

（二）重视儿童身边的重要事件，回归儿童生活经验

生活即教育，儿童在生活中学习，在学习中生活。生活是幼儿园课程的基础、来源和出发点，整个社会都是生活的场所，也是教育的场所。教师不仅要深入分析和把握幼儿园的生活，更要关注儿童的家庭生活和社区资源，在一日生活中充实儿童的生活内容，创造活动的机会和条件。教师尤其要及时发现当下儿童生活中的重要事件，如幼儿园或社区出现的事件、社会现象、社会活动、媒体重要新闻等，这些有价值的课程资源可以让儿童不断获得新的经验，促进儿童的生

活、学习和发展，潜移默化地培养儿童对幼儿园、社区和国家的认同感和归属感，获得社会性发展。

案例 3-14
“摘星星”的宇航员

假期结束后，幼儿重返幼儿园，聊着假期里遇到的趣事趣闻。正值神舟十三号成功着陆，幼儿对此展开热议。悠悠提道：“摘星星的妈妈从天上回来了，我还看了直播。”临临也加入讨论：“我知道，我和妈妈一起看了。宇航员为什么从一个圆圆的球里出来呀？”晓荷回应：“我爸爸说那是宇航员乘坐的返回舱，返回舱能保护宇航员顺利回家。”越来越多的幼儿加入这场热烈的讨论中。

教师注意到大部分幼儿都知道三位宇航员顺利返回地球的事情，这个事件已然成为班级的热点话题。教师决定临时调整餐前的学习活动安排，改为谈话活动——“摘星星”的宇航员。

教师：“今天，我听到很多小朋友讨论宇航员安全返回地球的事情。有小朋友愿意和大家分享自己的感受吗?”

瑞冬：“我在电视上看到宇航员从天上飞回来了，好多人在接他们回家啊。”

悠悠：“摘星星的妈妈也回来了，他们出来时都会说‘感觉良好’。”

晓荷：“什么是感觉良好啊?”

文成：“感觉良好就是身体很舒服，很开心。”

果果：“看到宇航员叔叔和阿姨回来，我也感觉良好，好开心啊!”

教师：“老师和你们一样为宇航员回来感到兴奋和自豪，也经常关注宇航员在太空的生活。有谁知道三位宇航员这次在太空做了什么事情吗?”

小鸿：“我妈妈说宇航员在太空生活了半年多，完成了很多任务。”

临临：“我看了天宫课堂，发现宇航员轻轻一推冰墩墩，冰墩墩就往前动了。我还看到了宇航员在天上飘着走路。”

瓜瓜："是啊，天宫课堂有很多好玩的实验，好神奇啊！"

豆豆："我还看到'摘星星'的妈妈从舱内出来了呢，太空里黑漆漆的，和我们这里不一样。"

晓荷："'摘星星'的宇航员还带回来很多天宫特产呢，他们拍了好多美丽的太空照片，还有一些太空种子。"

教师："小朋友都能说出宇航员在太空做了哪些事情，为你们点赞。神舟十三号带着宇航员凯旋代表了我们中国人勇于奋斗、敢于探索、不畏艰难、锲而不舍的航天精神。我们也要向宇航员学习，我们也要有勇敢、不怕困难、不断探索的精神哟。比如，最近小朋友在学习跳绳，大家回家后也要坚持练习，坚持一定会带来很大的进步！"

谈话活动结束后，教师在班级投放了《在空间站的一天》《小小宇航员的一天》《宇航员的训练》等图画书，以及神舟十三号模型、宇航员积木、太空站玩具等区域材料，积极支持幼儿自由表征自己看到的航天景象，畅想太空生活，表达自己对宇航员的敬佩之情。

幼儿对太空和宇航员这个话题的兴趣和热情只增不减，教师以"太空和宇航员"为主题发起了一场小型的探究活动。

幼儿表征的神舟十三号飞船

幼儿表征的宇航员在空间站生活

幼儿表征看到的太空景象

幼儿表征宇航员返回地球的画面

深圳市罗湖区清秀幼教集团荣悦幼儿园　李楠楠　谢秀媚

案例解析 身处信息化时代，幼儿已不局限于从家庭、幼儿园、同伴、社区等途径获取新经验，网络平台成为幼儿获得新经验的重要途径，它拓展了幼儿经验的深度和广度，缩短了幼儿与社会活动间的距离。社会活动是一种很重要的课程资源，案例中的教师能及时抓住幼儿的兴趣，捕捉神舟十三号返航事件背后的重要教育价值，灵活调整原有的教学计划，不仅给予了幼儿充分参与谈论和发表观点的机会，更在谈话活动中渗透了社会教育。

一日生活的每个环节都蕴含着教育的契机，有着丰富的教育价值。教师要有意识地关注儿童的活动过程、儿童身边的重要事件及周围环境的动态变化，能够发现并及时捕捉其中隐含的、即时性的课程资源，并对儿童开展随机教育。教师也要把偶发事件与有目的、有计划的教育有机结合起来，两者相辅相成地为儿童的学习与发展提供有效支持。

充分利用一日生活中教育契机的同时，也要注重儿童的自主性和创造性。应该尊重儿童的意愿，支持儿童的自主发展，给予儿童自由选择的机会，培养儿童的兴趣和爱好，为其自主发展创造更多的机会和条件。儿童的发展需要适宜的一日生活环境，教师要善于利用人、物、时间和空间等要素，在一日生活中以内涵丰富的活动为基础，根据儿童的兴趣和发展特点开展教育，促使儿童潜能的发展。一日生活中处处都有教育的契机，儿童良好的行为习惯、学习品质、社会性发展等都离不开一日生活的各项活动。教师要立足于儿童视角，促进儿童在充实、有意义、潜移默化的一日生活中获得进一步的发展。

二、创造儿童学习与发展的教育契机

除了利用一日生活中偶发的教育契机，教师还应为儿童创造促进其学习和发展的契机。教师在一日生活中有意识地创造教育契机，具有一定的目的性和计划性，能为某些教育事件的发展或转化提供关键的条件和机会，实现某种教育目标。从等待随机的、偶发的教育契机，到主动地计划和创设教育契机，这一过程的转变需要教师运用自身的专业知识、技能和素养等。

（一）把握学习时机，发挥教育价值

幼儿园的一日生活是儿童在园一天中生动、有趣的学习和生活体验，各个环节都是幼儿园教育中相互联系、相互渗透、不可分割的重要组成部分，每个环节都有其独特的教育价值。活动环节的安排应考虑儿童的年龄特点和身心发展规律，教师应有目的、有计划地渗透不同层次、多种形式的教育内容，充分利用一日生活为儿童提供丰富与适宜的学习机会。

案例 3-15

过渡也大有学问

一日生活皆课程。过渡环节是指幼儿在一日活动中从一个活动转向另一个活动时产生的中间阶段，晨间入园、餐前餐后、整理环节、午睡前后及室内外中转的组织弹性大，是容易出现短暂或冗长时间的过渡环节。

1．场景再现，定位问题的本质

场景 1

户外活动结束了，幼儿排队回到教室。5 分钟后，大部分幼儿完成了盥洗、喝

水等生活活动，还有一小部分幼儿正在喝水或盥洗。等待中，有些幼儿在走廊追逐玩闹，有些幼儿拿着教师准备的图画书玩起了“你抢我抢”游戏，有些幼儿不知道自己要做什么，还有些幼儿在集中区阅读图画书。

场景 2

区域活动后，幼儿收拾好玩具准备排队去户外活动。大部分幼儿跟随教师在教室门口安静排队，班里还有 5 名幼儿在慢慢地收拾玩具、喝水、上厕所，还有两名幼儿手里拿着玩具不愿意放回去。排队的幼儿开始变得不耐烦，与教师一起催促这些幼儿。8 分钟后，这 7 名幼儿终于陆续来到了教室外面开始排队，其他幼儿已经排队等了他们好长时间。

场景 3

吃完午餐后，幸依问：“老师，吃完饭要做什么？”教师反问她：“今天星期几呀？”旁边的幼儿马上接话：“周一、周三、周五看书，周二、周四玩玩具。”幸依说：“老师，今天可不可以玩玩具？”教师答：“今天星期三，要看书哟。”幸依有点抱怨地说：“可是我不想看书。”为了把动静活动分开，教师将玩玩具和看书两种餐后活动隔天安排，但这两个餐后活动较为单调，幼儿没有自主选择的空间，很快就失去了兴趣。

以上三个场景是过渡环节经常会出现的现象。场景 1 多是因为教师十分注重学习活动、生活活动、游戏活动和体育运动的组织与实施，但对各个活动间过渡环节的教育价值认识不足，缺乏目的性和计划性；场景 2 多是因幼儿个体差异导致过渡时间不一样，同时教师缺乏过渡环节的预判意识，过渡环节内容不够丰富；场景 3 是因为教师安排的过渡环节内容较为单一和固定，幼儿缺乏兴趣和自主选择的机会。

2．聚焦核心价值，有效组织过渡环节

作为衔接一日生活各环节的枢纽，过渡环节使幼儿从一种活动状态转向另一种活动状态，起着承上启下、调节幼儿身心节奏和促成活动切换的作用。教师巧妙设计过渡环节，不仅能有效减少消极等待现象，使各环节的衔接更自然、更顺畅，还能培养幼儿良好的规则意识和行为习惯。

分析幼儿园一日作息安排表（冬令时）可以发现，幼儿在园一天的过渡时间大约有 150 分钟，平均占幼儿在园总时长的 31% 左右。幼儿园的每一天对幼儿的成长都非常重要，能否运用好这些时间影响着幼儿的生活与学习的质量。过渡环节是

一种独特的教育资源，隐含着丰富的教育价值，教师要针对不同环节的过渡，灵活运用不同的组织策略（参考表 3-23），寓教育于无痕，最大限度地保证幼儿生活的整体性。

表 3-23 常见的过渡环节组织策略

组织策略	组织思路	应用场景举例
整合策略	注重生活活动与自由活动之间的整合，打破一日活动时间安排上的块状结构，使部分幼儿的消极等待变为积极等待	把吃水果与区域活动整合在一起，使幼儿可以在自主游戏的时间段内按照意愿自主吃水果
秩序培养策略	事先对安全、卫生及秩序等方面作出规定，包括活动的时间安排、操作要求、物品管理等，保证活动的正常进行，利于幼儿形成遵守秩序的习惯	教师与幼儿讨论确定班级的餐后自选玩具，并设计墙面环境支持幼儿自主选择想玩的内容，实现顺畅过渡
科学统筹策略	根据过渡环节的内容和时间，分组安排幼儿轮流过渡，既可以减少幼儿扎堆活动可能存在的安全隐患，又能减少幼儿消极等待的时间	户外活动结束后回到教室，幼儿分组进行生活活动，女孩换衣服，男孩盥洗、喝水，提前完成任务的幼儿可以在集中区自由阅读
游戏策略	提前准备一些符合幼儿兴趣、简单易操作、动静结合的小游戏，如玩手指游戏、念童谣、唱儿歌、说绕口令等，吸引幼儿的注意力，稳定幼儿的情绪，避免出现消极等待的情况	开展户外活动前的排队时间，教师带着幼儿一起玩“你问我答”游戏，等待还在整理的幼儿。去户外的路上，教师带领幼儿开心地唱着儿歌
任务策略	许多值日内容可以安排在过渡环节做，教师可以根据值日内容完成的时间点，引导幼儿在某些过渡环节做力所能及的事情，充分利用在园时间培养幼儿的任务意识和责任感	晨间入园，来园较早的幼儿可以选择做值日生，帮助教师整理图书、给植物浇水、喂小乌龟等

深圳市罗湖区清秀幼教集团庐峰翠苑幼儿园 周 婷 袁 梦

案例解析 过渡环节需要为幼儿营造宽松、自主、有序的氛围。在低结构、低密度、低控制的环境中，幼儿不仅能在过渡环节进行自主游戏和学习，还能获得一个释放心理能量的空间，有利于养成自主自律的习惯，形成健康人格。

幼儿园的一日生活安排应根据儿童的年龄特点，重视每个环节的教育价值，合理地安排各环节的时间、顺序、次数和间隔等。比如，生活活动能充分满足儿童发展的生理需要和心理需求，教师要帮助儿童建立良好的生活秩序和行为习惯，提高儿童的自理能力和自主意识。当理解了各环节的教育价值，教师会有意识地关注儿童在幼儿园各个空间中的经历，寓教育于一日生活的各个环节。

（二）关注儿童的整体发展，提供充分的参与机会

儿童的发展是一个连续的、整体的过程，教师要注重领域之间、目标之间的相互渗透和整合，促进儿童身心全面协调发展。儿童在一日生活中应该是主动的、积极的、全身心投入的。教师应尽可能让儿童在活动中利用多种感官进行多渠道的感知，还要有目的、有计划地创造多样的活动以满足儿童多方面发展的需要，支持儿童充分参与班级和幼儿园的各类活动，促进儿童在生活和游戏中自然地学习与发展。

案例 3-16
甜甜的蚕宝宝

早上 8：40，中一班的小小播报员笑笑播报完日期和天气后，大家期待着教师开始下一环节，原来非常受孩子们欢迎的趣事分享环节即将开始了，早已等在一旁的甜甜已经拿着图片迫不及待了。

甜甜：“早上好，今天我来做趣事分享。我想给小朋友分享我家的蚕宝宝。妈妈给我买了 5 条蚕宝宝，它们的头是乳白色的，身体是咖啡色的，蚕宝宝一截一截的身体就像幼儿园的竹子。我很喜欢蚕宝宝，经常和妈妈一起买它们喜欢吃的桑叶，亲自喂它们。我发现它们吃一片桑叶要好久呢。这些蚕宝宝开始结茧了，白白的、胖胖的像棉花糖。妈妈告诉我，过段时间蚕蛹就会变成蚕蛾，我好期待啊！”

教师：“谢谢甜甜的分享，通过甜甜的描述，老师好像看到了可爱的蚕宝宝。让我们一起为甜甜鼓掌吧！”

教师："现在到了小朋友的互动环节了，大家有问题可以请甜甜解答哟！"

小航："我也养过蚕宝宝，蚕吃饱后就会睡觉，它们有的昂着头睡，有的趴着睡，可好玩了。"

星星："我也想养蚕宝宝，甜甜你在哪里买的蚕宝宝呀？"

甜甜："我妈妈从网上买回来的，你也可以让妈妈买哟。"

小冰："甜甜，蚕是怎么结成茧的啊？"

甜甜："蚕宝宝长大后，会一直吐丝，这些丝会把蚕宝宝围到蚕茧里。"

灿灿："蚕结茧后，要多长时间才能变成蚕蛾啊？"

甜甜："现在我也不知道呢，我回家继续观察一下它们的变化，等蚕蛾出来后，我再给大家分享。"

教师："好的，谢谢小朋友的精彩互动，我们中一班的小朋友都是好奇宝宝呢！如果大家对养蚕非常感兴趣，可以和爸爸妈妈一起在家里尝试养蚕。"

教师："今天的趣事分享到此结束了。按照晨谈排班表，明天早上的小小播报员是云溪，趣事分享人是一诺，请云溪和一诺两位小朋友回家后和爸爸妈妈一起提前做好准备哟。"

深圳市罗湖区清秀幼儿园　李辛香　汪　琳　黄晓静

案例解析 一日之计在于晨。晨谈是教师在晨间组织幼儿共同开展的、有共同话题的集体谈话活动。作为一日生活的开端，设计合适的内容开展晨谈可以为幼儿营造一个平等、宽松的学习氛围，给幼儿提供自由、充分、大胆表达的机会，最大限度地渗透五大领域的教育价值。案例中的趣事分享环节的参与性与互动性较强，幼儿间发生着经验的碰撞，无论是分享的甜甜还是小小听众，都是积极主动、认真专注、充分参与的。案例中的教师提前安排全班幼儿轮流承担每日的天气播报和趣事分享，每一名幼儿都有机会在集体面前表达自己，他们也需要提前为分享做准备，在教师创造的契机中幼儿获得了新经验的迁移和多方面的发展。

常见的晨谈内容有常规话题（今日出勤、今日播报、进区计划、半日活动安排等）、个人话题（假期分享、身边发生的事情、社会热点、趣事趣闻等）、节日话题（端午节、劳动节、中秋节、重阳节、国庆节、春节等节日）、随机话题

（行为习惯、人际交往、安全教育等班级内动态发生的事情）、主题话题（与本班正在开展的主题活动相关的内容）。各班级可以根据儿童的发展水平及班级情况从这五类话题中选择内容安排晨谈活动，其中常规话题中的今日播报、个人话题、节日话题、随机话题和主题话题，都可以给全班儿童创造充分参与的机会。假设晨谈活动教师安排全班儿童轮流承担天气播报、趣事分享和节日话题三块内容，可以参照表 3–24 设计排班表。

表 3–24　晨谈分享排班表

内容时间	周一	周二	周三	周四	周五
天气播报					
趣事分享					
节日话题					

从发起活动的主体来看，幼儿园的一日生活可以分为教师发起的活动和儿童发起的活动。儿童发起的活动多是自发探索的，也需要在有准备的环境下开展，更需要教师创造充分的条件和时间支持其自由选择、自主展开、自发交流，进而拓展自主活动的内容。教师应该根据教育目标、儿童兴趣和发展水平，有计划地选择活动内容，灵活地运用集体、小组和个别等组织形式，为儿童提供充分参与的机会，积极支持儿童的主动探索、实践操作、合作交流和表达表现，促进儿童多方面的发展。

发生在儿童身边的事件都有特别的意义，对儿童的发展都有一定的作用。对于儿童来说，不只发生在儿童身边的事件具有教育意义，外部社会的重要事件也具有一定的教育价值，作为社会中的一员，儿童应该了解并在其认知发展水平上理解重大社会事件。同时，教师的生活态度、生活意识、生活能力影响着自身对这些事件的捕捉，当教师把这些事件转化为课程内容的一部分，儿童的生活就会与动态的重要事件紧密联系在一起，打破儿童生活的小世界与生活情境的时空界限，回归到儿童真实的生活情境，实现儿童在一日生活中的无边界学习。

看见儿童一日生活中的环境创设、环节流程、组织形式和教育契机都是教育非常重要的方面，对于儿童的全面发展具有重要的影响。在环境创设方面，我们应该创造一个丰富、多样、充满探索机会的环境，以激发儿童的好奇心和探究精神。在环节流程方面，我们应该注重流程的连贯性和逻辑性，以帮助儿童建立稳定的生活常规和学习习惯。在组织形式方面，我们应该根据儿童的发展需要和特点，设计合适的活动和任务，以促进儿童的全面发展和个性化成长。在教育契机方面，我们应该注重从日常生活中寻找和创造教育机会，以帮助儿童建立积极的生活态度和价值观，并促进其社交、情感和认知能力的发展。在幼儿园一日生活的生活活动、学习活动、自主游戏活动、体育活动中，我们可以积极参与和支持儿童的成长，关注儿童一日生活的各个时刻，紧密关照儿童的需求，让每一个时刻都成为促进儿童全面发展的契机，为他们的健康成长和未来发展奠定坚实基础。

第四章

看见儿童的一日生活映射了儿童的哪些发展

每个儿童都是独特的，教育的任务不仅是为儿童提供各种学习机会，也是帮助他们发展自己的个性和品质。对于儿童来说，充满活力、富有意义、关注个体发展的一日生活体验，能够对其全面发展产生巨大的影响。通过幼儿园一日生活中的生活活动、学习活动、自主游戏活动和体育活动，能够培养儿童的归属感、自主性和意志力。例如，在生活活动中，儿童可以通过与其他儿童和教师的互动来建立归属感；在学习活动中，儿童可以通过自主探索来发展自主性和意志力；在自主游戏活动中，儿童可以发挥创造力和想象力，同时也可以建立归属感和自主性；在体育活动中，儿童可以提高身体素质和协调能力，建立意志力等。归属感、自主性和意志力是儿童成长中不可或缺的基石，通过深入分析每个价值取向背后的具体要点，可以更好地理解幼儿园一日生活实践的核心价值，为儿童的健康成长和全面发展提供指导，为儿童的未来生活中打下坚实的基础。

第一节　在一日生活中提升儿童的归属感

对于3—6岁的儿童来说，归属感是其顺利适应在园生活的基础条件。在一日生活中，通过生活活动、学习活动、自主游戏活动和体育活动来帮助儿童发展归属感是必不可少的。拥有归属感的儿童是享有安全感、信任感和责任感的，安全感是指儿童喜欢自己所在的幼儿园和班级，愿意待在这个空间内；信任感是指儿童能感受到班级的温暖，愿意亲近、信赖教师和同伴；责任感是指儿童在班级内愿意为集体做事，并为集体获得的成就感到高兴。归属感是幼儿园一日生活的核心价值之一，因此，幼儿园要注意在生活中创造条件和机会提升儿童的归属感。

一、在一日生活中给予儿童安全感

儿童的安全感主要表现为喜欢所在的幼儿园和班级，愿意待在这个空间内，有与同伴互动的意愿。当儿童在幼儿园的生理需求和安全需求都获得满足后，就会产生归属感的需要，安全感的获得是归属感的基础。在生活活动中，儿童可以参与自己日常生活的各个方面，如吃饭、穿衣、洗手等。这些活动可以帮助儿童建立对自己能力的信心，从而增强他们的安全感。在学习活动中，教师可以提供适合儿童的任务和活动，使他们获得成功体验，从而进一步增强安全感。在自主游戏活动中，儿童可以选择自己感兴趣的玩具和活动，从中获得快乐和成就感。在体育活动中，儿童可以参加各种户外运动，如跑步、跳跃、球类运动等，这些活动可以帮助儿童建立自信，获得勇气，从而增强他们的安全感。

案例 4-1
自在角的秘密

9 月的幼儿园迎来了一批可爱的小班新生。

场景 1

经过各种适应性的“梯度缓解”，绝大多数幼儿能开心地上幼儿园。可是晨晨却是紧紧地搂着妈妈的脖子，哭闹着喊“我要回家”。即使妈妈和教师“连哄带骗”地把她抱进来了，到了班级，晨晨依旧哭闹不止，教师只能紧紧抱着她、搂着她，用手抚摸她的背，待她稍微安静一点之后再牵着她的手。大概要折腾半个小时，晨晨才能慢慢平静下来。整整一个星期的早上，晨晨都在反复上演这一幕。

场景 2

这是 3 岁的沐沐来到幼儿园的第二周。她在大班哥哥姐姐的带领下，笑眯眯地走进了小一班。沐沐向教室门口的芳芳老师问了一声“早上好”，先把书包放到自己的书包柜里，再搬来小凳子坐在门口，换好在室内穿的小白鞋。接着，沐沐神情自若地走进班级，看到小伙伴们正有序地做着自己的事情，有的小朋友在饮水处喝水，有的小朋友在盥洗室洗手，有的小朋友在餐桌处享用美味的早餐……，沐沐看见好朋友佳佳在跟教师开心地说话，她赶紧走了过去。

同样是 9 月的小班，场景 1 和场景 2 呈现出两种截然不同的画面，场景 1 是小班幼儿缺乏安全感时出现入园焦虑的典型表现，场景 2 让我们看到了，即使是小班幼儿，只要家庭、园所提前做好准备，幼儿也能快速地转换角色，进入一个相对稳定有序的状态。表 4-1 为幼儿有安全感和缺乏安全感的典型表现。

表 4-1 幼儿有安全感和缺乏安全感的典型表现

有安全感	缺乏安全感
1. 情绪比较稳定，不会因为一点小事哭闹； 2. 在成人的安抚下能逐渐平静下来，不高兴的情绪能较快获得缓解； 3. 愿意分享自己的情绪	1. 害怕上幼儿园，表现出抗拒、哭闹、暴躁等不适反应； 2. 出现不开心的状态，情绪低落，拒绝参加活动； 3. 班级生活适应困难，不愿意吃饭、午睡等； 4. 过度依恋教师，缺少同伴间的互动

当幼儿离开家庭进入幼儿园这个新环境时，难免会害怕，依恋自己熟悉的环境和家人，进而哭闹，出现焦虑情绪，这是小班幼儿的正常表现，也是教师可预料到的情况。为了帮助幼儿顺利度过焦虑期，幼儿园可以对入园焦虑追本溯源，联动园所、教师、家长，采用多种策略，确保小班新生快速适应幼儿园新生活。

1. 入园焦虑原因及策略分析

针对幼儿入园焦虑问题，园所可以从教师观察、家园共育、园本教研三个视角，了解幼儿产生焦虑的原因，并寻求应对策略。

（1）教师观察，系统分析幼儿焦虑的原因

教师要仔细观察幼儿在一日生活中哪些情况下容易出现焦虑情绪或焦虑行为。梳理焦虑的典型场景，有助于系统地分析幼儿焦虑背后的原因（见表 4-2）。

表 4-2 焦虑产生的典型场景

场景 1	早上来园时，有些幼儿还没踏进幼儿园大门就拽着家长往外走，或者进入大门走到一半又跑回门口找家长，或者到教室门口后紧扒着门框不愿走进教室
场景 2	中午睡觉时，有的幼儿会穿上鞋子闹着要回家，有的幼儿久久不能入睡，或跟着教师，不愿意睡在自己的小床上
场景 3	在集体或者小组活动中，如果有幼儿出现焦虑情绪，其他幼儿也会受到影响，焦虑起来。焦虑的幼儿常会说“我要找妈妈 / 奶奶”“我要回家”等
场景 4	焦虑比较严重的幼儿，注意力难以集中在班级活动上，不是沉默静坐就是随意走动，对周围的活动和同伴也表现出漠不关心的态度

续表

场景 5	有些幼儿好不容易在教师的安抚下情绪稳定了，当教师要去进行其他活动时，这些幼儿要么紧紧抱着教师不让其离开，要么在教师走后表现出明显的不安和焦躁
场景 6	区域活动时，班级的玩具数量有限但幼儿人数多，经常出现区域游戏分配不均的现象，导致部分幼儿不能玩自己喜欢的区域游戏，或者不熟悉区域材料的玩法，一些幼儿容易因此产生失落情绪

场景 1 是因为幼儿早上来园时面临与家长的分离，出现了分离焦虑；场景 2 可能是因为幼儿不适应幼儿园的一日生活作息，无法自主入睡，容易出现悲伤、紧张等情绪；场景 3 中的幼儿受周围环境影响，当同伴出现焦虑时，自身也容易被感染；场景 4 中的幼儿在陌生的环境中感到不安，可能是因为新环境中没有自己熟悉的家人，幼儿产生较大的心理压力，不能快速融入新集体，从而出现焦虑情绪；场景 5 可能是因为幼儿把对家人的依恋转移到教师身上，对某位教师产生了过度的依赖；场景 6 中的幼儿因生活环境发生改变，因为不能得到自己喜欢的玩具或不会自主操作材料等原因产生挫败感。

总体来说，身份的转变和环境的变化是幼儿产生焦虑情绪的主要原因，教师需要灵活运用各类策略，帮助小班幼儿尽快完成从家庭生活到集体生活的过渡。

（2）家园共育，深入了解幼儿焦虑的原因

通过家长访谈和家长沙龙等方式，教师发现容易出现焦虑的幼儿，往往伴随着父母工作比较繁忙、隔代教养、祖辈溺爱等情况。有家长因较少陪伴幼儿而心怀内疚，常常对幼儿有求必应。还有家长表示，即使教师提前家访并提供入园准备建议，但由于工作原因与幼儿交流较少，没有帮助幼儿提前做好入园前的心理准备。也有家长担心幼儿在园受欺负、得到关注太少，自身会产生较严重的焦虑情绪，这种焦虑会传递给幼儿，甚至当幼儿有不去幼儿园的想法时，家长会说：“那就不去了。”“为什么不想去？是不是被欺负了？”

而那些在园情绪相对稳定的幼儿，通常会在家长的帮助下充分做好入园前的准备，如了解幼儿园一日生活安排，至少提前两周按照幼儿园作息生活；对于住在幼儿园附近的家庭，家长经常引导幼儿观察幼儿园及其周围环境等；家长还会与幼儿正式讨论上幼儿园这件事，和幼儿共读与此相关的图画书等。这些家长有意识地帮助幼儿提前了解幼儿园，从而让幼儿形成对幼儿园的期待。

幼儿入园焦虑与家长引导存在一定关系。幼儿从家庭来到幼儿园，是他们第一次进入集体生活。面对陌生的环境和新的生活，他们容易出现不适应的状况。如果家长可以帮助幼儿提前熟悉和体验幼儿园生活，做好相应的入园准备，幼儿入园后能快速融入集体。相反，如果没有提前引导幼儿做好心理准备，甚至给幼儿留下相对负面的认识，则会加重幼儿的入园焦虑。

（3）园本教研，归纳原因并制定策略

从幼儿视角和家长视角开展入园焦虑的调查，并通过集体教研讨论、分析和统整调查结果（见表 4-3），归纳幼儿产生入园焦虑的原因，有利于制定有效的应对策略。

表 4-3　幼儿入园焦虑行为分析表

原因		应对策略
幼儿方面	生活环境发生改变——安全感缺失 幼儿对不熟悉的环境设施、不熟悉的人群、不熟悉的言语会感到不安，产生危机感和焦虑情绪	1.设计生活化、富有趣味的游戏活动，营造家庭式的环境氛围； 2.投放幼儿熟悉的材料（家庭合照、玩偶、喜欢的玩具等）
	生活方式发生改变——生理需求未能满足 1.来到幼儿园后，幼儿从自由的家庭生活作息转变到规律、有序的幼儿园生活作息，常常会难以适应； 2.幼儿在班级中缺少独立的、自主选择的个人空间，必须遵守幼儿园班集体的秩序和规则，这也会让幼儿感到不安	1.灵活调整幼儿的作息时间，满足幼儿的生理需求； 2.积极关注幼儿表现，增强幼儿的自信心，在安全范围内增强幼儿的自主性
	社交对象发生改变——重新建立依恋关系 幼儿的社会交往能力和语言表达能力还处于发展中，短时间内难以和教师、同伴建立稳定的依恋关系	增加幼儿与他人互动的机会，帮助幼儿建立与教师、同伴良好的人际互动关系

续表

原因		应对策略
家长方面	家长的焦虑情绪引起或强化了幼儿的焦虑	通过家长沙龙、家长讲座等方式，引导家长正确认识幼儿入园焦虑的表现、成因及解决策略
	不当的家庭教养方式引起幼儿的入园焦虑	加强家园联动，协助家长做好幼儿的入园准备工作

2．多措并举，缓解幼儿焦虑

教师可以在班级中创设一个自在角，让幼儿在温馨的氛围中开展游戏，缓解分离焦虑。具体可从以下方面入手。

（1）创设安全舒适的环境

常规的班级区域设计和材料投放主要围绕幼儿发展的核心经验及五大领域的发展目标来进行，对刚进入幼儿园集体生活的幼儿来说，容易对此感到不适应和不自在，从而加重焦虑。为了帮助幼儿有效缓解焦虑，教师可以灵活调整班级的常规区域设计。

在班级相对安静、温馨且明亮的角落，设置一个相对独立的区域——自在角。以温馨和安全为原则，投放毛绒玩具、儿童沙发、儿童桌、舒适柔软的地毯等，营造与家庭类似的温馨氛围。此外，还可以投放与上幼儿园相关的图画书、用来听故事的电子设备，满足不同幼儿的自主活动需求。

（2）制定灵活的作息安排

通过对幼儿的观察，教师发现早上来园和午睡时，幼儿易出现焦虑情绪，教师可以在这两个时间段给幼儿安排一定的自主空间。如来园环节哭闹的幼儿，进班级以后可以先不参加集体活动，在班级自在角中独处；因不想睡午觉而焦虑的幼儿，在教师视线范围内可以在自在角听音乐、听故事，或观看与上幼儿园相关的动画小视频。这些自主活动能有效缓解幼儿的焦虑，帮助他们平复情绪。此外，幼儿还可以在自在角做一些相对静态的事情，如坐在沙发上发发呆、抱抱小熊、和小熊聊聊天，或选择自己喜欢的图画书安静阅读。自在角里幼儿能自主安排活动，专注在自己的世界里，获得自主权和安全感。

（3）建立良好的同伴关系

除了让幼儿能自由自主地做自己的事情外，教师还可以在自在角与幼儿共同游戏、共读图画书等，建立良好的师幼关系，帮助幼儿建立安全感，形成新的依恋关系，增强幼儿对班级和幼儿园的归属感。自在角的创设有效地避免了幼儿因焦虑情绪而无法顺利进行一日生活的情况，也能做到尊重幼儿，给他们一个独立空间缓解自己的焦虑情绪。

（4）达成家园共育的共识

教师可以积极与家长联系沟通，分享幼儿在园独立生活的点滴，如幼儿在自在角里自主活动、自由游戏的剪影等，缓解家长的紧张心理。教师主动向家长了解幼儿的气质类型、性格特征、兴趣爱好等，深入认识每名幼儿。同时通过家长沙龙、家长讲座等方式，引导家长了解科学育儿的方法，正确面对幼儿的焦虑，通过家园合作共同帮助幼儿建立安全感和对幼儿园的归属感。

深圳市罗湖区清秀幼儿园　邱淦麟　谢康华

案例解析 由于幼儿的生理、心理尚处于发展中，小班幼儿面对新环境常常会有陌生感、无力感，入园焦虑则是他们产生心理压力的表现。入园焦虑是幼儿最初从家庭环境进入幼儿园环境后，因与依恋对象分离，所处环境发生改变而表现出的心理体验和外在行为方面的恐惧和戒备反应。此时幼儿如果得不到成人的关注与有效指导，会长时间处于焦虑状态，甚至对身心健康和未来成长产生不良影响。自在角的创设为初次离开家庭、缺乏安全感的幼儿提供了宣泄情绪的空间，使他们在温馨安全的环境下自在、自由、自主地做自己想做的事情，能够喜欢并适应班集体，增强对班级的归属感，有利于一日活动的有序开展。

儿童的安全感不仅是归属感发展的基础，更是决定儿童心理健康的重要因素。儿童的安全感取决于与集体之间关系的紧密程度，更多地表现为心理需要的满足，当儿童感到被看见、被肯定、被尊重、被理解时，他们就会形成一种稳定、安全的内在心理状态。有安全感的儿童喜欢探索周围的环境，能从集体中体会到温暖和快乐的积极情感，感到自己是群体中的一员，产生对集体的归属感。

二、在一日生活中建立儿童的信任感

信任感主要表现为儿童愿意亲近、信赖身边的教师和同伴，会主动亲近身边的人。在一日生活中，可以通过学习活动为儿童提供有趣、有挑战的任务，并提供指导和支持，以帮助儿童克服难题，从而增强他们对自己的信心和对教师的信任。在自主游戏活动中，儿童可以与同伴一起玩耍，分享玩具，从而建立友谊和信任。在体育活动中，儿童可以与同伴一起运动，学习合作，建立信任，共同完成任务。从情感层面上看，儿童一旦对所在班集体产生信任与依赖的心理感受，儿童的心理需求就会得到满足，从而对所在班级产生稳固的归属感。教师要充分联动家庭，共同为儿童创设温暖、友爱、平等的成长环境，帮助儿童对环境产生基本的信任，建立积极健康的人际关系和对集体的归属感，为儿童未来青春期自我同一性的发展奠定心理基础。

案例 4-2
相信“他可以”

开学初期，森森吃饭时没吃几口勺子就会掉在地上，或者用勺子吃几口饭后就用手直接抓饭菜吃，没几分钟，他的桌子、椅子和周围地面都沾满了饭菜和汤汁；户外活动时，森森经常忘记排队，一个人跑到一边，教师的呼唤似乎对森森没有什么作用，需要教师牵着他才能回到队伍中；集体活动时，森森也很难坐在固定的区域，常常跑到教室里的某一个角落发呆，但是不会发出声音打扰其他小朋友；区域活动时，他自己玩自己的，有时甚至不玩区域材料，自己坐在一个角落自言自语或者发呆。无论是室内还是室外活动，森森经常游离在集体之外，教师喊他时，他似乎听不到，多数不作回应。

入园初期，像森森这样的小朋友很常见。作为教师可以怎么做呢？

做法 1：重点关注，每当森森“出问题”便把他“拉回来”

当森森用手抓饭时，教师便会跟森森说“好好吃饭，一只手扶碗，一只手拿勺子”；当森森户外活动不排队时，配班老师便会过去拉着森森的手，让他跟自己一起站在队伍的最后面；当森森在区域活动发呆时，教师便牵着森森进入他喜欢的区域，选一份玩具；当教师喊森森，他没有听到或是没有反应时，教师会蹲下轻轻拥抱森森，直到森森作出反应。

做法 2：积极互动，逐步建立信任感

教师会在森森脱离集体或踌躇不前时及时关注他、鼓励他。比如，在他吃饭前先用手势给他一个爱心，暗示他自己用勺子吃饭；户外活动时表扬他前一天自己找队伍排队的行为，激发他保持主动排队的良好行为。随着对森森的深入了解，教师与森森之间初步建立了友好信任的关系。午睡前，教师会找机会和森森聊聊天、说说悄悄话，会根据森森当天的具体表现，表扬森森哪些方面做得不错，森森也开始主动和教师分享。

做法 3：聚焦问题，通过家园共育提升森森的自理能力

通过与森森家长的沟通，教师了解到森森家“包办代替”的情况比较多，如穿衣、如厕、脱鞋、整理、吃饭等生活活动，都会有人帮他做，甚至在森森不吃饭的时候家长还会追着喂饭。此外，森森性格相对文静，很少主动与不熟悉的同伴游戏，所以少有玩伴。也因此，森森的自理能力发展得相对较慢，在生活小事上比较被动，都需要大人去帮助他完成。

了解到森森在家的情况后，班级组织了一场家长沙龙活动，主题是“如何培养孩子的自理能力”。沙龙上，很多家长分享了自己的小妙招，森森的爸爸妈妈了解了其他家庭培养幼儿自理能力的有效做法，在家庭中尝试了适合森森的方法，取得了一定的效果。家长沙龙也因此成为班级的常规活动，会围绕不同的主题，定期组织家长共同分享和讨论，“幼儿社会交往能力的培养”“幼儿独立性的培养”“幼儿问题解决能力的培养”等话题都吸引了班级家长的积极参与。

经过教师和家长的共同努力，森森的自理能力有了明显改善，吃饭时能用勺子独立吃饭，桌子和地面也能保持干净；森森不仅和教师成为好朋友，也收获了许多形影不离的小伙伴。森森逐渐变得乐观主动，能主动排队，遇到开心的事情会主动跟大家分享，也会积极邀请大家一起游戏。

深圳市罗湖区清秀幼教集团淘金山幼儿园　罗　佳　刘　杨　王桂美

案例解析 案例中教师的三个做法，其本质是教师如何关注个别幼儿的行为。做法 1，关注幼儿当下的行为，让幼儿知道正确的做法；做法 2，教师基于在日常生活中对幼儿的观察和了解，从开始有意识、选择性地关注幼儿，到后来根据实际情况及时给予幼儿鼓励，积极与幼儿正向交流和沟通，让幼儿逐渐变得主动、活泼；做法 3，教师在深度了解幼儿的家庭教育方式后，通过家园活动，借助班级其他家长的智慧优化了森森家庭的教育方式，帮助幼儿逐步实现从被动接受到主动行为的重要转变，使幼儿慢慢学会照顾自己、建立良好的人际关系等。这些转变激发了幼儿的内在动机，进一步帮助幼儿获得自我认知和自我效能感。森森的案例告诉我们，当教师积极关注每一名幼儿，给予幼儿更多尝试的机会与积极鼓励时，幼儿更愿意向教师打开自己的内心世界。这种相互信任的关系一旦建立起来，幼儿就获得了一定的归属感和价值感，对其自我认知能力、社会交往能力和社会适应能力的发展都具有促进作用。

儿童的信任感是对集体中的人、事、物感到安全、可靠、信赖的一种积极的情感体验。教师对儿童的尊重、呵护及支持的态度能让儿童产生对教师和集体的信任。幼儿园就是要给儿童创设一个真正自主、愉快、充实的环境，当儿童体会到在园的日常生活和人际关系是自在的、可靠的，才会全心全意地享受、体验一日生活。

三、在一日生活中培养儿童的责任感

责任感主要表现为儿童愿意主动为自己的事情负责，主动维护集体荣誉，能承担集体的责任和义务，这也是儿童对班级具有归属感的重要表现。看见儿童的一日生活，应该在生活活动中，让儿童参与日常事务，如打扫卫生、收拾自己的物品等；在学习活动中，鼓励儿童独立思考和解决问题；在自主游戏活动中，让儿童选择自己喜欢的玩具和游戏，自行规划和组织，从而提高他们的责任感和自主性。

一般来说，儿童熟悉并喜欢上幼儿园后，会逐渐形成对集体生活的认知，这时教师可以创造适宜的条件，适当放手，让儿童自主地参与到班级管理中。在不同年龄段可以通过不同的方式来培养儿童的责任感，经常让儿童完成一些力所能及的任务，与儿童约定任务完成的时间，并及时给予鼓励，可以激发他们的责任感。

案例 4-3
学会做好一件小事

通过值日生或者班务工作的形式来培养幼儿为集体服务的责任意识和行为，是幼儿园一日生活中的常规活动（见表 4-4）。我们基于幼儿在园三年的整体发展，依据各年龄段幼儿的身心发展规律，通过实践形成具有园本特点的值日生活动开展路径。

表 4-4　幼儿园值日生活动内容和目标

年龄段	活动内容和目标
小班	不设值日生，鼓励幼儿主动做事，旨在提高幼儿的自我服务能力
中班	教师组织幼儿讨论值日生的工作内容，幼儿自主选择值日项目，设置一个月试用期，一个月后，幼儿如果觉得任务很难完成，可以调整值日项目。确定选择后，以一个月为期限，学会坚持做好一件事
大班	大班幼儿不仅要承担幼儿园的值日生工作，同时也要开始承担家务，并持续做下去，教师鼓励幼儿分享自己坚持做家务的经验

1. 小班：鼓励幼儿做好自己的事情

面对小班幼儿的心理需求，除了用接纳、包容和爱与幼儿建立依恋关系，教师还可以在帮助幼儿建立归属感的基础上，逐渐培养幼儿的生活自理能力，鼓励他们做力所能及的事情，创造有利于幼儿生活自理的条件和机会，指导幼儿学习和掌握生活自理的方法，如学会穿脱衣服和鞋袜、洗手洗脸、擦鼻涕、擦屁股等。

（1）日常观察，了解幼儿生活自理能力

幼儿生活自理能力的培养不是保育员的专职，需要班级所有教师相互配合。班主任联动配班教师和保育员，基于一日生活的分工，各自固定关注班级三分之一的幼儿，并相应记录他们的生活自理情况。持续观察 3—7 天后，三位教师分别交流观察记录的情况，形成“幼儿生活自理能力情况记录表”。

（2）基于现状，制订班级生活教育计划

根据“幼儿生活自理能力情况记录表”，邀请保健医生参与制订班级幼儿的生活教育计划，形成“生活教育分组安排表”。“生活教育分组安排表”主要涉及三个关键要素：一是确定需要培养幼儿的哪些生活自理行为；二是确定相应的教育指导要安排在一日生活的哪些环节；三是根据幼儿生活自理行为的特点和每个环节的时间长短，确定幼儿分组的名单。具体见表 4-5 所示。

（3）动态调整，逐步培养幼儿的生活技能

有了“生活教育分组安排表”，班级教师之间共同合作，以保育员为主导，主班教师和配班教师全力配合，在不同时段分批指导幼儿掌握生活自理的基本方法。保育员会及时向两位教师反馈每一组幼儿生活自理能力的掌握情况，以便调整“生活教育分组安排表”。

提高幼儿生活自理能力的主要目的是让幼儿学会自己照顾自己。为了能更好地实现这一目的，班级会提供支持幼儿生活技能学习的环境，还会发动家长在家庭内同步配合培养幼儿的生活自理能力。

生活技能的学习环境

表 4-5　9 月小一班生活教育分组安排表

幼儿行为	星期 / 周次	周一	周二	周三	周四	周五	周六	周日	安排时段
洗手	第三周（9月13日—19日）							放假	早餐餐后
用餐								放假	午餐
洗手	第四周（9月20日—26日）	中秋节假期	中秋节假期				放假	放假	早餐餐后
用餐		中秋节假期	中秋节假期				放假	放假	午餐
洗手	第五周（9月27日—30日）					放假	放假	放假	早餐餐后
用餐						放假	放假	放假	午餐

责任人：　　检查人：　　有效期至：9 月 30 日

幼儿确定可以做的事情

2．中班：鼓励幼儿坚持值日工作

幼儿升入中班后，已经学会了照顾自己的一日生活。教师可以在升班教育中适当引导幼儿从关注自己转向关注班级、关注他人，思考能为班级做些什么。

（1）共同思考，确定值日内容

升班教育中，教师与幼儿共同讨论“进入中班后，与小班生活有什么不一样?”，以此为契机，引导幼儿讨论“有帮助家人做事吗? 可以为班级做些什么事情呢?”，让幼儿自由讨论交流，共同确定班级值日活动的内容。

（2）深度探讨，制定值日规则

幼儿明确了自己能为班级做的事情后，“谁来做?”“什么时候做?”“值日生做多久?”等问题都需要进一步探讨。观察到保育员在一日生活的不同环节要做的不同事情，每件事情的操作步骤也是不一样的，幼儿提出可以针对每种值日内容设计工作流程。通过调查、讨论，教师与幼儿共同确定了值日工作的两个基本规则：幼儿自主选择值日项目、每个值日项目坚持一个月后再开始轮流。

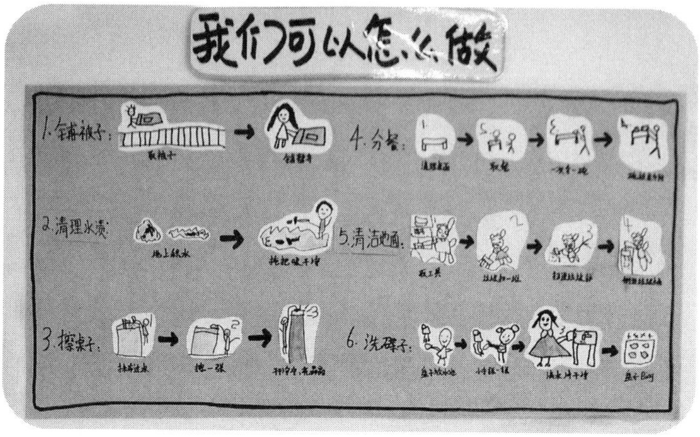

值日内容的操作步骤

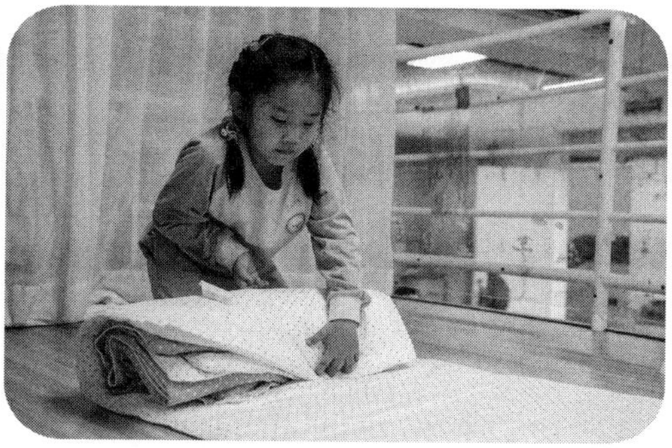

幼儿选取值日内容，参与班级工作

班级值日记录册

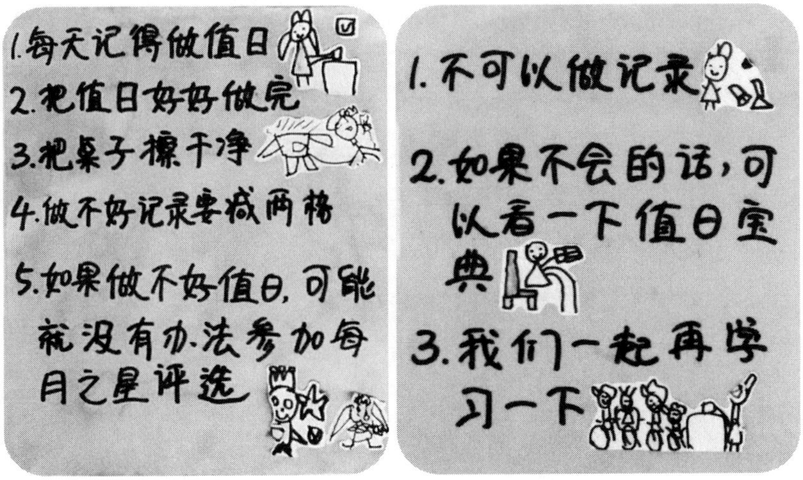

讨论后更新的值日规则

（3）主动体验，记录值日过程

正式开始值日工作时，幼儿可以把自己的姓名卡贴在自己想参与的工作上，并及时在“班级值日记录册”上记录当日工作的完成情况。

（4）发现问题，优化值日规则

中班幼儿第一次参与班级的值日工作，不可避免地会遇到问题。教师可以与幼儿达成约定：当遇到问题后，班级幼儿和教师一起讨论解决问题的方法，共同确定解决方案。让幼儿参与到班级工作的讨论中，为幼儿提供更多集体活动的决策机会，他们会基于对集体的责任和对值日工作的兴趣，更好地参与到值日活动中。

3．大班：鼓励幼儿参与家务活动

大班幼儿在坚持班级值日工作的同时，逐步承担力所能及的家庭劳动，这不仅能锻炼幼儿的责任心和意志力，还能促进幼儿社会情感的发展，例如，体会父母为养育自己所付出的辛劳，学会尊重为大家提供服务的人，珍惜他人的劳动成果等。

（1）问卷调查，了解幼儿参与家务的情况

幼儿进入大班后，教师通过问卷调查（调查问卷见表 4-6）和访谈的形式，全面了解幼儿参与家务的情况，同时了解家长对幼儿参与家务这件事情的认识，为下一步推进活动作准备。

表 4-6　幼儿参与家务情况亲子调查问卷

班级:＿＿＿＿＿＿　幼儿姓名:＿＿＿＿＿＿　日期:＿＿＿＿＿＿
1. 家庭中承担主要教养任务的成员是＿＿＿＿＿＿＿＿。 2. 您是否邀请孩子一起参与家务劳动? □经常 □有时 □很少 □从不 3. 您的孩子是否会主动参与家务劳动? □经常 □有时 □很少 □从不 4. 您邀请孩子一起做家务的主要原因是?(可多选) □使孩子明白自己的事情自己做 □学习劳动技能 □培养劳动习惯 □锻炼自理能力 □其他:＿＿＿＿＿＿＿＿ 5. 您及家人会怎么教给孩子一些劳动技能?(可多选) □直接用语言指导 □亲身示范给孩子看 □观看劳动相关的视频资源，一起学习劳动技能 □孩子操作，家人在一旁指导 □孩子自主观察家人劳动情况 □其他:＿＿＿＿＿＿＿＿ 6. 您及家人会采取哪些行动引导孩子积极参与家务?(可多选) □孩子自己主动参与 □与孩子沟通讨论，形成双方认同的做家务的约定 □用物质奖励鼓励孩子主动参与家务劳动 □充分尊重孩子的意愿 □要求孩子必须参与家务劳动 □其他:＿＿＿＿＿＿＿＿

续表

7. 您及家人对孩子做家务的要求一致吗？
□完全一致
□大多数时间一致
□不确定
□很少一致
□一点也不一致

8. 您认为参与做家务对孩子的成长有什么好处呢？

____

____

____

9. 您希望幼儿园在一日生活中开展劳动教育吗？
□非常希望
□希望
□无所谓
□不希望

（2）发起倡议，鼓励幼儿主动选择想做的家务

基于调查情况，在班级内发起“我们做家务”的讨论活动，由有经验的幼儿分享经验，鼓励全班幼儿积极讨论自己想参与哪些家务劳动。根据讨论，幼儿自主选择自己想做的家务。

我可以为家人做什么

（3）打卡体验，争做家务小能手

教师与幼儿共同讨论确定做家务的时间、记录的方式，每个班级都可以形成个性化的规则。比如，大一班幼儿结合班级实际情况，约定每名幼儿要以学期为单位，坚持参与家务劳动，每周末必须要完成自己选择的家务内容，周一来园时要在“打卡墙”上作记录。

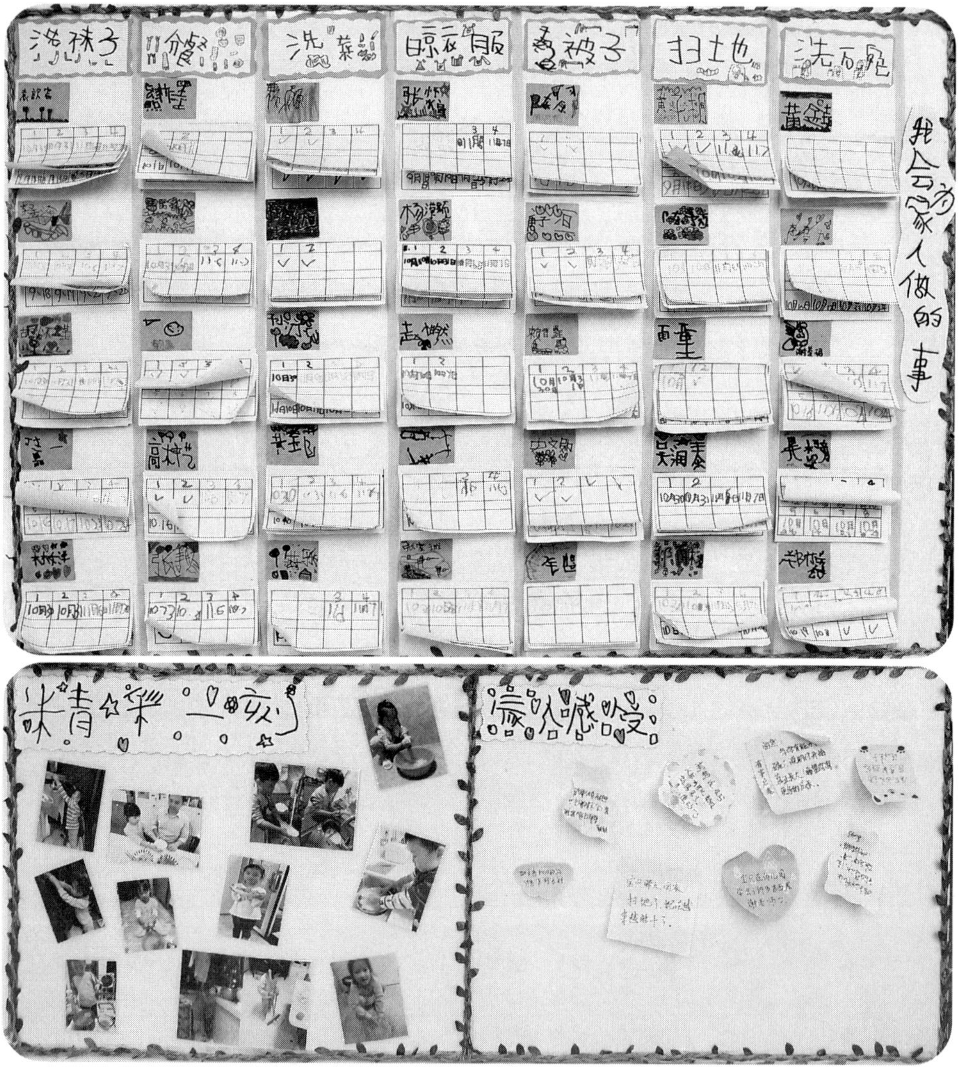

幼儿参与家务的日常记录

深圳市罗湖区清秀幼教集团荣悦幼儿园　钟　婷　陈晓娟

案例解析　每个班级都有其特定的文化氛围，每个班级的幼儿发展水平和需求也不同，教师要调动幼儿的积极性和主动性，使幼儿坚持做好自己能做的事情，最大程度参与班级和家庭劳动。这不仅体现了教师对幼儿自主性和参与权的尊重，更能让幼儿在做事的过程中从外部约束走向自我约束，愿意承担集体的责任和义务，提高对每日生活的参与感和成就感。立足幼儿的三年发展开展值日生工作，考虑到了幼儿发展的连续性和差异性，小小的值日生活动成了培养幼儿责任感的有效途径。

教师在设计班级值日生活动时，需要关注幼儿和家长的参与度。一是关注幼儿的体验过程。幼儿是值日生活动的主导者，从活动的出现，到实施过程中问题的解决，再到值日环境的创设，幼儿都要有足够的机会参与其中，教师要尊重幼儿主动参与班级活动的权利，为幼儿创造更多的发展机会。二是关注家长在值日生活动中的参与度。家园合力能更好地发挥值日生活动的教育价值，从前期值日生活动的策划，到中期值日生活动的实施，再到后期值日生活动的评价，教师都要积极与家长交流，尽可能增加家长在班级活动中的参与度。

教师在组织班级值日生活动时，要考虑 6 个关键要素：活动的人选与安排、时间与地点、班级内的环境支持、值日内容与规则、实施过程中遇到的问题及解决办法、对幼儿参与值日生活动的评价。根据这些要素和班级间幼儿的差异可以生成个性化的值日生活动内容和过程。

3—6 岁是培养儿童集体责任感的重要时期，对个人成长具有不容忽视的价值，教师有必要关注一日生活中的细节，灵活运用各种策略，引导儿童在亲身体验中对自身所应承担的责任有基本的认知，产生责任感，从而产生相应的责任行为，有意识地锻炼儿童对自己负责、对集体负责的能力。比如，就小班儿童而言，教师及时表扬儿童负责任的行为，并鼓励儿童尝试自主解决问题，能培养儿童的责任感。当儿童为集体而行动时，他们的责任意识和责任情感必然发生变化。

儿童离开家庭进入幼儿园是从“自然人”向“社会人”过渡的社会化过程，幼儿园是儿童社会化的重要环境之一。这时，儿童的归属感开始从对亲人与家庭的归属感转向对幼儿园的集体归属感。集体归属感是儿童社会性发展中的重要组成部分，归属感使儿童具有心理上的安全感、情感上的信任感及行为上的责任感，这种认同和投入更是培养儿童爱家乡、爱集体和爱祖国的必要基础。教师帮助儿童建立对集体的归属感，可以促进儿童亲社会行为的发展，提升其社会适应性和心理健康水平。

第二节　在一日生活中培养儿童的自主性

儿童的自主性是建立良好自尊心的基础，拥有自主性的儿童在生活中表现出独立、主动和善于创造等良好品质。为了更好地看见儿童的一日生活，教师应在各类活动中尊重儿童的兴趣和需要，为他们提供独立探索、主动体验和创新挑战的机会。这需要教师充分尊重儿童的选择权。在一日生活的生活活动、学习活动、自主游戏活动、体育活动中，教师应给予儿童自我决定的机会。通过尊重和支持儿童的兴趣和需求，教师可以帮助儿童在游戏、学习和生活中体验自主做事情的成就感，进而促进儿童全面发展。

一、在一日生活中创造儿童独立探索的机会

独立是指儿童具有自我服务的意识，能照顾好自己，能尝试自己做一些事情。教师可以在一日生活中为儿童提供独立探索的机会和条件，如在生活活动中，可以鼓励儿童自己穿衣、刷牙、整理书包等，让他们学会自理；在学习活动中，可以鼓励儿童独立完成任务，而不是总是依赖他人；在自主游戏活动中，可以鼓励儿童自己选择玩具、制定游戏规则等，让他们有自主选择的机会。

案例 4-4
我会穿鞋子

一日生活中，引导和帮助幼儿做力所能及的事情，努力提高幼儿的生活自理能力，是至关重要的。小班幼儿年龄较小，已有经验多与生活中的事情有关，如吃饭、如厕、穿衣服鞋子等。小班幼儿的思维特点以具体形象为主，空间认知能力尚

处于发展中，常常会分不清左右。

一天入园时，教师发现班级有 3 名幼儿鞋子穿反了，以往教师会直接对幼儿说：“你的鞋穿反了，快换过来吧！”可效果总是差强人意。小班幼儿喜欢拟人化的表达，他们觉得生活中的一切都是有生命的，于是教师决定尝试用拟人化的方式引导幼儿。

教师故作惊讶地指着其中一名幼儿穿反的鞋子，开始与幼儿对话。

教师：“哎呀，澄澄，你的鞋宝宝怎么在吵架呀？你看它们两个正歪着头生气呢！”

澄澄听后立刻低下了头，左看看，右看看。

澄澄：“哈哈，鞋子宝宝真的生气了！”

教师：“鞋子宝宝是这么好的好朋友，它们怎么会生气了呢，你赶快帮帮它们，让它们别生气了呀！”

幼儿学习正确穿鞋的方法

幼儿被逗笑了，纷纷弯下腰，检查自己的鞋子有没有“吵架”，澄澄和其他穿反鞋的幼儿默默地把鞋子换了过来。没想到，一句简简单单的话比直接纠正错误还有用。

幼儿学习正确摆鞋的方法

考虑到小班幼儿对左右方位的认知还在发展中，教师准备了可爱的动物贴纸贴在鞋架上，小猫是左边，小狗是右边，引导幼儿分辨左右空间方位，同时也提示幼儿不把鞋子穿反。一个月后，班里的幼儿基本都能正确地穿鞋子，并能根据鞋架左右两边的贴纸把鞋子摆放好。

深圳市罗湖区清秀幼教集团荣悦幼儿园　周　芳　容晓渝　张燕香

案例解析 幼儿生活自理能力的培养是发展幼儿独立行为最直接、最有效的方法。对小班幼儿来说，培养他们自我服务能力非常关键，枯燥的技能训练或一味地灌输知识并不能解决所有问题，有时一个简单又形象的比喻和环境支持就能帮助幼儿独立、轻松地解决问题，促进幼儿自理能力的发展。

案例 4-5 母亲节的礼物

母亲节快到了，班级美工区投放了很多制作手工花的材料。教师介绍完手工花的做法后，幼儿都想给妈妈做一朵手工花。区域活动时间，很多幼儿都热火朝天地开始了自己的工作。

教师观察到悠悠在美工区拿剪刀剪纸时，总会超出边线，无法剪出完整的形状，这导致悠悠对制作手工花失去了兴趣，剪两下就要离开。教师鼓励悠悠再试试看，悠悠拒绝说："我不想做手工花了。"

看着悠悠眼神中的失落，教师邀请悠悠看着她做一遍手工花，并承诺只要悠悠能数出教师用几步完成制作，就把制作好的手工花送给她。于是，悠悠安静地坐在教师的旁边，看着教师拿起剪刀，慢慢地握好，然后一点一点地沿着边线剪纸，最后一步步折起来粘贴好，悠悠一边数着 1、2、3，一边认真地注视着教师的动作，并不自觉地模仿。数到 5 后，手工花制作完成，教师把手工花送给了悠悠。

教师："你要把这朵花送给妈妈吗？"

悠悠："可以，但我现在想自己做一朵。"

教师："是不是觉得很简单了？"

悠悠："对！只要数到 5 就行了！"

说完，悠悠拿起剪刀，慢慢地剪出了一个相对完整的图形。折纸时，悠悠又难住了，她抬头看了看教师，教师把指引图放在她面前，问她可不可以参照指引图找找办法，悠悠点了点头。“1、2、3、4、5”，悠悠数完自己的制作步数后，手工花也做好了，虽然粘贴得有些歪扭，但格外可爱。悠悠开心地对教师说：“我要把这朵花送给妈妈，这是我做的，妈妈一定最喜欢了！”

深圳市罗湖区清秀幼教集团荣悦幼儿园　方　芳　王　影

案例解析　中班幼儿的手部精细动作已有了一定的发展，但制作手工花需要幼儿使用剪、贴、折、画等技法，对一部分幼儿仍具有挑战性。案例中的悠悠原本对制作手工花的兴趣浓厚，但因多次无法正确剪出完整的形状而产生挫败感。教师及时发现悠悠的困难，通过亲身示范、材料支持和言语鼓励等方式引导悠悠一步步成功地制作出了手工花。教师要在一日生活中抓住机会，鼓励幼儿独立完成任务，培养幼儿不依赖他人、不怕困难、挑战自我的能力，促进幼儿自主性的发展。

案例 4-6
专属小毛巾

户外活动回来后，幼儿正排队洗手，欣欣嘟着小嘴走了过来。

欣欣：“老师，熙童又用我的毛巾擦手了！”

教师：“你有没有提醒熙童那是你的毛巾呢？”

欣欣摇了摇头，一脸不开心。

欣欣：“可是，她都用我的毛巾好几次了。”

教师：“你不喜欢别人用你的毛巾，对吗？”

欣欣点点头说：“而且那样也不卫生。”

教师：“嗯，老师同意你的看法，这样的确是不卫生的，那你先试着与熙童沟通一下，告诉她你的看法，好不好？”

欣欣："好。"

于是，教师远远看着欣欣走到熙童旁边，并对她们笑着点点头，示意她们自己解决这个问题。

过了一会儿，欣欣和熙童走到教师面前。

欣欣："老师，我和熙童的毛巾挨在一起，她以为这是她的毛巾，今天又搞错了。"

熙童："真不好意思……"

教师："原来是这个原因，看来熙童不是故意的呢，那你们今后打算怎么办呢？"

欣欣："我们的毛巾离远一点。"

熙童："我下次会仔细看毛巾上的标签再擦手，就不会用错啦。"

教师："哇，你们太有智慧了，都能站在对方的角度解决问题，老师要向你们学习，像你们一样懂得包容！"

欣欣和熙童一边点头一边看着对方，都笑了起来。教师赞许地对她们竖起大拇指，鼓励她们今后可以互相提醒，并告诉她们做好个人卫生的重要性。

又过了一会儿，两名幼儿一起将教师拉到毛巾架前，欣欣告诉教师："这个小白兔的标签是熙童的，这个小羊的标签是我的，我在小羊的头上画了一个蝴蝶结，这样就看得清楚了。"此后，两名幼儿再也没有出现用错毛巾的情况，教师经常看到欣欣和熙童擦手时开心地展示她们的"专属小毛巾"，两名幼儿也成了好朋友。欣欣也很少来告状了，她现在似乎更喜欢用自己的智慧解决问题。

深圳市罗湖区清秀幼儿园　沈文贻　谢文青　闫丽瑾

案例解析 幼儿之间常会有出现分歧、意见不合的时候，他们常常不知道该怎么处理，尤其是幼儿感受到压力和委屈的时候，就会向教师求助，"告状"行为也是幼儿宣泄情绪、求得心理平衡的途径。教师不必急着帮幼儿解决问题，而应该鼓励幼儿独立解决问题，使幼儿在解决问题中获得成就感，增加幼儿的自我效能感，从而提高幼儿解决问题的能力。

培养儿童的独立性是一项长期的工作，教师要把儿童看作独立的、有能力的个体，相信儿童具有独立解决问题的潜能，鼓励和支持儿童在一日生活中遇到问题时尝试自己寻找方法、处理问题，学会力所能及地照顾自己。

二、在一日生活中激发儿童主动探索的潜能

主动是指儿童根据自己的兴趣、想法，愿意积极选择或发起某项活动。儿童是主动发展的个体，要使儿童形成健康的生活态度和良好的行为习惯，积极主动地参与至关重要。在一日生活中，教师应善于观察儿童、了解儿童的需要，让儿童主动地开展活动；在学习活动中，应鼓励儿童积极发问，提出自己的想法和见解，更主动地参与活动；在自主游戏活动中，鼓励儿童主动寻找游戏伙伴、组织游戏等。教师要充分挖掘儿童潜能，激发其内驱力，帮助儿童体验主动探索的成就和快乐。

案例 4-7
水稻的一生

幼儿对米饭从哪里来产生了极大的兴趣，他们只知道饭是用大米煮的，但大米是从哪里来的呢？经过系列活动幼儿了解到：原来大米是稻谷变的，而稻子是农民伯伯种出来的。可是幼儿没有见过水稻，不知道怎么进一步了解大米。为此，班级植物区开辟了水稻种植园地，鼓励幼儿尝试种植水稻、记录水稻的生长过程，引导幼儿主动对水稻进行有规律的观察和探究，并懂得粮食来之不易，爱惜他人的劳动成果。整个活动设计中，教师通过三个进阶的步骤，让幼儿在体验水稻种植的活动中，形成主动探究的意识。

1．教师分析活动的核心价值

确定种植水稻的探究活动后，教师通过分析活动的核心价值（见表 4-7）制订活动计划、进行活动准备、创设有助于幼儿主动学习的环境，进而在活动中培养幼儿的自主性。

表 4-7 活动的核心价值分析

活动环节	核心价值
了解水稻如何成为大米	激发幼儿对大米的好奇，使幼儿对大米的特征、来源产生主动探究的兴趣
水稻的生长过程	幼儿能够主动通过观察、记录、测量等方式关注水稻的生长过程，发现问题时能积极主动地找原因、解决问题
幼儿园的大米是怎么来的?	创设“幼儿园的大米是怎么来的?”的问题情境，引导幼儿通过体验买大米、做饭的过程，懂得要珍惜劳动成果，自发养成认真吃饭的好习惯
水稻要成熟了	引导幼儿关注水稻成熟的时间，在观察和表征中知道成熟水稻的样子，体会生命的变化

2．幼儿探究种植水稻的过程

（1）了解水稻如何成为大米

为了帮助幼儿了解水稻是如何成为大米的，教师在科学区投放了一份认识水稻生长过程的材料。晨谈时，幼儿围绕这份新材料展开了热烈的讨论。

灏晨：“这些大米是从稻子上掉下来吗?”

雨童：“这些大米为什么是尖尖的?”

睿熙：“这些大米为什么长得都不一样?”

子文：“我们吃的大米怎么是软的，但是这个那么硬?”

教师：“你们的问题都太有趣了，老师也想知道，不如我们一起在植物角种些水稻，一起找答案好不好?”

听到这个消息，幼儿欢呼雀跃起来，这时，又有幼儿提出了新的疑惑。

韬韬：“老师，可是我们不会种植呀!”

夏夏：“对呀，我们不知道水稻怎么才能长大。”

教师：“你们的问题非常好，老师准备了一个关于种植水稻的小视频，接下来你们要认真观看哟!”

幼儿十分认真地看完了视频，部分幼儿还主动在区域活动时把水稻的生长过程表征了出来。

观看种植水稻小视频

幼儿表征“水稻的生长过程”

（2）了解水稻的生长过程

正式种植水稻前，教师首先熟悉了水稻的生长过程，预设每个阶段可以开展哪些活动（见表 4-8）。

表 4-8　教师开展活动前的经验准备

水稻生长阶段	准备开展的教育活动
幼苗期	选种、浸种、催种
分蘖期	让幼儿观察禾苗生长情况，将禾苗从秧田移栽到播种田
抽穗期	利用从开始拔节到幼穗长出来的一个月时间，让幼儿观察水稻的生长情况，记录水稻的生长变化，呵护水稻生长
结实期	从开花到谷粒成熟的这段时间，茎部会拔高，渐渐开花并结出谷粒，可以让幼儿观察稻苗的茎叶，观察、记录成熟中的水稻，收获稻谷，并学习如何处理收获的稻谷

一个周一的早上，有幼儿发现班级植物角的种植园地多了一袋种子，兴奋地找到教师。

雨童：“老师，这些是大米的种子对不对？我之前在视频里看过。”

子文：“老师，我们这一周要开始种植水稻了吗？”

教师："哇，细心的你们已经发现种植园的秘密了，这是张老师送给我们的稻谷，现在有了种子，接下来我们一起开始培育水稻幼苗好不好?"

幼儿纷纷主动报名，都想要亲自培育水稻幼苗。

浸泡水稻种子

区域活动时，教师开始带着幼儿一起培育水稻幼苗。大家一起挑选饱满和成熟的水稻种子，经过讨论，决定选用区域材料托盘来浸泡水稻种子。

7 天后，幼儿发现水稻种子发芽啦！有的幼儿说水稻芽长得像爷爷的胡子，有的幼儿说水稻芽和大拇指差不多。大家每天入园后最兴奋的事情就是看一下水稻的变化。15 天后，水稻幼苗长高了，幼儿想知道幼苗究竟长了多少，纷纷主动测量水稻幼苗的"身高"。

泽枫："老师，小水稻才长了 6 厘米（用儿童量尺测量）。"

教师："是的，我们等这些水稻幼苗长到 8—10 厘米，就可以移植插秧了呢!"

泽枫："那要多少天才能长那么高呢?"

教师："大概需要一个月，不如我们制作禾苗倒计时日历吧，你们就可以看到还要多久可以移植插秧了!"

幼儿再一次主动报名，记录水稻幼苗的生长过程成了他们最感兴趣的事情。

水稻幼苗一天天长大，开始进入分蘖期，需要把小幼苗从秧田移栽到播种田了。在等待移植插秧的过程中，幼儿向教师提问移栽水稻幼苗的原因，并请教保育员，了解到水稻幼苗移植的关键经验。

睿熙："老师，这些小幼苗长大后就不能种在这里了吗?"

教师："是的，这些小幼苗长大后就需要更多的养分和空间，我们要把它们移栽到播种田里。"

韬韬：“那我们怎么移植过去呢？”

教师：“我们可以去请教有经验的郭老师呀！”

郭老师：“小幼苗挤在一起无法正常生长，把这些幼苗一株株地栽种到播种田里，可以给它们更大的生长空间、更好的生长环境，还要再准备一些肥料，给它们更多的营养。”

听完郭老师的介绍，幼儿开始和家长一起为幼苗准备肥料。水稻的分蘖期，幼儿在等待中用绘画、穿串珠等方式表征出他们想象中的超级水稻。

记录水稻幼苗的生长

幼儿自制日历

水稻幼苗长大啦

教师介绍如何移植插秧

3．幼儿园的米饭是怎么来的？

在等待水稻抽穗、成熟的过程中，幼儿在一次午餐后提出了新的问题。幼儿园餐桌上的米饭是怎么来的呢？都是幼儿园种植的吗？

子文："老师，我们吃的大米是幼儿园种的吗？"

卓一："不是不是，幼儿园的水稻长得那么慢，怎么会有这么多大米呀！"

蕊蕊："对，肯定不是，我妈妈说大米可以买，超市就有！"

教师："哇，你们讨论的问题非常有趣，我们幼儿园的种植园没有稻田那么宽广，的确种植不了这么多的大米。幼儿园的大米是负责采购的老师购买的，这样才能保证我们每天都能吃到香喷喷的大米呀。"

子文："老师，我们可以去采购大米吗？"

教师："你们打算怎么采购大米呢？"

睿熙："我们可以去超市购买大米。"

看着幼儿对采购大米热情高涨，教师和大家一起商讨如何采购大米。幼儿绘制好外出申请单主动找到园长，准备前往最近的超市购买大米。

买米的时候，幼儿看到超市工作人员为米称重的样子，都感到十分好奇，想回到幼儿园称一下大米的重量。考虑到幼儿没有测量重量的前期经验，教师分别准备了一斤、两斤的大米和量杯，让幼儿观察一斤大米可以装几杯、两斤大米可以装几杯，引导幼儿直观体会重量的概念。

买来的大米怎么变成香喷喷的米饭呢？很多幼儿说自己看过爸爸妈妈蒸米饭，有幼儿主动请缨，分享蒸米饭的方法。大家信心满满，决定自己蒸米饭，于是创作了班级蒸米饭分工图。

幼儿在超市选购大米

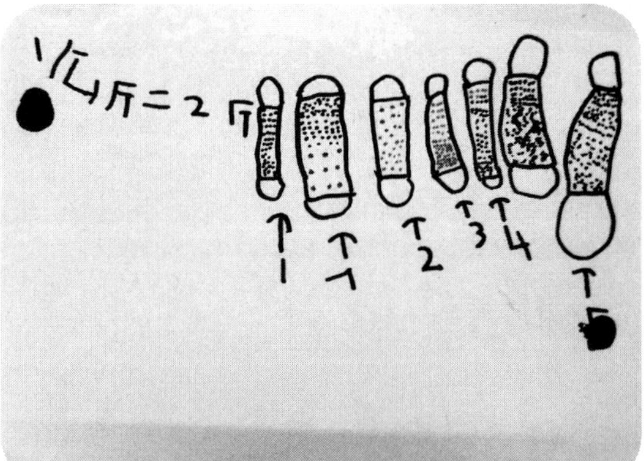

幼儿观察并表征米的不同重量

幼儿创作的蒸米饭分工图

幼儿尝试蒸米饭

紧接着，在教师的帮助和大家的共同努力下，香喷喷的米饭盛进了碗中，幼儿不约而同地开始了“光盘行动”。体验种植水稻后，幼儿越来越懂得大米的来之不易，自发地养成了认真吃饭的好习惯。

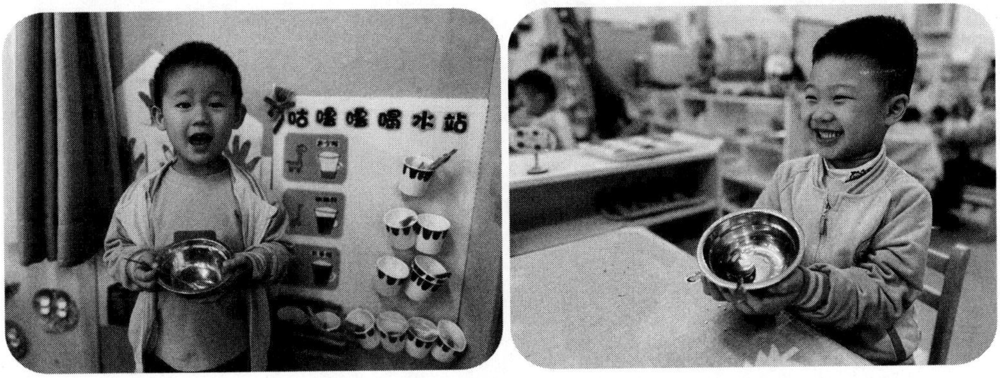

幼儿的光盘行动

4．幼儿主动表征与分享经验

两个月后，水稻到了抽穗期，幼儿在期待中发现水稻的变化，他们主动测量水稻的高度，观察、记录水稻的生长变化，盼望着自己种的水稻快点成熟。

教师：“你们的记录越来越细致了，我们怎么把这些精彩保存下来呢?”

瑞贤：“老师，我们可以把水稻画下来。”

泽枫：“对，可以现在画一张，等水稻成熟了再画一张。”

教师："我来给大家准备一个展板，专门展示你们的作品，期待你们来分享自己观察到的精彩！"

水稻一天天成熟了，幼儿非常关注水稻的变化，从抽穗期到成熟期，从开花到谷粒成熟，稻穗被压弯了腰，水稻的茎部拔高了，谷粒也慢慢饱满起来。细心的幼儿还观察到成熟的水稻一部分黄了，一部分还绿着。幼儿一边体会着生命的变化，一边用清新亮丽的颜色表征着大自然的美丽！

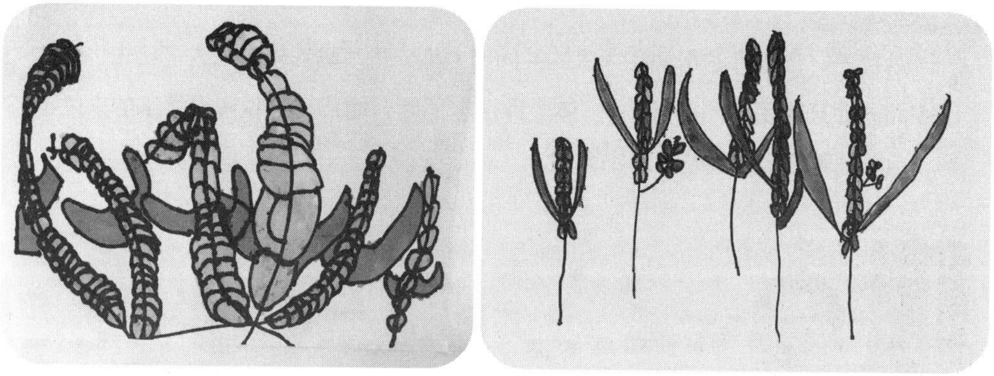

幼儿表征成熟的水稻

水稻终于成熟了，大家一起收割水稻，在操场上晾晒水稻，去掉了稻糠，终于收获了新鲜的大米。

幼儿和教师一起回顾了"水稻的一生"探究活动，并一起讨论了接下来想做的几件事。

第一，自制种植水稻的操作手册；

第二，保留一份种子，回馈张老师的赠谷之情；

第三，保留余下的种子，留给今后想要种植水稻的小朋友；

第四，向全园分享种植水稻的过程与收获，让小朋友们一起感受种植活动的乐趣。

幼儿和教师一起收割水稻

晾晒丰收的水稻

幼儿自制种植水稻操作手册

回馈清秀培知园张老师赠谷之情

深圳市罗湖区清秀幼教集团雅乐幼儿园　林雪惠　林运香　郭惠琴

案例解析　“水稻的一生”活动过程是幼儿主动探究、主动学习的过程。幼儿在教师适宜的支持和引导下，充分发挥主动性，不断增强内驱力，持续主动地参与到种植活动中。幼儿在体会劳动的辛苦后，能够自发养成珍惜粮食的良好习惯，并拥有主动体验的成就和快乐，发展了自主学习能力。

三、在一日生活中鼓励儿童大胆创造的行为

创造是指儿童能超越常规，乐于挑战，大胆创新想法、工具、表达等。在一日生活中，教师可以在生活活动中，鼓励儿童提出新的解决问题的方法和创造性的想法，例如，在整理房间时想到新的整理方式；在学习活动中，鼓励儿童提出

新的想法、新的问题，或者探索新的学习领域；在自主游戏活动中，鼓励儿童发挥创造力，设计新的游戏、制作手工艺品等；在体育活动中，鼓励儿童尝试新的运动项目、运动方式，参加具有创新性的体育活动。

教师不难发现儿童的发散思维，儿童是天生的艺术家和创想家，如果没有各种教条约束，他们会发自本能地自由歌唱、涂鸦、游戏……儿童的创造并不是来自成人的教导，更多源自儿童自主性的发挥。因此，教师应成为儿童的合作者和倾听者，保护儿童天生的创造力，唤醒儿童的创造意识，培养儿童的创造能力，使他们真正成为学习的主体。

案例 4-8
“神秘栈道”探究之旅

为了拓展和延伸户外游戏空间，幼儿园经过反复论证、调查、设计、修改，充分挖掘和利用幼儿园狭长角落的立体空间，新建了一组户外大型组合玩具，这使得

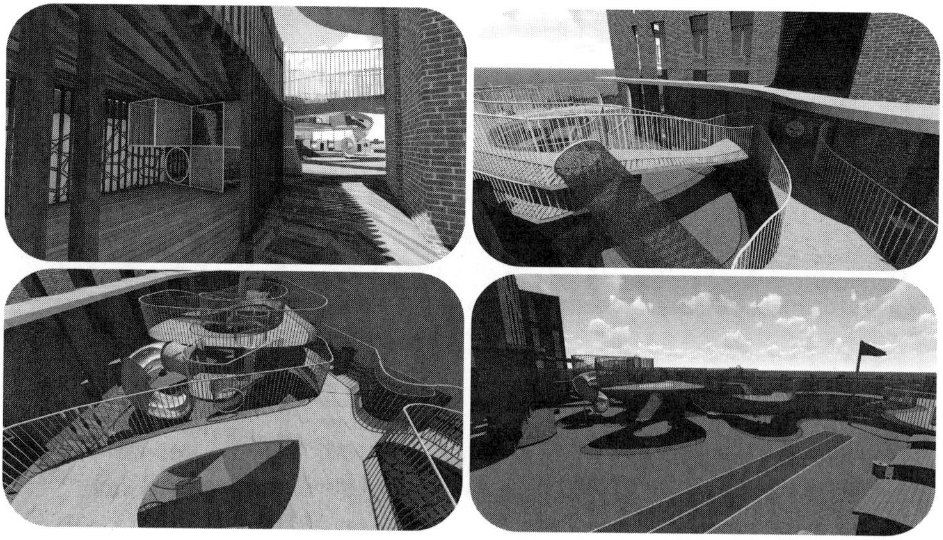

幼儿园新建大型玩具设计图

园所户外活动面积从原有的 2130 平方米增加到 2400 平方米，生均活动空间增加近 1 平方米，总计增加了 270 平方米的室外活动场地。

开学后，幼儿户外活动发现新玩具时非常开心，并给新玩具取名为“神秘栈道”。幼儿对神秘栈道充满了好奇，教师时常能听到幼儿围绕神秘栈道的讨论：“这个大家伙怎么玩呀？”“这是什么器械呀？”“我们什么时候可以去玩呢？”于是，教师抓住这个教育契机，带领幼儿开启了神秘栈道的自主探究活动（见表 4-9）。

幼儿园新建大型玩具实景图

表 4-9 “神秘栈道”探究活动核心价值

儿童自主探究过程		核心价值
初见神秘栈道	绘制场地图	乐于创造、发展精细动作
	命名不同的器械	大胆创新想法、敢于表达
探索栈道玩法	玩法探讨会	表达自己的想法
	玩法调查表	独立完成任务
	玩法再确定	交往合作
掌握栈道的安全密钥	危险在哪里	主动挑战
	发生碰撞怎么办	自我调节
宣传游戏及规则	指引图的诞生	创新表达、产生成就感
	指引图的位置	享受自主权
发明栈道新游戏	创意玩法	乐于创造、自主表达

1. 初见神秘栈道

（1）绘制场地图

早上，幼儿都在有序地进行自己的工作，今日的播报员昊昊跑过来对教师说：“老师，我们今天下午的户外活动场地是神秘栈道，可是我没有看到那张场地图。”于是在晨谈环节大家一起探讨了这个问题。

播报员张贴场地图

诗诗：“老师要是能每天把活动的地方告诉我们就好了。”

昊昊：“不行，这样如果老师忘记了我们就都不知道了。”

萌萌：“那我们去写生，把活动场地画下来就好了。”

芯畅：“是呀，画好了播报员把它贴上去，小朋友们就都知道了。”

（2）命名不同的器械

在写生活动中幼儿产生了很多问题：“老师，这个地方叫什么？”“这些器械怎么玩的?”“它们也有名字吗?”当幼儿得知神秘栈道上的器械都没有名字时，都纷纷当起了“起名大王”，争先恐后地给新器械起名字。

芮语：“老师，这个东西好像一个轮胎，我们叫它轮胎秋千吧。”
熙雅：“我看它更像我奶奶的摇摇椅，坐在上面也是晃来晃去的。”
小苒：“老师，这个我想叫它旋转吊杆，它可以转起来玩。”
牧宁：“老师，它叫小绿绿，因为它的颜色是绿色的。”
昊昊：“这个桥是勇敢的人才能过去的，所以它叫挑战桥。”

幼儿回到班级分享着自己给器械取的新名字，由于每个人取的名字都不一样，幼儿争论起来，最后决定举手投票决定器械的新名字。

幼儿为新器械取名现场

班级进行新器械名字投票

幼儿创绘神秘栈道场地和器械的新名字

2. 探索栈道玩法

（1）玩法探讨会

讨论中幼儿还聊起了自己在这个器械上的游戏经历，自豪地和同伴分享自己的玩法。这一讨论引发了新的探究方向，于是教师统计了幼儿的器械玩法，并鼓励他们和全园幼儿一起分享。

子淇：“老师，其他班的小朋友都去玩这个新玩具了吗？他们会不会玩呀？”

韬韬：“他们肯定不会，我都没看到有小朋友玩神秘栈道。”

依桐：“那怎么办？他们乱玩的话，会把玩具弄坏或受伤的。”

萌萌：“那我们把玩法告诉他们呗。”

教师：“真是个不错的主意，那咱们应该怎么告诉他们呢？”

康康：“嗯，我们拍个照片或者画下来告诉他们呀。”

教师：“画好后我们要怎样告诉弟弟妹妹和其他小伙伴呢？”

童童：“做个表把图片放进去发给他们。”

芯畅：“可以，很不错的感觉。”

康康：“那我们请老师帮我们把图片放进表里发给他们吧。”

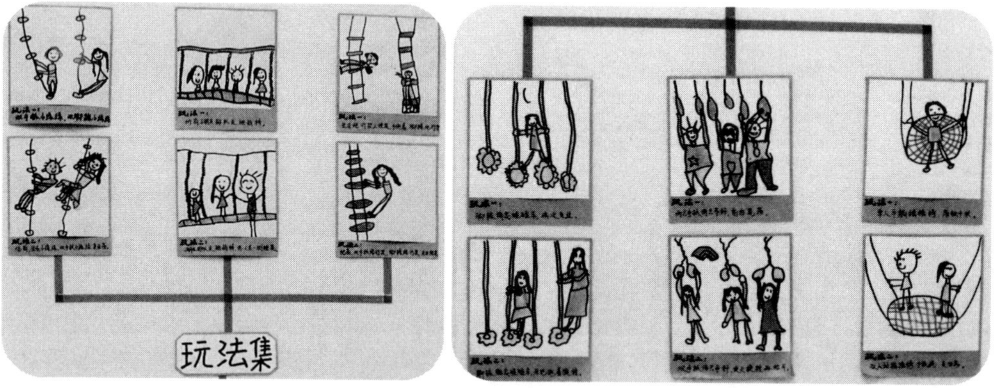

幼儿对新器械玩法的表征

（2）玩法调查表

幼儿把设计的“玩法调查表”发给了各个班的小朋友，自信地介绍自己设计的玩法和器械名字，期待着其他幼儿的反馈。

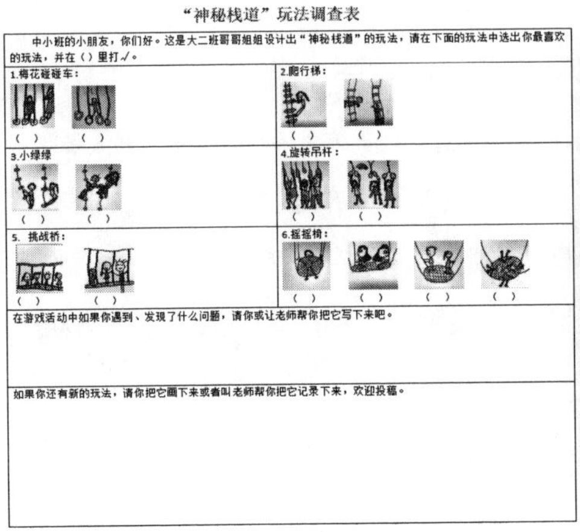

"神秘栈道"玩法调查表

中小班的小朋友，你们好。这是大二班哥哥姐姐设计出"神秘栈道"的玩法，请在下面的玩法中选出你最喜欢的玩法，并在（）里打√。	
1.梅花碰碰车： （ ）（ ）	2.爬行梯： （ ）（ ）
3.小绿绿 （ ）（ ）	4.旋转吊杆： （ ）（ ）
5. 挑战桥： （ ）（ ）	6.摇摇椅： （ ）（ ）（ ）（ ）
在游戏活动中如果你遇到、发现了什么问题，请你或让老师帮你把它写下来吧。	
如果你还有新的玩法，请你把它画下来或者叫老师帮你把它记录下来，欢迎投稿。	

创制并发放神秘栈道玩法调查表

（3）玩法再确定

统计回收的调查表时，幼儿发现了一个新问题：小班的弟弟妹妹们看不懂调查表和玩法设计图。于是，幼儿又展开了新一轮的讨论。

子悦："去教他们玩。"

熙雅："我们户外场地不在一块，教不了呢。"

昊昊："那我们拍照告诉他们。"

韬韬："是的，我们玩的时候让老师拍照。"

永祺："做成玩法集发给弟弟妹妹们。"

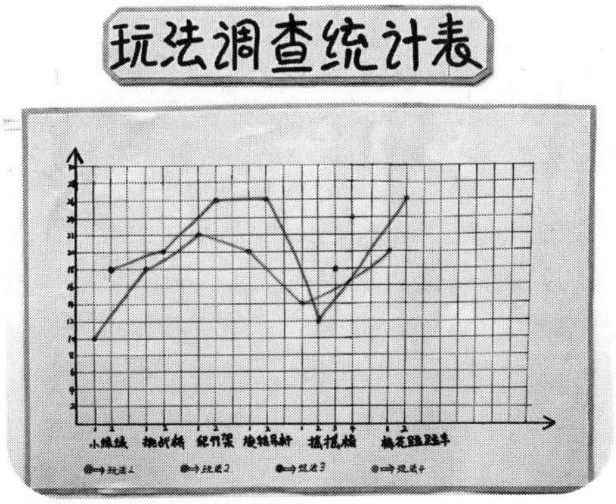

玩法调查的信息统计

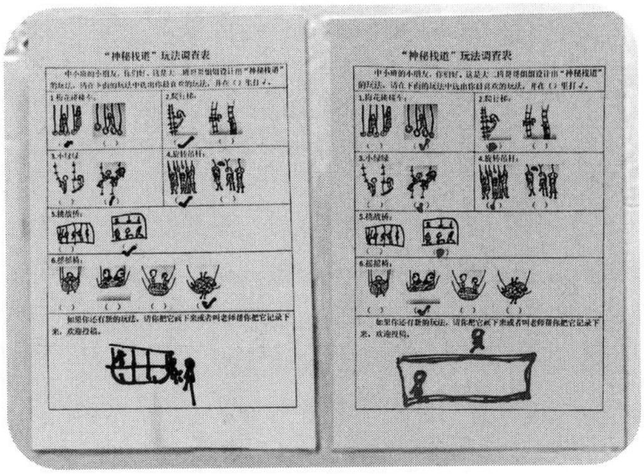

玩法调查表的情况反馈

3．掌握栈道安全密钥

（1）危险在哪里

一次游戏活动中，子淇脚受伤了。通过了解得知，子淇太着急玩器械，所以跑得太快，摔倒了。游戏时也经常能听到幼儿说：“老师，他挤我了。”“老师，他不让我玩。”“老师，我摔跤受伤了。”教师意识到这是个很好的教育契机。于是，教师拍摄了一小段幼儿在神秘栈道游戏时的视频和少量照片，利用餐前活动时间与幼儿一起进行了回顾和总结。

教师：“小朋友们，针对这一现象咱们该怎么办呢？”

韬韬：“告诉小朋友不要挤。”

子淇：“是的，要相互友爱不争抢。”

依桐：“还不能跑太快，要慢慢走，不然就像子淇一样受伤了。”

东宸：“爸爸告诉我运动前要热身，把身体叫醒就不容易受伤了。”

教师：“小朋友们说得都很不错，怎样才能让别人知道要怎样保护自己呢？”

雨淇：“我们可以制定一个规则表。”

昊昊：“也可以画个标识贴在危险的地方，这样小朋友就不会那么容易受伤了。”

康康：“我知道有个地方就很危险，我上次玩都差点撞头了。”

芮语：“嗯，我们下次户外活动就去寻找危险的地方，把标识画出来吧。”

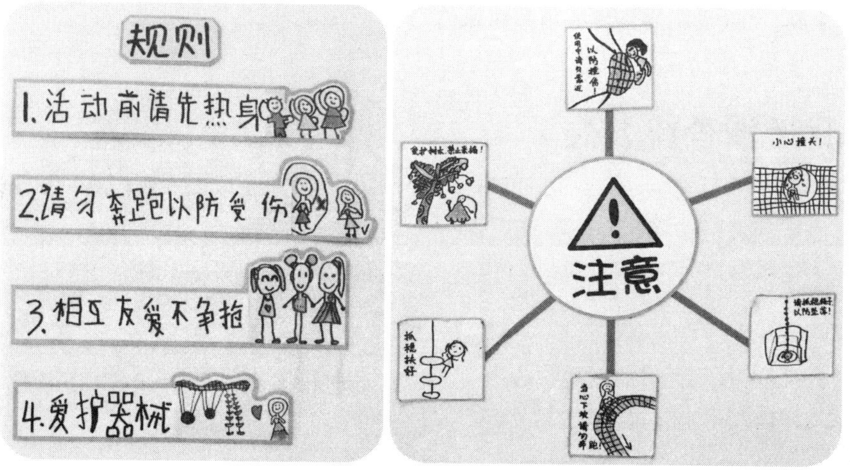

神秘栈道玩法规则

（2）发生碰撞怎么办

幼儿正在神秘栈道快乐玩耍，突然一阵哭声传来，原来是玩摇摇椅的舒薇撞到了新欣班的一名幼儿。回班后，教师和幼儿就这个事展开了一场讨论。

昊昊：“新欣班小朋友离我们的摇摇椅太近了。”

舒薇：“摇的时候小弟弟突然蹲下来捡球，然后就撞到了。”

教师：“你们想想，有什么办法能防止这种事情再次发生吗？”

昊昊：“我有一个好办法，有人在那里玩的时候让他们离远一点。”

熙雅：“画一个安全警戒线，有人玩的时候别人就不能走进警戒线里面，没有人玩就可以进来。”

佳苒：“对，贴个警戒线。”

教师：“那你们想用什么材料来制作这个安全警戒线呢？”

昊昊：“我们去美工区找一找吧。”

佳苒：“好呀好呀！”

测量警戒线的尺寸

表征警戒线和提示

4. 宣传游戏玩法和规则

（1）指引图的诞生

班级家长会上，萌萌外婆跟教师反映："孩子今天一定要让我来参加家长会，说幼儿园新建了一个超级好玩的游乐场，还跟我分享了自己在幼儿园和小朋友给它取的名字、设计的玩法，问我想不想进去玩一玩。"听了外婆的反馈，教师深深感受到幼儿对神秘栈道的喜爱，也体会到他们在取名、设计玩法、制定规则这一系列活动中收获的自豪。

于是，第二天教师与幼儿分享了这个事情，并询问："如果是家长或客人老师来到幼儿园，也想了解神秘栈道的玩法，有什么办法能让他们很快知道吗？"

萌萌："我们可以带他们一起玩呀。"

子悦："不行的，我们如果在进行别的活动就不能带他们玩了。"

雨淇："我们教室就有玩法，让他们来教室看一看就会了。"

芮语："是呀，看看就会了。"

康康："我们把神秘栈道画出来贴在下面，他们就能看见了。"

佳苒："康康你好聪明呀，真是个好办法。"

萌萌："我可以把它画下来，雨淇会写字，她能写上名字。"

（2）指引图的位置

幼儿正在神秘栈道玩的时候，昊昊突然过来跟教师说："老师，怎么没有看到我们设计的玩法呀？"

老师："你们设计的玩法都在教室贴着呢。"

昊昊："那能把它贴出来吗？贴在教室小朋友都看不到。"

是呀，幼儿设计的玩法不应该只放在自己班上，这是根据全园幼儿的问题想出来的解决办法，应该展示给全园的小朋友。于是，教师引导幼儿把小班、中班、大班的玩法集合成一张标识，并加入一些注意事项，粘贴在器械的旁边。这样所有人一到这个区域就知道这个器械叫什么、怎么玩以及玩的时候有哪些注意事项。

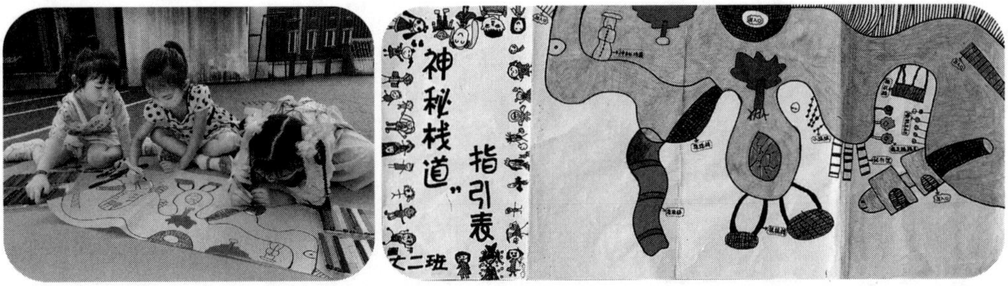

幼儿合作创作神秘栈道指引图

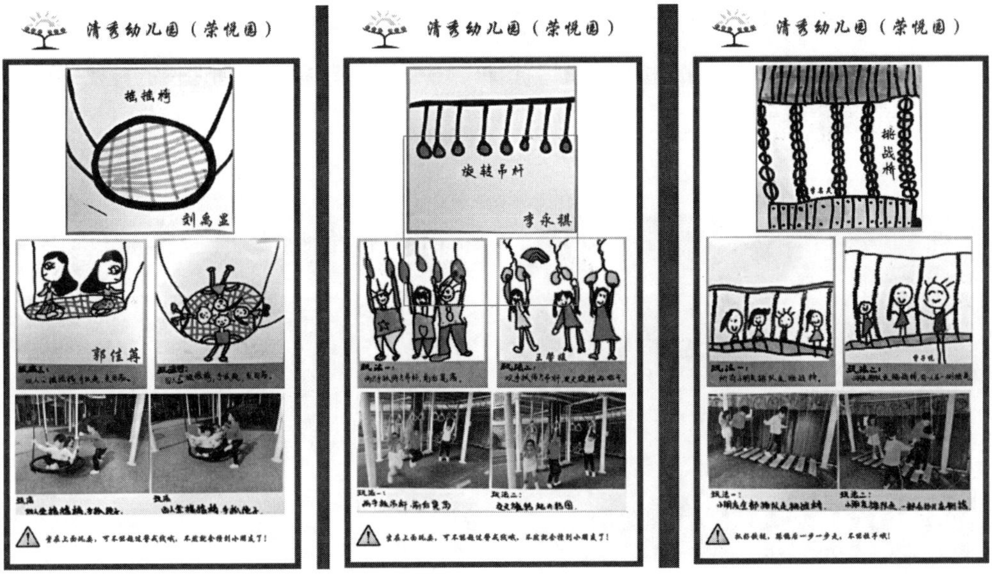

神秘栈道玩法指引图

5．发明栈道新游戏

每次户外活动幼儿都会格外关注其他小朋友在神秘栈道中游戏的情况，经常会问教师："老师，其他班的小朋友喜欢我们设计的玩法吗？"这时，教师会鼓励幼儿主动询问其他小朋友的游戏感受。

通过询问和反馈，大家表达很喜欢神秘栈道的器械和玩法，同时提出一个问题：神秘栈道二层什么器械也没有，一点也不好玩，可不可以增添一些玩具呢？针对这个问题，幼儿展开了激烈的讨论。

萌萌："我想在二层画画，站在上面可以看到好多东西。"

轩轩："我想在上面玩积木，搭建很大很大的房子。"

晗晗："还可以放一些小汽车。"

诗诗："我想在上面玩波波池，我在外面玩过的，可好玩了。"

佳苒："我还想在上面玩水，如果上面有个水池就好了。"

昊昊："我想如果上面有个滑滑梯就更好玩了。"

俊杰："中间那个水滴形变成一个停机坪，有一架飞机，那真是太厉害了。"

最后，幼儿决定把自己的想法用绘画表征出来，并与其他幼儿讨论、分享。教师和幼儿一起归类统计了创意玩法，就这样，一张充满想象力和创造性的神秘栈道第二层玩法集诞生了！

神秘栈道创意玩法讨论

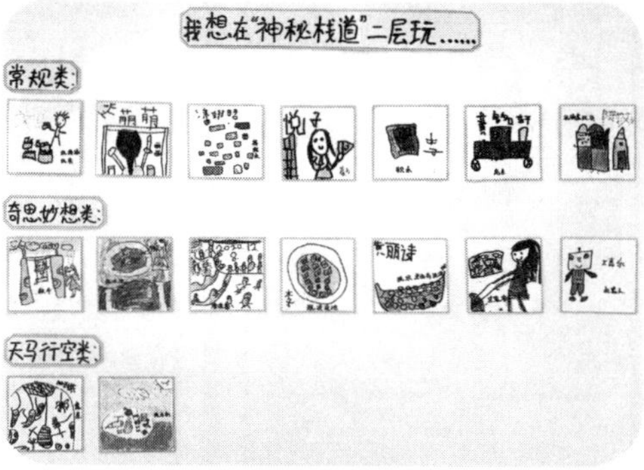

神秘栈道创意玩法的归类和统计

深圳市罗湖区清秀幼教集团荣悦幼儿园　尹永庭　唐兰兰　罗冰瑶

案例解析　游戏是幼儿最基本的活动和学习方式，也是幼儿获得发展的最基本途径。神秘栈道是幼儿根据自己的兴趣和需要，自由选择、自主开展、自发交流的创造性游戏活动。神秘栈道的探究过程是幼儿创造性发展的过程。

儿童是一个不断发展、不断进步的独特个体，蕴含着巨大的发展潜能。尊重儿童的独立性、主动性和创造性能够促进其自主性的发展。儿童积极的探索活动都应得到鼓励和支持。教师应当相信儿童的能力，调动儿童参加一日生活中各种活动的积极性，帮助儿童在自主参与、自主学习、自主探究中提高自主性。

第三节 在一日生活中培养儿童的意志力

意志力可以帮助儿童成为完整的自己。有意志力的儿童才能在生活中不怕失败，不怕困难，最终实现目标。对应儿童在园的一日生活，可以在生活活动、学习活动、自主游戏活动和体育活动中培养儿童坚韧、果断和自制的良好品质。坚韧指儿童在实现目标时，能坚持不懈，表现出一定程度的毅力；果断指当周围环境发生变化时，儿童敢于作出判断并去实现新决定；自制指儿童能根据预定目的或既定要求，自觉地调节自己的行为表现。从幼儿时期就重视培养儿童的意志力，能为其未来适应不断变化的社会环境提供力量。

一、在一日生活中增强儿童的坚韧性

人类从婴儿期开始，就通过在不同情境中坚持重复某一行为或动作以获得更高水平的发展。儿童的坚韧性是指他们在一日生活中开展生活、游戏和学习活动时，表现出的一种认真专注、不怕困难、敢于探究和尝试的良好品质。幼儿期是一个人意志品质发展的关键期，教师要善于运用一日生活各环节蕴含的教育契机，发展儿童的坚韧性。例如，在学习活动中，鼓励儿童勇于尝试有一定难度的任务，坚持完成任务或者解决问题。幼儿园的主题探究活动是一种能有效增强儿童坚韧性品质的载体，儿童在探究过程中会表现出浓厚的探究兴趣和勇于挑战的品质。案例“大白鹅的故事”中儿童从守护大白鹅的纯真天性出发，为了保护大白鹅，寻求问题产生的原因和解决问题的方案，历经数十次的尝试、验证，表现出令人敬佩的坚韧的品质。

案例 4-9
大白鹅的故事

幼儿园来了 4 只大白鹅，幼儿对“新成员”充满了好奇，他们主动要求每天在户外活动、餐后散步时看一看可爱的大白鹅，也经常从家里带青菜喂大白鹅。在与大白鹅的互动中，幼儿学会了关心、照顾动物，于是教师顺应幼儿的兴趣和需求，开展了“清秀的幸运鹅”乔迁、装扮、喂养等系列探究活动。但没多久，由于大白鹅经常在夜间“合唱”，屡次遭到周边居民的投诉。

这时，问题产生了，成为全园幼儿好朋友的大白鹅影响到了周边居民，如何解决呢？为了留住可爱的大白鹅，幼儿主动发起讨论，积极与教师商讨解决办法。

1．遭遇投诉，寻找留住大白鹅的方法

幼儿园接到了隔壁小区管理处的投诉——鹅的叫声太大影响了居民休息。当教师把这个消息反馈给幼儿时，幼儿迫切想要留住大白鹅，教师引导幼儿思考：鹅的叫声太大，影响别人休息该怎么办？

珞霖：“我们去看鹅时要轻轻地走，不要故意去吓鹅。”

子轩：“给鹅戴一个口罩，减小声音。”

梓阳：“买一个吸收音量的机器，这样别人就听不到鹅的叫声了。”

教师：“鹅愿意像我们一样戴口罩吗？”

临临：“鹅和人不一样，它们不会乖乖戴口罩，口罩也不能有效隔音。”

给鹅戴上口罩

晚上的时候给鹅戴上嘴套

幼儿通过咨询家长、网络搜索等方式，寻找吸收音量的机器，很遗憾没有得到想要的答案。正好此时，居民投诉到了城管处，城管要求幼儿园把鹅安置好或交给他们，以免扰民。城管工作人员来园检查鹅的安置情况，为了暂时缓解矛盾，幼儿园只好把大白鹅暂时安置在他处。

送走大白鹅后，幼儿总是会说："老师，我们快点想办法把大白鹅接回来吧！"中一班的幼儿尝试找到大白鹅叫的原因及减少噪声的办法。

教师："小朋友们，为什么鹅会不停地叫呢？"

瑶瑶："鹅肚子饿了，所以才会叫。"

珞霖："小朋友靠近它，或者声音大，它受到了惊吓。"

子俊："鹅是喜欢叫的，所以到了那个时间点它就开始叫。"

幼儿通过讨论、询问父母和上网搜索，总结出鹅叫的主要原因有：食物储备不足，鹅肚子饿了；有生人靠近，鹅受到惊吓；鹅居住的环境温度不合适；鹅房附近出现了老鼠、猫、狗、蛇等动物；鹅的听觉敏锐，警惕性强。

针对"鹅无法留在幼儿园"的问题，大家从不同角度商讨了解决方案，幼儿决定逐个尝试，看看哪一种方案能有效解决问题（见表 4-10）。

表 4-10　大鹅产生噪声的情况和解决方案

情况	解决方案
生人靠近，鹅受到惊吓	倡导全园幼儿文明看鹅，减少鹅叫的次数与频率，制作看鹅提示牌
凌晨四五点，鹅叫声比较大，影响居民休息，业主投诉	说服业主同意大鹅留下
城管上门	与城管沟通，寻找解决办法
音量太大，需要降噪	对鹅房进行噪声工程处理，降低声音的分贝；减少大白鹅的数量，由原来的 4 只减少到 2 只

2．尝试实施改善方案，努力留住大白鹅

（1）全园统一约定，文明观鹅

虽然大白鹅暂时被送走了，但幼儿依然相信大白鹅总有一天会再回来的。中一班幼儿在区域活动时间制定了看鹅的约定，利用周一全园晨会时间，派珞霖向全园分享了大白鹅被送走背后的原因，以及留住大白鹅的计划。同时，展示了看鹅的约定，争取全园幼儿的支持。

观鹅约定

幼儿设想与业委会沟通的场景

（2）主动与业主委员会沟通，获得谅解

同时，幼儿也在同步讨论实施其他解决方案，珞霖提出可以把中一班的幼儿分成两组：一组找业主表达歉意，争取理解；一组寻找鹅房降噪的方法。

大家很赞同珞霖的想法，在家长积极的帮助下，向业委会秘书预约了面对面沟通此事的时间。应该怎么和业委会沟通呢？

珞霖："我们养鹅不是为了吃，我们想照顾鹅、了解鹅。"

瑶瑶："我们每天看到大白鹅心情就会变好，大白鹅是我们的朋友。"

梓阳："鹅的羽毛可以做成笔，我们美工区的笔用完后，可以捡鹅毛来做笔。"

子峻："我们可以在照顾鹅的时候，学习到很多动物知识。"

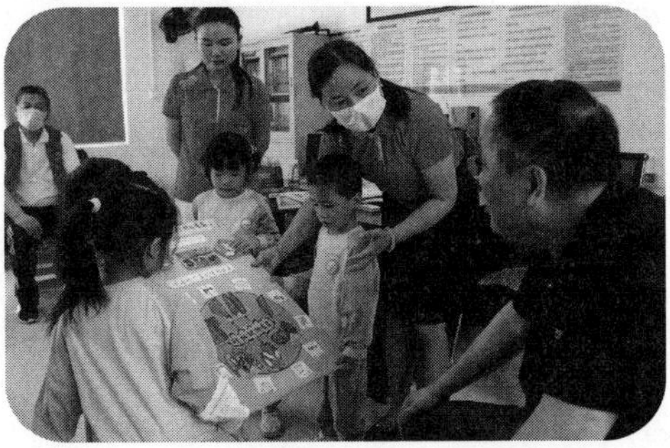
与小区业委会代表沟通

教师把幼儿的想法整理出来后，幼儿自制了大白鹅的故事展板。随后，中一班联动小二班的幼儿、教师、家长，向业委会秘书展示了幼儿与大白鹅之间发生的故事，以及处理噪声将要采用的办法。业委会秘书对于幼儿为留住大白鹅所做的努力表示敬佩，也很感动，承诺会帮助幼儿向业主解释，期待幼儿园尽快做好鹅房噪声处理。

（3）与执法部门协商，合法养鹅

获得业委会谅解后，考虑到叫声的大小与鹅的数量有关，幼儿决定接 2 只大白鹅回家。没过多久，城管叔叔又来到幼儿园，庆幸的是城管叔叔理解了大白鹅对幼儿园课程的重要性，建议园方对街道城管执法队进行情况说明。

教师："小朋友们，城管叔叔建议我们到街道城管执法队说明情况，有可能争取到留住大白鹅。"

瑶瑶："哇，太好了！大白鹅终于可以和我们一起生活了。"

教师："是呢，老师也非常开心。那我们去执法队，可以通过什么方式让执法队明白大白鹅对我们的重要性呢?"

子峻："我知道！可以带上大白鹅的故事展板。"

梓阳："我们可以与老师一起去。"

珞霖："对，我们可以自己向执法队表达想法。"

街道城管执法队队长听了幼儿的介绍后，专门拿出《深圳经济特区市容环境卫生管理条例》，并指出在居民住宅区、商业区、工业区以及城市管理行政部门划定的其他禁止区域内，禁止饲养猪、牛、羊、兔、鸡、鸭、鹅、食用鸽子等家畜家禽，但因教学、科研以及其他特殊需要饲养的除外。执法队队长提到幼儿园出于教学目的饲养大白鹅是允许的，并建议到区行政大厅城市管理窗口咨询具体的办理手续。

紧接着，教师与幼儿代表来到区行政大厅，经过沟通，工作人员答复，根据

《深圳经济特区市容环境卫生管理条例》第 50 条规定，理解并支持幼儿园的教学活动，愿意与城管执法队沟通这个问题。

当天下午，教师和幼儿代表再次来到街道城管执法队，说明了城管局行政审批科的答复。经过前期的不懈争取，大白鹅总算是获得了合法“居住证”，能继续留在幼儿园陪伴幼儿。通过这次行动，幼儿知道了想要在幼儿园饲养动物需要合理的程序，在真实的生活情境中获得了经验的积累。

城管叔叔再次登门

到执法大队说明情况

到行政服务中心咨询

（4）设计降噪方案，推动鹅房降噪工程的开展

有了饲养大白鹅的合法权利，但凌晨四五点大白鹅的叫声影响居民休息的问题还是没有解决，怎么才能找到两全其美的方法呢？

教师："小朋友，我们怎么才能降低大白鹅的叫声呢?"

豆豆："把鹅的房子罩起来，把声音盖住就不吵了。"

天翊："天气这么热，房子罩起来，大白鹅会很热吧。"

橙子："我们可以发明一个吸收声音的机器，当鹅叫的时候，用这个机器把声音吸收掉，这样居民就听不到叫声了。"

珞霖："我觉得可以给房子做隔音板，我在高速公路上看到过隔音板，钢琴房也有隔音板。"

梓阳："对，我在地铁上也见过隔音板。"

班上很多幼儿有关于隔音板的经验，他们纷纷认可这个方法，还表征了大白鹅生活在隔音板里的情景。

可以降低噪声的机器

加装隔音板

幼儿见过的隔音板

幼儿的预想

教师：“大家都觉得做隔音板最好，你们知道有哪些隔音材料吗？鹅房适合什么样的隔音材料？”

梓阳：“我们可以上网查一查，看看有哪些隔音材料。”

珞霖：“可以问一下我爸爸，我爸爸肯定知道。”

为了寻找合适的隔音材料，教师发放了关于隔音材料的亲子调查问卷，从隔音原理、隔音效果、价格、安装方式等方面收集相关信息。根据收回来的调查问卷，我们将隔音材料归类为：隔音板、隔音海绵、中空玻璃、隔音泡沫、隔音毡、吸音棉。

通过观看视频资源，幼儿了解了几种隔音材料的特质。考虑材料的安全性、价格、透气性等，结合鹅房的实际情况，最终确定在鹅房顶部安装阻隔玻璃，阻止噪声传播，同时在鹅房内部加装玻璃吸音棉，尽可能把噪声降到最小（见表 4-11）。

隔音材料

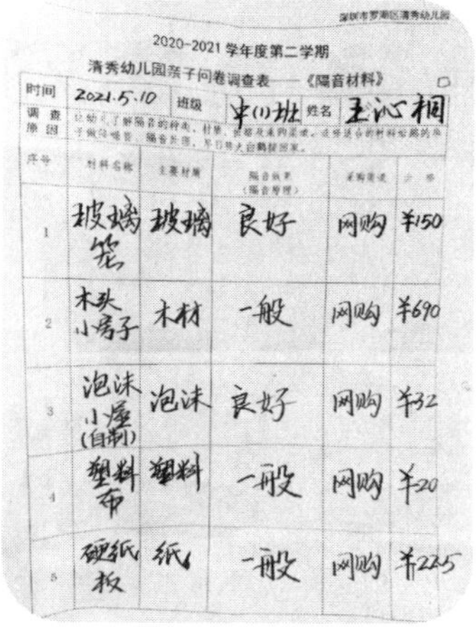

亲子问卷调查

表 4-11　降噪方案及计划

方案内容	实施计划
房内加装隔音材料	1. 选择合适的材料（考虑隔音、安全、价格、防水、防潮）； 2. 通过实验测试材料的隔音效果； 3. 安装隔音板
房子上方装玻璃	1. 设计玻璃的形状； 2. 选择适合的材料（考虑隔音、防风、挡雨、遮阳、价格）

确定合适的隔音材料后，幼儿又通过“测试隔音材料的降噪效果”“与教师一起购买隔音材料”“实地测量，实行降噪方案”“申请改造经费，启动鹅房改造”等一系列活动成功落实了鹅房降噪工程。在园所的支持下，经过幼儿不断努力争取，噪声问题终于得到了解决。大白鹅也可以安心地生活在幼儿园里了。

深圳市罗湖区清秀幼儿园　黄香琴　张志良　谭　清

案例解析　从确定要留住大白鹅开始，幼儿就在为实现这一目标坚定不移地努力着。在解决问题的过程中，幼儿付出了很多努力，这里展示的只是 4 个有代表的行动片段。即使从成人的角度来看，这些问题也是复杂多变的，但幼儿不畏挑战、不惧挫折、锲而不舍地推动“大白鹅事件”的解决，所表现出的坚韧不拔的意志品质，让我们看到了他们身上所蕴藏的巨大潜力。

坚韧性是意志品质的重要特征，并对儿童的学习品质发展有重要意义，比如，坚韧性水平高的儿童在走、跑、跳、攀爬等体育活动中能努力坚持下来，同时在坚持的过程中又能潜移默化地提升儿童的坚韧性。教师要基于儿童已有的生活经验，充分考虑儿童的最近发展区，从儿童容易克服的困难出发，用多种方式激发儿童的探究欲望，把兴趣和好奇心转化为儿童坚持的内在动力。

二、在一日生活中锻炼儿童的果断性

儿童的果断性主要表现为当外界环境发生变化时，儿童能根据具体情况进行思考和判断，具备自主决定的能力并及时作出决定，表现出当机立断、勇敢等行为品质。教师需要利用一日生活中的各种契机，在学习活动中，鼓励儿童独立思考，如在做科学实验时选择合适的步骤和材料；在自主游戏活动中，鼓励幼儿独立制定游戏规则；等等。教师要通过材料、环境、情感、行为等支架，给儿童直接参与班级决策的机会，鼓励儿童尝试提出解决问题的办法并果断地去尝试，锻炼儿童的果断性，增强儿童的意志力。在案例“幼儿园里的模型设计故事”中，儿童自告奋勇地组建了三个模型设计小组后，教师为儿童提供了丰富的材料，营造了浓厚的环境氛围，不断观察儿童并适时支架，认真听取儿童的意见，鼓励儿童勇敢作决定。

案例 4-10 幼儿园里的模型设计故事

大一班的幼儿对“老园址为什么要拆掉?”“为什么要搬到新的园址呢?”等问题很感兴趣，随着对这些问题的探究，引发了“城市更新，探秘湖贝”的主题探究活动。探究过程中，教师借助家长资源，与幼儿代表参观了有 500 多年历史的湖贝旧村，幼儿对旧村的古貌和改造更新后的模型惊叹不已，萌发了制作湖贝更新项目模型的想法。在教师的积极支持下，幼儿自发组成了三个搭建小组：湖贝旧村小组、新居民楼小组、清秀幼儿园小组。

三个小组在设计模型图纸、选择搭建材料、第一次尝试搭建、优化搭建模型的过程中面临着多次需要作决定的情境，幼儿是如何一次又一次突破难题的呢?表 4-12 呈现了幼儿解决问题的过程。

表 4-12　搭建小组解决问题的过程

搭建小组	问题情境	解决方案
湖贝旧村小组	1. 湖贝旧村的房子很多，怎么保证搭建的每个房子都有位置呢	先在模型底板上把要搭建房子的位置画出来，再按照画好的位置搭房子
	2. 砖头有缝隙，房子容易倒塌	用砖头护锁，房子更加牢固
	3. 湖贝旧村的瓦片多，粘合时间长，进度较慢	用白纸代替瓦片
新居民楼小组	1. 搭建第二栋楼时，用来搭建的麻将用完了	将超轻黏土捏成麻将的形状，作为替代物
	2. 用超轻黏土制作的新居民楼塌陷了	用纸杯和硬卡纸代替超轻黏土
	3. 纸杯和硬卡纸做成的长方体不够平整和坚硬	尝试使用很硬的硬纸板
	4. 双面胶、胶水、透明胶等无法粘合纸板	使用超轻黏土粘合纸板

续表

搭建小组	问题情境	解决方案
清秀幼儿园小组	1.每层之间的棉签柱子用白乳胶粘贴，立不起来	用白乳胶和超轻黏土一起粘贴
	2.用白乳胶和超轻黏土一起粘贴，棉签歪歪扭扭	用纸皮代替棉签做层的间隔
	3.纸皮变形不平整，无法与砖块粘合	将收纳盒压在纸皮上，解决凸起的问题

我们主要以湖贝旧村小组和新居民楼小组的搭建故事为例，展示幼儿在搭建过程中果断性的发展。

1．湖贝旧村小组的搭建故事

（1）房子太多，先来标注位置

制作湖贝旧村模型时，湖贝旧村小组的幼儿拿着材料却停滞不前。

教师：“遇到什么问题了吗？怎么还不开工呀？”

家翕：“老师，湖贝旧村有很多房子，要怎么搭呀？如果搭了前面的后面没位置了怎么办？”

教师：“你们想想办法，可以怎么解决这个问题呢？”

家翕：“我想不到。”

教师：“如果在你们的设计图上搭，会出现没位置这个问题吗？”

家翕：“可是设计图太小了呀，纸也是软的。”

教师：“那我们可不可以把这块底板当成设计图纸，先把要搭的房子的位置画出来，然后再按照画好的位置搭房子呢？”

在教师的问题引导下，幼儿开始根据设计图在底板上标注要搭建的房子的位置。

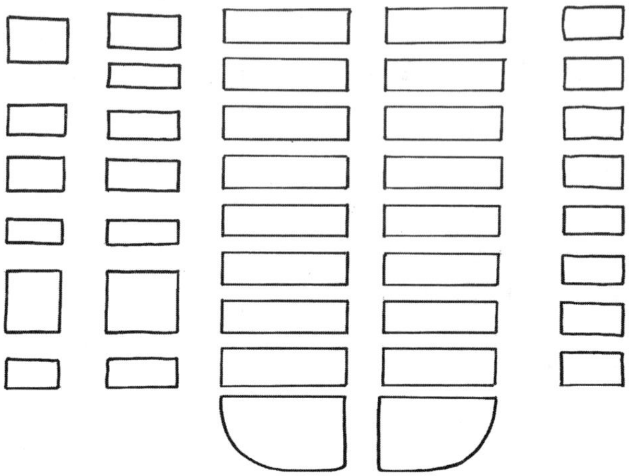

幼儿标注的湖贝旧村房子搭建位置

（2）房子容易倒，要做护锁

位置确定下来后，幼儿开始“建房子”了，他们有的递砖块，有的挤胶水，有的砌墙，看起来其乐融融。就在他们尽情享受着“建筑师”这一份工作时，在一旁观看的天翊提出：“不对不对，不是这样建房子的，这样子有缝隙房子很容易倒的，要像我这样，要护锁，才更稳定！”他一边说一边拿砖块比画着。一名幼儿不相信天翊说的话，用手碰了一下砌好的墙，结果真的倒了。

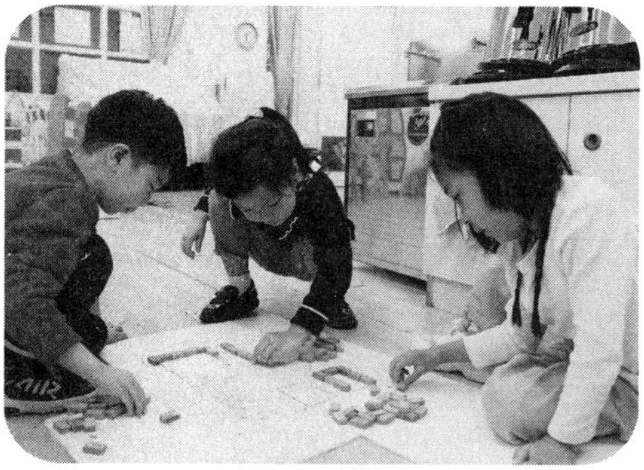

幼儿建房子

被碰倒的墙

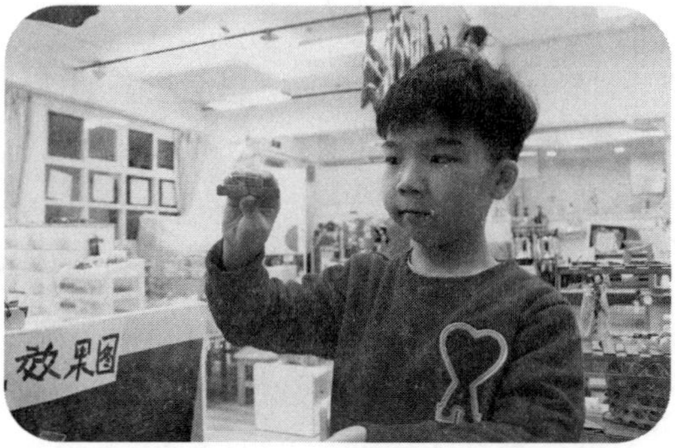

天翊传授砌墙方法

幼儿用新方法砌的墙

湖贝旧村小组成员采纳了天翊的砌墙方法，再次进行搭建，这一次建的房子确实牢固很多。墙砌好之后，准备搭屋顶了，幼儿用建楼梯的方式，把两边的墙进行了叠高，然后将两个瓦片用胶水粘合连接，再把连接好的瓦片架空到墙上，屋顶部分就完成啦！

搭屋顶前阶梯式叠高

幼儿粘合瓦片

搭好的屋顶

（3）瓦片太多，用白纸代替

湖贝旧村的房子较多，幼儿在粘合瓦片时需要投入较多的时间，进度较慢，于是，幼儿萌发了改变搭建形式的想法。

家翕：“老师，我觉得这个瓦片这样粘好慢啊，我们有这么多的房子要搭，得搭到什么时候啊！”

教师：“那你有什么办法解决这个问题吗？”

家翕：“我们可以找一个长一点的东西放在中间吗？”

珞霖：“我觉得可以像做鹅房那样，用两块板弄成屋顶的形状。”

家翕：“噢！我知道了，我们可以拿一张白纸，按照这个房子的长度剪下来，然后对折，在白纸上面画屋顶的形状，再粘上去就可以了。”

幼儿立刻行动，找来了白纸、剪刀和马克笔，用白纸代替瓦片，根据自己的想法做成了屋顶。屋顶制作完成之后，幼儿还用砖块和双面胶做了湖贝旧村的门牌坊，湖贝旧村模型大功告成啦！

用白纸做的屋顶

湖贝旧村模型

2．新居民小组的搭建故事

在新居民楼模型的搭建中，幼儿先后用到了拼插积木、麻将、超轻黏土、一次性纸杯、硬卡纸、硬纸板等材料。

（1）主动尝试新材料，麻将也可搭楼

新居民楼小组成立后的第二天，一名幼儿兴奋地从书包里拿出一个拼插积木做的楼房。

子峻："老师，你看这是我搭的居民楼！"

菲菲："子峻你好厉害哟！这么快就搭出来了。"

子轩："可是我觉得这个居民楼有点小，矮矮的，你再拿一点材料接上去吧！"

子峻："我家一盒的材料都用完了，就只能拼到这儿。"

心亭："我家有麻将，我觉得可以用麻将来搭这个新居民楼！"

关于要搭多高的问题，天翊回家咨询了爸爸，得到的答案是：没有固定的高度，湖贝塔最高，居民楼第二，两个居民楼加起来再多一点点就是湖贝塔的高度，而湖贝旧村和幼儿园都是矮矮的。经过讨论，小组成员一致决定先不探究楼房的高度问题，重点考虑外观设计，高度以合适为宜。

第一次搭建时，心亭提出了用麻将的想法，幼儿觉得非常有趣。幼儿用麻将搭建时，根据麻将中磁性异极相吸的规律进行搭建，为了让新居民楼更加牢固，幼儿还使用双面胶进行了粘合。

拼插积木制作的小小居民楼

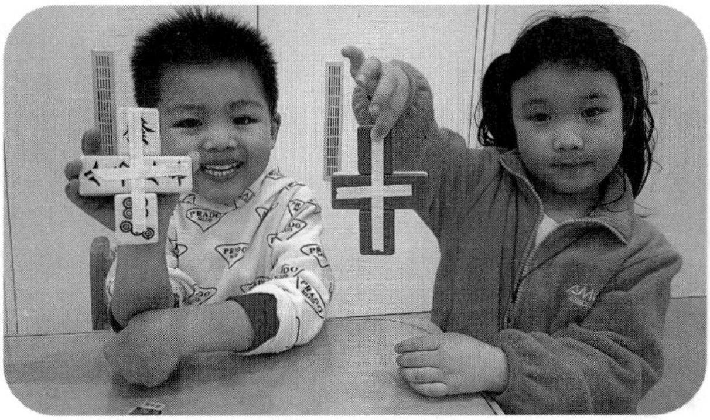

幼儿用双面胶将麻将固定

幼儿用双面胶将麻将固定叠高

幼儿用麻将搭好的居民楼

（2）麻将不够，超轻黏土来凑

可是搭第二栋居民楼时，才搭到一半，麻将就用完了。这可怎么办呢？有幼儿找来了超轻黏土，先将超轻黏土捏成麻将的形状，再进行搭建，幼儿很快就制作出了新居民楼的造型。可是，用超轻黏土制作的新居民楼还没有完工，就已经塌陷了。

（3）黏土塌陷，硬材料来帮忙

经过讨论，幼儿认为超轻黏土塌陷的原因是黏土太软了，要用一些硬的材料。于是幼儿找来了一次性纸杯和硬卡纸，用剪刀剪出长方形的形状，再用双面胶把长方形粘合成长方体，最后再将两个长方体连接起来。

幼儿用超轻黏土搭建新居民楼

塌陷的新居民楼

幼儿在一次性纸杯上剪下长方形

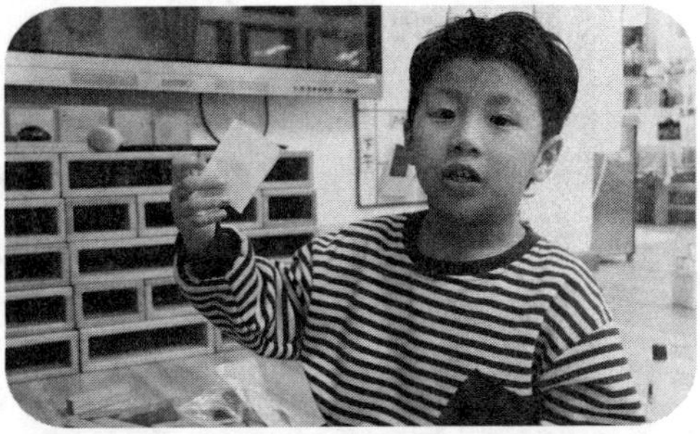

幼儿用双面胶将长方形粘合成长方体

幼儿尝试后发现，一次性纸杯粘合成的长方体，6 个表面还是有点不够平整；硬卡纸粘合成的长方体表面虽然平整，但是整体还是软软的。幼儿觉得这个材料也不适合，他们还要继续寻找材料。

（4）终于寻得好帮手，成功在望

周一入园，明杰拿着一个搭建好的新居民楼模型和几张硬纸板，迫不及待地向教师分享他的新发现。

明杰："老师，我让妈妈在网上买了很大块、很硬的纸板，我和妈妈已经把居民楼搭好了，这里还有一些硬纸板，可以给小朋友们搭居民楼。"

教师："为什么会想到用硬纸板呀？"

明杰："因为我们前面用的纸杯和卡纸都太软了，硬纸板很硬，它不会塌下去。"

教师："那你们打算怎么搭呢？"

明杰："就用我跟妈妈这个方法，我知道怎么做！"

教师让明杰向大家分享了和妈妈制作新居民楼的办法。

明杰："先用刀在纸板上割一条一条的线，但是不要割断，然后再折一折。"

芸溪："老师，可是明杰和他妈妈做的新居民楼和我们用麻将搭得不一样高，这个还是有一点矮。"

教师："那你们打算怎么办呢？"

芸溪："我们自己重新做一个吧！"

幼儿先用尺子测量了第一栋居民楼的高度，然后在硬纸板上标注一样的长度，画好标注线请教师帮忙割成了可折叠的状态。幼儿将割好的纸板折叠成新居民楼的形状，但是第一张割好的纸板只能搭 3/4 的居民楼，需要再割一部分才能完成居民楼的制作。割完后，幼儿需要将两块纸板连接起来，他们先后用到了双面胶、胶水和透明胶带，但都无法固定居民楼。

明杰分享和妈妈制作的新居民楼

幼儿测量第一栋居民楼的高度

幼儿在硬纸板上标注长度

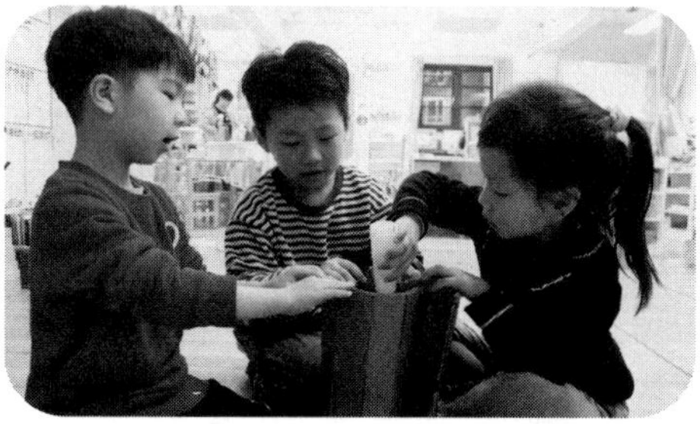

幼儿用胶水粘合居民楼

幼儿用超轻黏土粘合

制作完成的第二栋居民楼

家翁提议："你们用超轻黏土试一试吧！湖贝旧村的那些树都是用超轻黏土粘的。"小组成员采纳了家翁的建议，找来了超轻黏土，实践后发现，超轻黏土真的能够解决新居民楼不能粘合的问题，从而顺利完成了第二栋居民楼模型的制作。

深圳市罗湖区清秀幼儿园　沈金倩　李菁菁　李振全

案例解析 整个制作过程，幼儿面临了三个关键的问题情境。在不同的情境下，幼儿都能通过主动思考、采访有经验的专业人士等方式作出合理而果断的判断。同时，教师在其中也很好地扮演了引导者的角色。刚开始制作湖贝旧村模型时，教师及时发现了幼儿遇到的问题，第一反应不是包办代替，而是灵活地采用提问策略，从开放性提问到封闭式提问，为幼儿创造独立思考的机会，逐步引导幼儿自主选择、果断执行。新居民楼小组的幼儿不可避免地也遇到了材料和进度的问题，可贵的是与湖贝旧村搭建小组一样，幼儿勇于克服困难，有效地排除外在困难和内心选择的趋避冲突，这是幼儿能果断执行决定的关键。幼儿不仅能果断地朝着目标行动，更能果断地确定解决方案，最终实现了预期目标。

回顾两个搭建小组制作模型的过程，可谓一波三折。从幼儿的对话和选择倾向，教师看到幼儿常常能果断地选择解决方案，并为之坚持。在这个过程中，教师不会直接干涉幼儿的决定，会根据幼儿遇到的具体情况，有针对性地利用开放性提问、封闭式提问、回应、亲身参与等方式，有目的地引导幼儿自主思考，寻找解决问题的方法，支持幼儿果断而迅速地作出决定。

儿童能够作决定和愿意作决定是意志培养的关键环节，果断性是儿童采取决策的重要品质。一日生活中蕴含着多种锻炼儿童果断性的机会，教师需要有一双善于发现的眼睛，除了创设或生成多种解决问题的情境外，还要有意识地帮助儿童确定和明晰每一次活动的目的，放手让儿童自由自主地探索，使儿童在解决实际问题的过程中不断成长。

三、在一日生活中培养儿童的自制力

儿童的自制力主要表现为儿童能根据预定目的或既定要求，自觉地调节和控制自己的心理活动及行为表现。儿童自制力主要表现在两个方面：一是儿童善于促使自己去做应该做的、正确的事情；二是儿童善于控制自己的不恰当行为，抑制自己的消极情绪和冲动等。在案例“我会等待了”中，通过观察儿童在一日生活多个场景中的典型行为，可以发现儿童自我调节能力水平的不同，通过教师有意识地引导后，儿童自制力水平得到明显提升。这也表明教师可以通过科学合理地安排一日生活，创造和利用教育契机发展儿童的自制力，进而培养儿童的意志力。

案例 4-11
我会等待了

1．琪琪的观察日记

场景 1

3月31日，区域活动时，琪琪从美工区走出来，站在教室中间左看看右看看，最后走进了建构区，这时建构区有 5 名幼儿正在合作搭建星月桥。

琪琪先走到建构区的储物柜旁边，拿起辅助材料小汽车，看了好久又放下，最后选中了一辆挖掘机。只见她走到其他幼儿正在搭建的作品前，直接把挖掘机放到还在搭建的星月桥上。晨晨看到后，停下手头的工作，转向琪琪，说：“我们的桥还没建好，你不能这样来玩。”琪琪没吭声，继续在桥上移动挖掘机，瓜瓜拿起挖掘机对琪琪说：“你没有选建构区，我们这儿人已经够了。”琪琪还是没理睬，并伸手推了瓜瓜一下。

场景 2

4 月 8 日，乔治带来了一辆模型汽车，这是男孩子们的最爱，大家都非常想玩。吃完午餐后，一鸣向乔治借汽车，乔治大方地把汽车借给了一鸣玩。这时，琪琪也向乔治借，乔治说：“现在不行，我已经把汽车借给一鸣了！”琪琪一听，不高兴地说：“那下次我也不把玩具借给你玩了！”乔治不甘示弱地说：“我才不要玩呢！”说完不再理琪琪。琪琪一个人生起了闷气，气呼呼地在乔治和一鸣周围走来走去，也不去玩别的玩具。这种状况持续了 10 分钟。

场景 3

4 月 14 日，户外活动时，几名幼儿在攀爬绳梯前排着队，等待轮流游戏。琪琪被大家的欢笑声吸引，走到绳梯附近，观察了两分钟左右，直接从侧边走到绳梯前，挤开正准备攀爬的思源，手脚并用地开始攀爬。思源愣了一小会儿反应了过来，拉住琪琪说："我先排队的，你插队了。"琪琪直接回应："我不管，我就要玩。"后面的幼儿看到了这场争执，跑去叫教师处理。

琪琪是混龄班小班年龄段的幼儿，经教师的连续性观察发现，琪琪平时不愿意和小朋友一起活动，遇到问题时常出现发脾气、攻击同伴等情况。琪琪的延迟等待能力不强，情绪调节能力较差，遭到他人拒绝或需求得不到满足时就会出现生气、伤心等不良情绪，甚至与同伴发生肢体上的冲突。

琪琪的情况是典型的自我延迟满足能力较差导致的自制力不足。所谓延迟满足，是指幼儿为了长远的利益而自愿延缓目前需要的满足，简单理解就是忍耐。延迟满足不是单纯地让幼儿学会等待，也不是一味地压制他们的欲望，而是一种克服当前困难情境而力求获得长远利益的能力。

2. 尊重幼儿，灵活运用支架

为了帮助琪琪学会等待，尽快融入集体，教师基于琪琪的个人特质，从三个方面引导琪琪学会调节自己的消极情绪和冲动，尝试控制自己的不恰当行为。

（1）集体开展延迟满足教育

从幼儿喜欢的食物和玩具入手，通过游戏活动锻炼幼儿的延迟满足能力，使幼儿学会调节自己的情绪和行为。琪琪刚开始在"食物分享"活动中，拿到食物马上就吃，吃完了就要，得不到食物就哭；玩游戏"开小汽车"时东碰西撞，经常将别人撞倒。但通过几次活动锻炼后，琪琪能尝试控制自己的行为，努力去遵守规则。

（2）联动家庭共促改变

教师把琪琪在园的情况反馈给家长，告知家长后续的行动计划，希望家长与教师保持行为、态度的一致性，共同帮助琪琪学会更有效地控制和支配自己的行为。

（3）无条件积极关注

教师先与琪琪产生情感共鸣，再教给琪琪解决问题的策略。当琪琪出现哭闹行为时，教师积极接纳琪琪的情绪和行为，建立与琪琪的信任关系。等琪琪情绪平复后，再引导琪琪思考如何用有效的方法达到目的。

经过教师与家长的共同努力，琪琪对自己情绪和行为的调控能力得到了明显提升。因为不能得到及时满足而时常出现的消极情绪也在减少，直至消失。3—6 岁幼儿对自己行为和言语的控制能力较弱，比如，小班幼儿得不到某个喜欢的玩具时，常常会号啕大哭。虽然幼儿的自制力处于较低水平，但幼儿也开始出现一定的自觉行为和自制行为。心理学家认为，自制力不是自然获得的，而是多种因素长期共同影响的结果，具有很强的可塑性。幼儿期是一个人各项能力和品质形成的关键时期，教师应该以一日生活为载体，有意识地引导幼儿逐渐形成自制力。

3．案例引发的经验迁移

根据各阶段幼儿的年龄特点和心理特点，总结出小、中、大班运用延迟满足策略时的侧重点。小班重在帮助幼儿认识必要的等待场景，学习积极等待，培养幼儿的等待能力和耐性，初步学习适当的自我克制。中班重在引导幼儿自觉遵守规则，能利用规则帮助自己延迟满足，学习一些自我鼓励、自我提醒的延迟满足策略。大班重在学习、掌握各种延迟满足策略，能运用到实际生活中，真正提高延迟满足能力。

把握运用延迟满足策略的侧重点后，教师可以在一日生活中有意识、有计划地对幼儿进行延迟满足教育。如表 4-13 所示。

表 4-13　一日生活中幼儿自制力的培养策略

策略	具体内容
接受等待	教师选取幼儿日常生活中需要等待的场景，通过集体讨论的方式，使幼儿明白等待是一种美德
积极等待	教师聆听幼儿在等待过程中的情绪感受，适时地提供建议和方法，帮助幼儿顺利、有效地实现延迟满足。如在图画书阅读中学习有关转移注意力、消除诱惑、向别人寻求帮助等办法
榜样学习	鼓励幼儿向同伴学习，通过榜样的示范作用引导幼儿学会延迟满足
自定规则	幼儿自己制定规则，激发他们遵守规则的自觉性，从而提高延迟满足能力。同时，可以将礼物作为强化物，通过外部奖励强化幼儿的延迟满足行为
家园共育	家庭教育与幼儿园教育的一致性对幼儿延迟满足能力的培养起着至关重要的作用。注重与家长的沟通，通过家园栏、网上论坛、个别交流等方式帮助家长认识到延迟满足的重要性，获取家长的配合和支持

幼儿天性活泼好动，习惯用情绪和行为表达自己的需求，自我控制和调节能力有限。教师要尊重幼儿的天性，但这并不意味着要放任幼儿。作为幼儿成长的引路人，教师更要从幼儿的日常生活开始，引导幼儿知道该做什么、不该做什么，遵守基本的行为规范，学会自我控制、自我管理，养成良好的行为习惯。

深圳市罗湖区清秀幼教集团庐峰翠苑幼儿园　袁　梅　邱佩璇　许育津

坚韧性、果断性和自制力作为意志品质中较为稳定的部分，贯穿在意志行动中，在意志行动的不同阶段起着重要作用。一般来说，坚韧性与自制力主要体现在意志行动的执行决定阶段，帮助儿童克服困难、调节行为和情绪以作出决定，果断性主要体现在意志行动的决策阶段和执行决定阶段，帮助儿童在面对新问题或新变化时，能够作出果断的决定，或及时作出计划的调整。儿童意志力水平不同，经常受年龄、兴趣、好奇心、人格特质等因素的影响，幼儿园的一日生活是儿童意志品质形成的有效途径，教师要注重保教融合，抓住机会培育儿童良好的意志力。

归属感、自主性和意志力是幼儿学习、生活和发展的坚实基础，可以通过幼儿园的生活活动、学习活动、自主游戏活动和体育活动加以培养。在这些活动中，我们可以通过培养儿童的安全感、信任感和责任感来提升儿童的归属感；通过培养儿童独立、主动和创造的良好品质来提高儿童的自主性；通过培养儿童坚韧、果断和自制的良好品质来增强儿童的意志力。这些都是使儿童在一日生活中全面发展的关键因素。看见儿童，让儿童在一日生活中发展这些价值取向，是幼儿教育的使命和责任。

第五章

如何去看见儿童的一日生活

看见儿童的一日生活是对教师和幼儿园的共同要求，这是一个复杂的、动态的过程，它既是回归儿童为本的起点，也是促进儿童身心健康发展的基础。儿童高质量的一日生活离不开与教师的互动，教师是儿童的合作者、观察者、引导者。首先，应关注教师的专业发展，通过多元赋能来提升教师的专业素质，为儿童创造更高质量的一日生活。其次，要建构一个以促进儿童身心健康发展为导向的保育教育质量评估体系，有效保证园所保教质量，不断优化儿童的日常生活体验。最后，还要主动与儿童家庭沟通交流，加强与社区的联系与合作，积极探索家、园、社协同育人的路径，共同为儿童的发展创造良好的条件，让每个儿童健康、快乐，获得全面发展。

第一节　以教师的专业发展提升儿童的生活质量

观察儿童的一日生活，分析儿童行为背后的原因，给予儿童恰当的支持，这些都需要教师强大的专业素养支撑，因此需要我们关注教师的专业发展。教师在坚守儿童为本的专业理念、与时俱进地更新专业知识、持续地提升专业能力的过程中，需要更好地理解和关爱儿童，从而提高儿童的一日生活质量。提高教师的专业水平是关键，因为这有助于教师更深入地洞察儿童的需求和感受。专业水平高的教师能够准确地解读儿童的言语、表情和内心世界，欣赏儿童的独特文化，更好地运用专业知识和技能与儿童共同感知、探索世界。这种敏锐的洞察力有助于建构儿童对自然、社会和自我的认识，进而提升他们的一日生活体验。因此，关注教师的专业发展是看见儿童的一日生活的重要途径。

一、文化引领，坚守儿童为本的专业理念

在教师专业发展的路径中，坚守儿童为本的专业理念是非常重要的，这也是了解儿童一日生活的关键。园所可以帮助教师从儿童的角度出发，尊重儿童的主体地位与权益，遵循儿童的身心发展规律，看见儿童发展的个体差异，因材施教，充分调动并发挥每一个儿童的积极性和主动性，促进其全面、健康、和谐地发展。为了让每一位教师理解并坚守儿童为本的理念，园所应以自身独特的办园

文化潜移默化地影响教职工的儿童观和教育观，帮助教师更好地了解儿童的需求和感受，从而更好地了解儿童的一日生活。

清秀幼教集团致力于培育“清新灵气、秀外慧中”的办园文化，从多方面深入落实，促进儿童健康成长和教师专业发展。通过各类专题活动，强化教师对文化的认同感，以文化凝聚力量，提升教师的专业理念。活动内容涵盖教师职业认同、儿童教育和保育态度以及个人修养等方面，既满足教师实际工作需求，也符合教师专业发展方向。这有助于提升教师在组织一日生活中所需的专业能力，为儿童创造优质的一日生活体验。

案例 5-1
文化建设守正创新 浸润教师专业成长

加强幼儿教师队伍建设，构建现代化的、创新型的教师队伍，走以可持续发展为本的培养之路，是全面提高幼儿园保教质量的关键，也是幼儿园发展的原动力。当前各项学前教育的利好政策和社会发展需求，为清秀幼教集团的发展创造了良好的外部环境。雅乐园依托集团力量，以清秀文化为引领，营造园所的育人文化氛围，精心创设园所软环境，全面更新教职工队伍的专业理念、专业知识和专业能力，进一步提升园所的保育教育质量。

基于此，园所以心语堂沙龙系列活动为切入点，向教师传递正确的教育观和儿童观。心语堂沙龙是雅乐园根据园所发展现状和教师队伍需求，依托集团的资源优势，量身定制的关于营造育人文化、转变教师观念、提升教师专业素养的系列活动。园所邀请著名国画、书法、朗诵等方面的专家，资深园长、骨干教师、教研员、保育员等不同领域的代表性人物，通过传授技艺技能、讲述教育故事、分享教育经验与理念等方式，唤醒教师的专业发展意识，促进教师的自主性成长，引领教师不断提升教育教学行为。

1．觉醒——实现幼儿园民转公的平稳过渡

“园所如何高质量发展?”“教师如何专业化发展?”是雅乐园民转公初期面临

的重要问题。促进教师专业发展和园所高质量发展的重点在于园所文化的建设和浸润，也是从根本上实现园所平稳过渡的基础。园所以《3—6 岁儿童学习与发展指南》和《广东省幼儿园一日活动指引（试行）》为依托，充分遵循幼儿身心发展的规律，以“提升教师素养，营造育人文化”为起点开展园所文化建设工作。

起步阶段的心语堂沙龙活动，主要围绕艺术、阅读、党政建设、师德师风、心理、种植课程、信息素养、幼小衔接、教育理论、课程故事分享等专题开展，每周一次，每次时长约 40 分钟，旨在以文化为载体更新教师儿童观，凝聚教职工力量，打造一支有战斗力、有爱心、能够坚持到底的教职工队伍。同时，通过每日一诗、每周一花、每月一书的形式鼓励教师抄录古诗，练习硬笔书法，并通过学习插花、阅读书籍等形式提升教师的文化素养，丰富教师的精神世界。

心语堂沙龙在轻松、和谐、民主的氛围中进行思想交流，在碰撞与融合中更新教职工队伍的教育思想，开放包容、潜移默化地提升教师的专业理念。通过集团文

党建活动

每月一书活动

保育教师种植课程专题分享

课程故事专题分享

化的浸润，加强了教职工的归属感和幸福感，转变了教师的教育观念。

2．追赶——聚焦学习环境，促进幼儿学习与发展

随着教职工教育观的转变和专业成长的觉醒，心语堂沙龙的阶段目标也从平稳过渡转向园所保教质量的提升。园所聚焦教师专业知识和技能的提升需求，根据教师当下的发展需求为其提供专业成长平台，由集团各园园长、教研员、骨干教师和优秀保育员等组成主讲团，向园所教师分享典型的教育故事、优秀的教育现场经验，内容涵盖区域材料、主题探究活动、环境创设、一日生活等模块，不断更新教师的专业理念，调整教师的日常保育教育行为。通过心语堂沙龙的系列活动，教师能够将获得的经验逐渐应用到日常保教过程中，基于园所的实际情况，通过班级学习环境创设和“一园一区域”活动（具体内容见案例5-4“‘一园一区域’保基础”），完善班级的环境和材料，不断优化教育现场。

“一园一区域”工作部署

班级环境观摩

通过定期研讨班级环境创设、互访集团各园学习环境、对标领域核心经验自我评估、心语堂沙龙经验分享等途径，教师能深度理解儿童为本的专业理念，能以幼儿为中心创设学习环境，使幼儿能与优质的学习环境发生互动，获得充分的学习与发展。

3．创新——赋能教师，助力保教质量提升

上一阶段中，教师的专业理念、专业能力和专业知识都得到了提升，园所发展迈入新的转折期。园所基于集团“1+N”课程体系，依托集团优势资源，开始充分挖掘园所周边的课程资源，建构具有生活性、发展性的园本课程——集市课程。

幼儿表征班级微型集市

幼儿售卖物品

心语堂沙龙的主讲嘉宾从集团内部讲师和领域专家拓展到幼儿家长。园所邀请在幼儿园附近集市工作的家长为幼儿和教职工分享工作经验，为探究集市课程铺垫了丰富的经验，也启发教师找到课程的生发点。每个班级根据幼儿的兴趣创设了微型集市，班级的主题探究活动也借鉴集市的经验，以种植活动切入，有机融入食育教育和劳动教育的理念，完成植物从选种、播种、养护、收获到集市售卖的全过程，从而探索出适合的集市课程实施途径。

从幼儿实地调查周边集市，到教师与幼儿共同设计班级微型集市，再到幼儿把自己收获的各种成果以集市形式售卖，是雅乐集市课程基于清秀课程体系和园所资源不断实践探索的结果。园所在探索中不断总结经验和调整方向，不断夯实雅乐集市课程的建设，促进园所在保育与教育、环境创设、教师专业发展等方面得到不同程度的提升，这是一个相互影响、相互促进的创新过程。

深圳市罗湖区清秀幼教集团雅乐幼儿园　李　艳　唐基珍　卓丽橙

案例解析　园所以心语堂沙龙为抓手，聚焦园所文化建设，明确阶段目标与内容，开启教职工专业发展的觉醒—追赶—创新之路，通过文化浸润促进教职工专业理念的更新，以教师专业成长促进园所保教质量的提升，保证每一名在园幼儿都能获得身心的全面发展。儿童为本的价值观念成了教师专业发展与园所保教质量提升的纽带。

专业理念与师德是教师从事保育和教育实践工作的情感和动力基础。拥有儿童为本这一专业理念的教师，会以饱满的热情和积极的态度对待儿童和保教工作，有自我发展的意识，认真专注地对待一日生活中的各项工作，创造性地发展自我。雅乐幼儿园以文化引领为导向，通过潜移默化的方式和多种多样的活动把文化内核融入教师专业发展，让儿童为本的专业理念内化于心，深深植根于每一位教师的教育观念与教育行为中。

二、素养提升，更新与时俱进的专业知识

为了真正看见并理解儿童的一日生活，给予儿童适宜的支持，教师需要了解不同发展水平儿童的学习特点和个体差异，研读并内化国家学前教育相关政策法规，并结合本土文化进行教育教学活动。在实践中，教师需根据教育现场和儿童实际情况进行科学评估，不断内化与应用专业知识，更新自身知识体系，同时不断反思、优化和更新教学方法。教师不仅需要具备与儿童身心发展和保育教育相关的知识，还要具备通识性知识，如自然与人文科学、艺术欣赏与表现以及现代信息技术等方面的知识。为了优化教师的专业知识结构，幼儿园定期开展教研、科研活动，并组织综合素养提升专题活动。教职工自愿参加感兴趣的专题，不断更新专业知识，提高专业发展的自觉性，从而更好地关注和支持儿童的一日生活。

案例 5-2 留深创意生活营

清秀幼教集团凝聚教职工智慧和力量，为留在深圳过年的教师开展了留深创意生活营素养提升活动，在丰富教职工寒假生活的同时，使教师在丰富多样的活动中提升自身专业素养。

1. 活动设计

（1）组织形式

由园长、骨干教师、专职教师、保育员、教职工家属等组成的 18 人主讲团队，精心备课，开设了 27 门课程，内容涉及美术、舞蹈、歌唱、蒙氏教学、乐器弹奏、摄影技术、书法、服装设计与制作、女子防身术等多个领域，在不同时段于各个园所有序开展，打破了固有培训形式和场地限制。

（2）宣传策划

由清秀幼教集团教育教学部以及各园团支部组成清秀留深过年活动筹备小组，各项目负责人统筹制作活动海报以及“留深创意生活营课程安排表”，各园电教教师负责收集整理创意生活营开展过程的照片和文字材料。

（3）技术支持

现场摄影：各园电教教师。

场地安排：项目负责人。

材料支持：项目负责人以及参与人员。

2. 组织实施

集团教育教学部通过线上问卷调查，首先对全体教职工想要参加的素养提升活动进行摸底调查，筹备小组统一汇总分析后，根据教职工的兴趣和需要确定 27 个素养提升课程清单。创意生活营的课程主讲人通过自荐与他荐的方式选拔，最终由有专长的教师以及嘉宾组成创意生活营讲师团。

3. 课程安排

根据问卷调查结果，基于教师必备的专业知识，从幼儿发展知识、幼儿保育和教育知识、通识性知识及其他技能提升等方面，统筹设计了 27 门课程的活动流程、目标和内容等（见表 5-1）。

表 5-1 留深创意生活营课程安排表

序号	模块	课程名称	课程目标
1	幼儿身心发展与保育教育	蒙氏教学法	1. 学习蒙氏教学法系列内容，并尝试运用； 2. 了解幼儿发展的敏感期和学习特点
2		《深圳市优质特色示范幼儿园创建指导手册》研习	1. 学习《深圳市优质特色示范幼儿园创建指导手册》创建目标和原则，更新教师专业知识； 2. 通过互动研讨，深入了解手册每个模块指标背后的价值取向
3		天赋探索	1. 了解幼儿动手操作、摆弄玩具对其逻辑推理、探寻规律等抽象思维发展的促进作用； 2. 通过聆听讲座、操作体验，了解和体会逻辑思维的奥秘，感知数字、空间、形状等的奇妙变化，提升科学素养
4		幼儿的种植活动	1. 了解种植的基本方法和幼儿园能开展的种植活动； 2. 结合幼儿发展特点，学习如何科学合理地与幼儿共同开展种植活动
5	自然与人文科学	学看幼儿园建设施工图	1. 积累园所建设经验，了解如何从幼儿园建设开始渗透看见儿童的理念； 2. 初步了解幼儿园建设施工图纸中各种标识的含义，能看懂设计图纸与现场对应的关系
6		菜园的四季	1. 了解深圳一年四季的应季蔬果及其生长特性； 2. 通过烹饪和品尝应季蔬果，感受食育的重要性
7		3D 打印	1. 了解当下 3D 打印技术的基本原理，学习使用技能； 2. 学习操作 3D 打印设备； 3. 思考 3D 打印技术在儿童一日生活中的应用途径

续表

序号	模块	课程名称	课程目标
8	艺术欣赏与表现	茶道品鉴	1. 了解中国的茶文化和茶知识； 2. 通过对茶艺和茶道精神的领会，追求饮茶之人廉、美、和、静的价值观和人生态度
9		书法	1. 通过书法练习，陶冶情操，静心养气； 2. 充实生活，提高文学素养
10		古典舞	1. 感受古典舞舞姿之美； 2. 了解古典舞的基本动作，舞出优雅自信
11		形体之美	1. 提升感受美和表现美的能力； 2. 学习基本的舞步，掌握舞蹈技能与训练方法，提高舞蹈素养； 3. 了解舞蹈需要的正确身姿体态，展现完整、流畅、优美的表演
12		唱歌	1. 了解人体的发声器官构造，学会正确呼吸、发声的方法； 2. 找到正确的发声位置，能有感情地演唱
13		乐器：尤克里里	1. 提高审美能力和创造能力，陶冶情操，激发想象力、创造力； 2. 了解尤克里里的基本结构与和弦，尝试弹奏尤克里里
14		美术特训	1. 感受美术在生活中的应用及美术作品为生活带来的艺术感； 2. 能够掌握简单的美术技能，把经验迁移到一日生活中，更好地支持幼儿的美术表征
15		油画创作	1. 感受中国油画的魅力，体验色彩的碰撞； 2. 能大胆运用色彩进行表现，提高审美能力
16		软陶装饰品	1. 了解软陶的来历、特性； 2. 通过动手制作作品，体会艺术创作的过程和乐趣，提高艺术创造力及成就感
17		微景观设计与制作	1. 学习微景观设计与制作的技巧，掌握简单的种植技能，提升感受美、创造美的能力； 2. 能够有耐心、细心地完成作品，在劳动中收获成功和快乐

续表

序号	模块	课程名称	课程目标
18	艺术欣赏与表现	摄影采风	1. 积累摄影的相关知识，提升摄影水平； 2. 提升感受美、创造美的能力
19		朗诵	1. 认识朗诵对提升自身文学素养的重要性，了解并掌握一定的朗诵技巧； 2. 准确地、有感情地朗读诗歌、散文，感受朗诵经典的魅力
20	生活技能	服装制作	1. 了解生活中常见服装的构成与制作步骤； 2. 了解常见布料并尝试制作服装
21		钩针与毛衣编织	1. 回忆童年，编织美好； 2. 感受编织乐趣，学习编织技艺，感受生活慢节奏，能够更好地支持幼儿开展手工活动
22		制作糕点雪媚娘	1. 学习烘焙的原料配比、计量方法及烘烤方法等，提高生活实践能力； 2. 感受烘焙的魅力，体验美食制作的乐趣，体悟在一日生活中开展美育的方法
23		裱花烘焙	1. 了解韩式裱花的技巧，感受食物之美； 2. 感受生活的甜美与多姿
24		发型设计	1. 了解发型种类，学习不同服装和不同场合的发型搭配； 2. 了解编发技巧，用合适的发饰点缀发型
25		刀工与烹饪	1. 了解刀工的基本技法，提升创作幼儿水果点心的创意性； 2. 感受美，享受美食之美
26		女子防身术	1. 掌握一定的防身术，增强自身的安全感； 2. 加强身体锻炼，促进身心健康； 3. 体会武术的魅力，磨炼意志，培养坚强果断的品质和柔中带刚的气质
27	现代信息技术	定格动画	1. 积累定格动画的相关知识，提升信息技术运用能力； 2. 通过使用定格动画软件，深入了解信息技术在幼儿学习活动和自主游戏中的应用

深圳市罗湖区清秀幼教集团　郭　琼　谢秀娟　匡红君

案例解析 教师本身已经掌握了一定的专业知识，伴随着社会的不断发展，教师还需要积极地去捕捉和汲取新信息、新知识来提高教学水平。创意生活营从教师发展的实际出发，联系教师工作所需要的知识技能，如唱、跳、画、讲、做、玩等，精心设计了课程内容，这些课程设计不仅能满足教师成长需求，还能促进教师把这些知识和技能迁移到教育教学工作中，以更好地充实和更新开展幼儿一日生活的方法。

“给老师最需要的——与时俱进”这一办园理念要求作为肩负着儿童启蒙教育的教师必须与时俱进，不断加强学习，完善专业知识，建构复合型的知识结构，能迅速回应儿童的需求，及时满足儿童的好奇心与探究兴趣。清秀幼教集团以素养提升为核心，结合教研活动和各类课程，不仅提升了教师必备的核心素养，还增强了教师对儿童一日生活的敏感度，把对一日生活的理解体现在教育教学实践中，在与儿童共同的生活中更新专业知识，更好地支持儿童在一日生活中学习和发展。

三、梯队培养，提升持续发展的专业能力

看见儿童的一日生活，教师需要具备良好的专业能力，如环境创设、生活组织、游戏引导、教育活动实施、能力激励与评价等。清秀幼教集团从管理、教师和后勤三个层面探索培养路径，以继续教育、家长及社区工作、课题研究等多种形式激发教育热情，优化培养效果，构建了不同成长阶段的教师梯队，按照分层分级的培养路径提升了教师专业能力。这些培训和发展机会为教师队伍的专业成长提供了平台保障，使教师更好地关注和支持儿童的一日生活。

案例 5-3 教师分层培训活动——以新员工培训为例

为全面提升教职工的综合素养和业务素质，帮助新员工尽快适应工作岗位，根

据集团幼儿园教职工专业能力提升培训规划要求，集团每学年会举办系统、专业、实用且有趣的教职工素养提升及新员工岗前培训活动。

以 2022—2023 学年度第一学期的新员工培训为例，为期 6 天的培训内容涵盖集团文化、规章制度、教师发展、课程资源、家园共育、后勤安全、素养提升等多个主题。以集中与分层、线下与线上、理论与实操相结合的培训形式促进教职工把系列极具深度的知识盛宴通过具体化、先厚后薄的方式内化于心、外化于行。

1．走进清秀，整装待发

为帮助新教师更好地融入新环境、新团队，深入了解集团的发展历程、文化氛围、规章制度等，集团总园长、园所园长及副园长和集团各部门人员纷纷化身讲师，带来一场场精彩纷呈的主题分享。使新教师在全方位了解园所的基础上，形成了协同发展的美好愿景（见表 5-2）。

表 5-2　培训安排表（一）

序号	培训主题	培训对象	培训讲师
1	集团发展与文化建设	新入职员工	集团总园长
2	师德为先——做清秀好老师		执行园长
3	规章制度与绩效考核		集团总园长
4	员工考勤		后勤园长
5	集团平台使用		集团信息组长
6	年度教师的成长之路		骨干教师

2．夯实专业，积蓄能量

集团根据各岗位的胜任素质要求，有计划、有针对、有层次地设计了差异化的培训内容，各园管理层、教研员及骨干教职工轮番上阵，带领新入职教师、保育员、后勤人员，身临其境地感受课程视域、保教融合的清秀样态，为幼儿的健康成长保驾护航（见表 5-3、表 5-4）。

表 5-3 培训安排表（二）

序号	培训主题	培训对象	培训讲师
1	班级基础环境创设	新入职教师及保育员	集团教研员
2	课程架构、周教育计划安排与实施		集团教育教学部部长
3	教师一日工作流程及要求		教学园长
4	幼儿行为观察		教学园长
5	幼儿生活护理及健康管理		保健组组长
6	班级环境创设之整体风格、色调与元素		教学园长
7	班级管理		教学园长

表 5-4 培训安排表（三）

序号	培训主题	培训对象	培训讲师
1	清洁卫生、幼儿生活管理	新入职保育员及后勤	保健医
2	幼儿膳食管理		保健医
3	幼儿意外事故处理、常见病与传染病预防		保健组长
4	幼儿健康观察：保育手记		保育组长
5	安全工作及后勤保障		后勤园长
6	保教融合——以水果牌使用为例		后勤园长
7	保教融合——以种植活动为例		保育员
8	厨房操作流程及工作规范		后勤园长

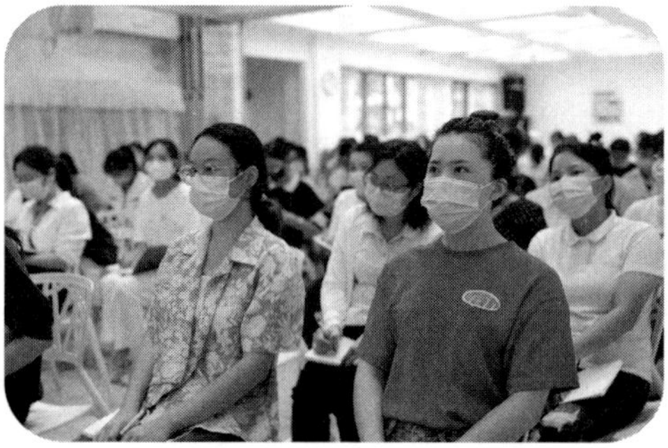

参加培训的新入职教师

集团讲师做培训

卫生保健专题培训

后勤工作培训

3．跳出教育，感悟美好

为进一步提升全体教职工的外在形象和内在修养，集团特邀中国音乐家协会（以下简称中国音协）奥尔夫专业委员会理事、专业摄影师、深圳大学管理学院教授、中国南方航空公司高管等多位各行各业的专家参与培训活动。跨界专家从自身经历出发，用一个个鲜活的案例深入浅出地把他们对生命美、生活美、行为美的感悟浸润到每一位参训人员心间（见表 5-5）。

表 5-5　培训安排表（四）

序号	培训主题	培训对象	培训讲师
1	在音乐中寻找一种生活态度	全体教职工（含新员工）	中国音协奥尔夫专业委员会理事
2	镜头中的美好生活		专业摄影师
3	职场中的情绪压力管理		管理学院教授
4	教师礼仪和职业素养三大修炼		航空公司高管

4．向外借力，向内聚力

在深圳市教育学会学前教育专业委员会（以下简称学专会）新教师岗前培训开展之际，集团借助学专会的专业品牌和强大力量，融合集团内部培训主题，特别安排新教师全程聆听学专会讲师团的成果分享。多样化的主题内容设计，让参训人员体会到了看见儿童、幼有善育的深圳质量，找到了坚守学前教育的方向和力量（见表 5-6）。

表 5-6 培训安排表（五）

序号	培训主题	培训对象	培训讲师
1	亲师善育——有效关注个性发展		
2	意会晨谈组织——归还儿童活动主权		
3	精心规划灵动环创　让班级环境富有课程气息		
4	基于深度学习的个别化材料投放与组织		
5	注重激情引趣，鼓励尽情参与——以体育、音乐活动为例谈如何科学有效地开展集体活动与小组活动	新教师	深圳市教育学会学前教育专业委员会邀请的各领域专家
6	从科学保教的角度谈一日生活中师幼互动的重要性		
7	精心规划灵动环创　让班级环境富有课程气息		
8	和谐家园共育从有效沟通开始		
9	知法行事让突发事件应急处理更有章法		

新员工培训结业现场

5．精彩展示，满载而归

培训活动的结束阶段，小组学习的成果汇报精彩纷呈。新教师们内化学习的内容，用创意无限的情景剧、诗歌朗诵、舞蹈表演等方式，总结汇报自己的学习收获。

深圳市罗湖区清秀幼教集团 郭 琼 孙树志 郭 扬

案例解析 新员工培训活动中，集团为不同梯队教师设计了有层次的培养方案，以文化凝聚人心，帮助新员工更好地融入新环境和团队；从专业入手，分层培养，差异化的安排让不同岗位的员工都能充实专业知识；从工作实践和展示入手，使不同的员工都能感受各自岗位对专业能力的高要求，激发员工在工作的过程中善于学习、积极反思、主动调整，不断提高专业能力。

教师在一日生活的组织与保育、环境的创设与利用、游戏活动的支持与引导、教育活动的计划与实施等模块上的专业能力发展，需要幼儿园在尊重教师自我发展诉求的基础上，根据教师的专业发展水平，制定相应的策略，进行有针对性的培养。基于梯队培养理念的各类培训活动、教研活动，能提升教师的保教工作水平，增强其保教实践能力，实现教师专业能力的不断提升。

看见儿童的一日生活，教师需要在保育组织、环境创设、游戏引导和教育活动等方面发展专业能力。幼儿园在尊重教师自我发展的基础上，通过文化引领、素养提升和梯队培养策略，构建全面培养教师专业理念、知识和能力的体系。针对不同水平的教师发展需求，不断优化和健全教师专业发展培养机制，这有助于打造一支高质量师资队伍，使教师成为儿童健康成长的引路人，为儿童全面发展提供持续动力。

第二节 以园所自评体系的完善优化儿童的日常体验

幼儿园教育能否对儿童产生积极影响取决于教育质量的高低。提高幼儿园保教质量，关键在于构建和完善保教质量的自我评估体系。科学导向的质量评估能确保儿童在一日生活中得到充分的关爱和引导，从而驱动园所保教质量的提升。

在自我评估机制指引下，从集团到园所再到班级，多年来不断优化教育现场质量，尊重儿童的日常生活。集团主要从三个方面不断优化教育现场质量：规范教育教学水平，保证儿童学习和生活活动的有序开展；提升教育过程质量，让儿童度过快乐的一天；关注教师专业自主，满足每个儿童在一日生活中的合理需求。保教质量自我评价机制在每个园所、班级、教师身上发挥力量，共同为儿童创造更美好的一日生活。

一、关注具象问题，规范日常教育教学水平

幼儿园的空间规划、玩具材料、卫生保健、生活照料、安全管理等具体问题直接关系到儿童的一日生活品质。为了让教师更好地关注儿童的日常需求，集团园所从具象问题入手，鼓励教师主动参与评估工作，强化自评意识。集团有针对性地结合园情，促进每个园所和班级在原有水平上得到发展，从而更好地看见儿童的一日生活，提高教育教学质量。

案例 5-4
“一园一区域”保基础

基于对上一轮自评数据的分析，发现集团各园保教质量整体呈上升趋势，但学习环境和学习活动模块有 7 条指标存在前后两次评估分值差异较大的情况，其差异主要集中在领域和区域中的具象问题（见表 5-7）。基于此，集团以“一园一区域”为切入点，以各园区域环境和材料为抓手，通过解决具体问题来提升日常教育教学水平。

按照集团统筹—各园协同—园所自驱的方式，集团发起“一园一区域”活动，通过“集团统筹规划，确定认领区域”“园所自我评估，深度研读指标”“园所结对互评，共享优质经验”“基于教育现场，优化园本指引”4 个关键步骤，来撬动各园区域环境质量的改变。

表 5-7　保教质量评估中差异较大的 7 条指标分析

维度	指标	A 园	B 园	C 园	数据分析结果
学习环境	提供安全的环境，保障幼儿安心、有序地进行游戏	1	1	6	区域：提升区域环境与材料的质量，更好地支持幼儿的深度学习； 领域：幼儿的读写能力、数学（分类/比较/模式/测量）、科学（探索）、社会性发展要加强
	让幼儿在公共场合和集体中养成遵守规则的习惯	7	5	2	
	让幼儿在与教师互动中体验平等、尊重、合作，逐步领悟其价值	5	7	2	
学习活动	语言活动要为幼儿提供听说读写的机会和材料，教师是幼儿听说读写的榜样和引导者	4	1	4	
	科学活动材料能满足幼儿探索的需要，教师能根据当前的情境支持和引导幼儿的学习	6	2	7	
	数学活动材料适宜，内容与解决日常生活中的问题相联系	4	2	7	
	社会领域关注幼儿情绪情感、人际交往能力、规则意识的学习与发展，及对社会性知识的理解与运用	4	2	5	

1．集团统筹规划，确定认领区域

集团下每个园的建园时间、园所性质、园所周边资源及师资力量等存在较大差异，集团综合权衡各园园情和园所自身发展需要，统筹各园确定各自要优化的目标区域。比如，清秀园当前阶段较为关注游戏质量，选取了积木区作为重点打造区域；荣悦园结合自身的语言特色，选定语言区为目标优化区域（见表 5-8）。

表 5-8　清秀幼教集团“一园一区域”安排表

园所	结合园情	认领区域
清秀幼儿园	游戏质量	积木区
荣悦幼儿园	语言特色	语言区
淘金山幼儿园	自然教育	科学区

续表

园所	结合园情	认领区域
翡翠教学点	生活教育	生活区
培知幼儿园	森林教育	角色区
雅乐幼儿园	领域知识	数学区
庐峰翠苑幼儿园	艺术创造	美工区
金岭幼儿园	新开园	语言区
金鹏幼儿园	新开园	科学区

2. 园所自我评估，深度研读指标

确定目标优化区域后，各园基于目标区域的现状收集问题、诊断原因，组织教师共同研讨，拟定所选定区域的发展目标，研讨哪些目标可以通过区域活动实现、哪些目标更适合通过其他方式实现，并与教师一起梳理发展目标相对应的材料及投放材料的方法，激发各班级教师积极改善区域环境的自主性和专业热情（见表 5-9）。

表 5-9 庐峰翠苑幼儿园区域材料投放讨论（中班美工区）

模块	学期	发展目标	投放材料	备注
手工	上学期	1. 通过泥工类创作进一步学习拉伸的技能，塑造出较为复杂的物体	泥土、橡皮泥、轻黏土	引导幼儿利用不同的材料进行创作
		2. 泥工作品能表现物体基本部分的主要特征	/	在美术活动中引导幼儿
		3. 学会一些简单的折叠方法（如集中一角折、双正方折、双三角折等），能较平整地折叠简单的形状	简单图形折纸	注重发展观察能力，鼓励幼儿独创的想法、观点或作品
		4. 把现成的图形或自然材料按顺序粘贴在适当的位置上	手工动物	注重培养幼儿的发散思维能力
		5. 认识剪贴的工具、材料，学习正确使用的方法	/	在师幼互动中引导幼儿

续表

模块	学期	发展目标	投放材料	备注
手工	下学期	1. 使泥工作品表面比较光滑、均匀，连接处牢固无裂缝	泥土、胶泥、轻黏土	按需分泥，巩固团圆、搓长、压扁的技能
		2. 在泥工创作中学习使用辅助材料	贝壳、铜丝、绒球、亮片、各种小木棍、干红/绿枫叶	日常生活中的艺术
		3. 掌握基本折纸法中的前7项基本技能，能折叠出物体	自制折纸/奇妙家具	表现出简单物体的外形特征
		4. 学习、掌握正确的粘贴方法，粘贴得干净平整、牢固、美观	包糖果	艺术技能

3．园所结对互评，共享优质经验

各园所基于园本材料投放指引改善区域环境后，集团再次组织园所结对互评，深入现场对目标区域的空间划分、区域材料投放、教师观察与支持、区域活动的实施等进行观摩。经过研讨交流确定目标区域再次优化的方向，借助案例实录复盘，分享“一园一区域”的创设成果和路径。

互访交流现场

互访教师研讨交流

互访园所分享成果

互访教师总结经验

4. 基于教育现场，优化园本指引

“一园一区域”活动能够撬动区域环境质量的关键在于将评价的意识融入其中。借助自评力量，班级区域环境从基于核心经验的材料投放走向了基于班本课程的材料投放，集团区域材料投放指引也在不断进阶，从集团引领下形成的 1.0 版升级为由各园以目标区域为核心自主建构的 2.0 版（见表 5-10）。

基于核心经验的美工区材料投放

基于班本课程的美工区材料投放

表 5-10　美工区材料投放标准 2.0 版

观察班级：　观察日期：　观察人：　总分：

一级维度	二级维度	条目	分值	评分
环境	空间	班级环境布局科学，场地空间安全且适宜（摆放材料不超过 1.2 米）		
		充足的自然和人造光线，靠近水源		
	氛围	营造安全、舒适的心理氛围		
		根据主题创设环境氛围，创设美的环境		
		教师与幼儿共同装饰和美化环境，形成平等的师幼关系		
	安全	材料安全		
		具有安全标识提醒（小心剪刀、禁止入口鼻等）		
	展示	教师珍视幼儿的各类作品并巧妙地在教室环境中展示		
		幼儿能够呈现出立体作品和平面作品两种作品形态		
		以多种形式展示幼儿作品（如绘画、泥塑、纸工、幼儿活动照片、幼儿的表征记录等）		
		展示的内容大多数与幼儿班上正在进行的活动有密切关系		
		鼓励幼儿展示家庭亲子作品		
材料	目标性	根据幼儿的年龄特点，针对绘画区、手工区投放材料		
	层次性	为不同发展水平的幼儿提供具有层次性的丰富材料		
		提供的材料便于幼儿取放，支持幼儿自主绘画、做手工		
		根据幼儿的年龄特点，提供适宜幼儿的操作材料		
	基础工具	提供丰富多样的材料（如自然材料、废旧材料、美工工具等）		
		刷具：小班≥4 种、中班≥6 种、大班≥8 种（笔刷、木棒、糕点刷、羽毛、海绵、颜料滚筒、化妆刷、牙刷、蔬菜刷、棉签、取水工具……）		

续表

一级维度	二级维度	条目	分值	评分
材料	基础工具	工具：胶带、胶水、儿童剪刀、订书机、打孔器、尺子、回形针、儿童胶枪……		
		其他材料：小班≥6种、中班≥10种、大班≥20种（各种纸类等）		
		工作服：根据进区人数投放		
		自然类材料：树枝、树叶、松果、贝壳、果壳……		
	绘画	笔：铅笔、马克笔、粉笔、蜡笔、排笔		
		颜料画：蛋彩画、手指画、丙烯画、水粉画颜料		
		拼贴画：自然物、回收材料		
		根据年龄特点提供点、线、形状、色彩、构图等参考指引		
	手工	提供发展幼儿揉、搓、压、捏、折、剪、撕、粘贴、连接等技能的创作材料		
		种类：小班≥3种、中班≥5种、大班≥7种		
		内容：雕塑、拓印、编织、木偶制作、面具/头饰制作、串珠/首饰制作等的相关材料		
		折纸、编织操作等流程图		
	材料收纳	收纳工具：收纳柜、收纳筐、收纳袋		
		材料摆放：是否分类、整齐、标识清晰、美观地摆放		
		有“补给”材料		
	幼儿视角	提供图片或作品为幼儿提供灵感		
		材料的位置要高度适宜，适合幼儿取放		
		提供存放幼儿未完成作品的位置		
		提供多样化的、与主题相关的物品供幼儿观察		

续表

一级维度	二级维度	条目	分值	评分
教师支持	感知体验	鼓励幼儿在生活中细心观察、体验，为活动积累经验与素材		
		经常带幼儿欣赏美景、观察事物，和幼儿一起感受和发现自然和人文景观中美的事物		
	倾听与表达	倾听幼儿的想法并了解幼儿的创作意图（避免用“好不好”“像不像”等成人标准来评价）		
		尊重幼儿自发的表现和创作，鼓励幼儿用自己的特定符号表达		
	倾听与表达	引导幼儿用自己的语言、动作等描绘作品美的方面（如颜色、形状、状态等）		
		鼓励幼儿分享合作创作的乐趣		
	适时指导	发现幼儿在创作过程中遇到困难时，应给予支持		
		以同伴的身份跟幼儿一起创作		
	经验拓展	根据幼儿的生活经验与幼儿共同确定主题		
		引导幼儿围绕主题开展想象，进行艺术表现		
		深入学习相关领域知识，对活动中的人、事、物提前做好备课准备		
		鼓励幼儿自主创作（没有固定模式）		
		教师抓住一日生活中的教育契机，拓展幼儿相关经验		
资源	园社资源	幼儿园（园内美术专职、物质准备等），家庭（亲子作品、废旧物品等），社区（社区公园、中小学等）		
	自然资源	动物、人物、自然物等资源		
特色	班级美工区特色	扎染、绳线、格子画、原木风、折纸、圆点创作、环保风（废旧材料升级）、中华传统风等		

深圳市罗湖区清秀幼教集团　孙树志　方　芳　卢少玲

案例解析 “一园一区域”聚焦到教育现场中的具象问题，让教师在评估中发现问题，在解决问题中积极创造，从而不断反思和改进，提升专业水平。园所要建构自身的园本指引，需要在学习、研究各类评估工具的基础上，结合园情和发展需求，借鉴、汇聚、转化、细化，形成适用于自身的园本指引，从而更易操作和使用。

二、聚焦情境问题，提升教育过程质量

幼儿园活动组织、师幼互动、家园共育、教师专业发展等情境问题直接影响儿童一日生活的教育过程质量。《幼儿园保育教育质量评估指南》(以下简称《评估指南》)明确指出要聚焦班级观察。集团尝试采用连续观察半日活动的方式，关注师幼互动，了解并评估保育教育的过程与质量。这种评估方式有助于实现从日常教学规范到过程质量提升的转变，更好地关注儿童的一日生活。

案例 5-5
“一班一案例”提质量

《评估指南》中提到，在评估方式上需要注重过程评估，重点关注教育过程质量。聚焦班级观察的评估方式能通过对半日活动的连续观察了解师幼互动情况，了解教师对幼儿的支持及幼儿园保育教育的过程质量。集团结合自评经验，尝试运用班级半日观察的方式全面评估班级的教育过程质量，实现从日常教育教学的规范到提升过程质量的转变。

1. 优化评估方式，在班级观察中关注教育过程

我们深度学习、研究《评估指南》等重要政策文件，领会以评促建的核心思想，基于园所实际情况，组织各园骨干教师共同编制了“班级观察记录表”(见表 5-11)，通过评估班级半日活动，了解各环节的活动组织情况、师幼互动质量以及家园共育的效果，以便更准确地判断教师对幼儿学习与发展的支持，更全面、客观、真实地了解教育过程质量。

表 5-11　班级观察记录表

园所班级：　　　　　　　　姓名：　　　　　　　　日期：

模块	观察要点	观察评价（打√）	建议
晨谈	环境布置能考虑幼儿年龄特点，体现层次性，如小班以图为主、中班“图＋文”、大班“文＋图”	比较好（　　） 待改进（　　）	
	内容完整，包含一日活动流程图、自我服务指引（小班）、值日生安排（中大班）、趣事分享、天气播报、进区计划、半日计划、班级公约等	比较好（　　） 待改进（　　）	
	流程顺畅，时间把握较为合理（小班 8—10 分钟、中班 10—12 分钟、大班 12—15 分钟）	比较好（　　） 待改进（　　）	
	幼儿熟悉环境，对活动较为专注，能倾听他人讲话，会主动举手发言	比较好（　　） 待改进（　　）	
	谈话内容贴近幼儿生活，能围绕当下节日、节气、社会事件、班级主题等话题，讲述时有照片、图片、简报等直观形象的内容支持，方便同伴观察	比较好（　　） 待改进（　　）	
	教师会关注、引导幼儿口头语言的发展，如小班幼儿能比较清楚地表达；中班幼儿能使用比较丰富的词汇和句子；大班幼儿能有条理地讲述，词汇丰富，会借助语气语调、肢体动作、表情来丰富传递的信息	比较好（　　） 待改进（　　）	
	教师语言规范、精炼、准确，会运用关键引导语启发幼儿思考、表达，能根据幼儿年龄特点提问和反馈，如小班“进了哪个区，玩了什么?”，中班“用了哪些材料？怎么做的?”，大班“你们是如何合作的?”	比较好（　　） 待改进（　　）	
	教师使用的策略丰富、多样，能灵活运用图片、铃鼓、音乐、手指游戏、语言等自然转换	比较好（　　） 待改进（　　）	
自主游戏	幼儿对区域活动感兴趣，知道区域名称及规则，能按照规则选择区域、材料、同伴，基本熟悉材料的玩法	比较好（　　） 待改进（　　）	
	材料具有丰富性、操作性、目标性，部分材料突出层次性，能满足不同发展水平幼儿的探索需要	比较好（　　） 待改进（　　）	

续表

模块	观察要点	观察评价（打√）	建议
自主游戏	高/低结构、购买/自制材料比例适当，每个区域皆有自制的材料投放，自制材料呈现当下课程（主题、节庆等）在区域活动中的延伸与拓展	比较好（　　） 待改进（　　）	
	教师借助晨谈、学习活动、亲子互动等途径丰富幼儿的认知经验，通过区域观察、适宜介入促进幼儿游戏的发展，支持幼儿的深度学习，介入的策略丰富、有效	比较好（　　） 待改进（　　）	
	教师运用拍照、录像、填写观察记录表等手段，全面、客观记录幼儿的游戏行为，通过区域回忆、个人档案等反映和记录幼儿的游戏发展情况	比较好（　　） 待改进（　　）	
主题探究	主题氛围浓厚，推进路径清晰，主题开展中可利用的资源较为丰富	比较好（　　） 待改进（　　）	
	主题内容充实，策略运用多元，主题环境丰富、立体，能清晰呈现主题探究中遇到的问题、解决问题的方式以及获得的经验	比较好（　　） 待改进（　　）	
	能结合幼儿年龄特点灵活运用思维导图和其他方式呈现幼儿主题探究的过程（焦点性的活动）和经验表征（典型作品）	比较好（　　） 待改进（　　）	
	在区域中投放和使用与主题活动相关的图书、材料、工具、记录单、操作单等	比较好（　　） 待改进（　　）	
综合评价	2个亮点：		
	1个问题：		

2. 聚焦班级半日观察，梳理问题指向要点

参考自评机制流程，统筹使用“班级观察记录表”开展半日观察活动。对标《评估指南》中的教育过程，梳理班级半日观察中发现的问题并进行提炼和分类，归纳出活动组织、师幼互动和家园共育三大类问题，每个问题指向的关键要求有所不同。比如，班级观察中发现教师缺少对幼儿行为的观察记录，它对应的是师幼互动这一指标，指向的是师幼互动中观察记录方面的要点。用教育现场回应《评估指南》，教师能更明确从哪些要点切入来提升教育过程质量（见表5-12）。

表 5-12　班级半日观察问题梳理表

半日观察中发现的问题	对应的评估指标	问题指向的要点
游戏材料不够丰富，幼儿游戏形式单一，持续时间较短	活动组织	游戏活动
活动内容缺少多领域经验整合	活动组织	经验整合
活动安排的灵活性不足，幼儿等待现象较多	活动组织	活动安排
教师缺少对幼儿行为的观察记录	师幼互动	观察记录
幼儿提出新观点时，教师缺少回应与拓展	师幼互动	随机教育
幼儿的表征形式较单一，学习的整体性和连续性不明显	师幼互动	重视表征
教师较少通过开放性提问支持和鼓励幼儿的自我表达	师幼互动	回应拓展
家长的课程参与度较低	家园共育	参与合作
家长、社区及周边自然资源利用程度较低	家园共育	协同育人

3．分析评估结果，制定提升方案

初步分析评估结果后，园所组织教师通过头脑风暴、集体研讨等方式共同制定问题的解决方案。各班根据幼儿发展情况和教师优势选择不同的问题深入研究，通过“一班一实践”汇集集体智慧，以点带面，共同改善教育过程质量。以表 5-13 为例，针对半日观察中发现的 9 个关键问题，园所制定了针对性的解决方案，并结合班级整体情况，选择相应的试点班深度聚焦特定问题，在教育实践中打造真实、生动、具体的问题解决案例，快速提高园所班级教育过程质量。

表 5-13　各班级实践提升方案（部分）

评估指标	评估要点	问题解决思路	负责班级
活动组织	游戏活动	支持幼儿参与游戏环境创设，投放多层次、多种类的游戏材料	中三班
	经验整合	支持幼儿在活动中的跨领域学习，帮助幼儿整合多领域经验	大一班
	活动安排	优化过渡环节的组织，梳理一日生活中各环节的组织策略	小一班

续表

评估指标	评估要点	问题解决思路	负责班级
师幼互动	观察记录	使用适宜的工具对幼儿的一日生活进行持续观察和即时记录	小二班
	随机教育	从幼儿的兴趣出发开展相关探究活动，支持幼儿进行有意义的学习	中一班
	重视表征	采用多种形式展示课程故事（故事册、宣讲等），支持和鼓励幼儿的自主表达	大三班
	回应拓展	营造宽松的心理环境，倾听并回应幼儿的表达，关注幼儿情绪与个体差异	小三班
家园共育	参与合作	充分了解家长和社区资源，调动家长参与班级课程的积极性	中二班
	协同育人	完善家园社协同育人机制，充分利用周边自然、社会和文化资源	大二班

下面以大一班课程“鹅的新房子”为例，来具体展示班级如何借助项目活动整合幼儿经验，促进幼儿深度学习。

位于城市中心区的幼儿园来了 4 只大鹅，一时间大鹅成了幼儿关注的焦点。幼儿产生了一系列的问题：它吃什么？怎么住？什么时候叫得多？大一班结合幼儿的问题，决定通过项目活动探究“鹅的新房子”，促进幼儿在直接感知、实际操作、亲身体验中整合多领域经验，具体活动过程如表 5-14 所示。

表 5-14 “鹅的新房子”项目活动推进过程

阶段	关键内容
问题聚焦	建造适合鹅的房子，降低鹅产生的噪声
方案设计	了解鹅产生噪声的原因，制订拯救大白鹅计划
行动实施	了解声音的传播及阻隔方法，多方协调讨论降噪措施
测试优化	测试和优化鹅房隔音效果，回访居民对鹅叫声的感受
经验统整	自制图画书《大鹅历险记》，创编剧目《大鹅来了》，围绕与动物和谐共生这一主题展开宣讲
活动分析	跨学科学习（科学、数学、工程、技术、艺术）；家园社协同共育

活动过程中，幼儿基于噪声问题寻找原因并确定解决方案，通过多次实验，与家园社多方沟通，优化鹅房降噪方案以达到最佳效果。通过自制图画书《大鹅历险记》、自编剧目《大鹅来了》、与城管执法队沟通大鹅的“居住证”等活动，幼儿获得了科学、工程、技术、社会交往等多方面综合素养的提升。

借助大一班的实践案例，教师总结出借助项目活动整合幼儿经验的基本路径，为其他班级优化活动组织、整合幼儿经验提供了样例。

4. 基于“一班一案例”，形成园本课程资源

基于“一班一案例”的思路，园所每个班都围绕问题，找准切入点，基于教育现场落实、优化解决问题的策略。在解决问题的过程中，班级教师的自主性得到充分发挥，对活动组织、师幼互动和家园共育等也有了深度思考，形成了园本课程资源（见表 5-15）。

表 5-15　“一班一案例”资源表

班级	案例	“教育过程”亮点
小一班	过渡环节的组织策略优化	活动安排：活动环节的优化，过渡环节教育价值的提升
小二班	小刺猬——基于一份材料的深度学习	观察记录：教师对幼儿自主游戏的持续观察和适宜支持
小三班	我的情绪小怪兽	回应拓展：及时回应幼儿，科学疏导幼儿情绪，鼓励幼儿表达
中一班	留住花香	随机教育：追随幼儿兴趣，挖掘一日生活中的教育契机
中二班	最美劳动者	参与合作：课程中家长的深度参与
中三班	好玩的车道	游戏活动：幼儿参与游戏环境的优化，自主创造多样玩法
大一班	鹅的新房子	经验整合：探究活动中幼儿的跨领域学习及问题解决能力的发展
大二班	城市更新，探秘湖贝	协同育人：社区资源的充分挖掘
大三班	清秀议事厅	重视表征：课程故事的多元表征及幼儿观点的自主表达

深圳市罗湖区清秀幼教集团　徐　敏　王姗姗　杨茜芸

案例解析 回顾案例，集团积极落实《评估指南》精神，研发园本班级观察记录表，以班级半日观察为抓手，运用班级观察记录表开展班级观察活动，这为客观、真实地了解班级半日活动质量提供了数据基础。尤其是在解决问题的过程中，园所策略性地结合班级优势，布点解决方案的落实，每一个班级都成了解决教育现场问题的重点班级，激励教师为促进幼儿学习与发展而积极努力，有效提升了班级的教育过程质量。

三、关注人的发展，唤醒教师专业自主

在规范日常教育教学水平和提升教育过程质量的实践中，教师通过解决具体问题和情境问题，提升了自评能力并积累了质量提升经验，为专业发展奠定了基础。为了更好地关注儿童的一日生活，幼儿园在班级自评中不断赋权教师，强化其在园本教研和专业成长中的主观能动性。通过日常管理培育教师的专业自主性，培养勤于思考、善于判断、敢于创新的新时代幼儿教师，从而让每个儿童拥有充实、快乐的一日生活。

案例 5-6
“一人一故事”促自主

从提升教育过程质量到关注教师专业发展，“一人一故事”历经了三个阶段：一是赋权教师，自主评估，聚焦课程故事展示；二是革新教研，转变思维，引导园本指引建构；三是深度支持，搭建平台，成就教师专业自信。

1. 赋权教师，自主评估，聚焦课程故事展示

在集团化发展驱动园所数量迅速增加的大背景下，如何发挥集团自我评估机制的优势？在关注园所和班级保教质量的基础上，如何关注集团每一位教师的专业发展以激发教师的专业自主与自我觉醒？是需要幼儿园管理者进一步思考的关键问题。在“一园一区域”“一班一案例”的实践中，教学管理者通过蹲班、聊天、合作、示范，以及做模板、出样张、树典型、写案例的方式，用一个个亮点启发了教

师们的群体智慧，形成了一批优秀课程成果。教师专业能力的提升促进集团再次尝试和创新，以每学期的课程故事展示为主题，请教师思考好的课程故事应该是什么样的，应该如何展示，从而把如何做幼儿园课程故事的权利赋予教师。

集团每学期各园课程故事列举

2．革新教研，转变思维，引导园本指引建构

当我们在课程故事展示中赋权教师时，也在促进教师更好地运用自评权利。借助专家智慧，依托信息平台，集团 200 多位教师通过“电子引导布”工具，开展跨时空联动教研。

在信息技术的支持下，集团全体教师以园所为单位分为 6 大组，通过线下 1 个主会场和线上 5 个分会场开展联动教研。活动现场，各个小组深度参与头脑风暴，每一位教师都踊跃发表观点，各组教研助理将教师们的观点迅速、实时地共享在大屏幕上，呈现出一场动态的思维盛宴，具体教研实施过程如表 5-16 所示。

表 5-16 “如何精彩展示我们的课程故事?”教研提纲

日期	2022 年 06 月 17 日　　星期五
参与人员	主持人：郭扬、廖春媚 教研助理：各园会场 1 名教管、1 名教研员 参培人员：集团全体教师
活动目标	理性目标：教师共同讨论，构建关于幼儿园课程故事汇报的园本标准； 体验目标：使教师感受到自主参与研讨的乐趣，感受到自己的专业性受到尊重，体会到贡献智慧、集体构建标准的成就感
环节	说明与提示
破冰活动	1. 展示素材：故事角色的图片（无固定主角，可增添其他角色）； 2. 共同编一个故事，每人只能说一句话，按座位顺序依次发言（中间给大家呈现一个带有评价的图片，如温馨指数、有趣指数、脑洞指数等），后面可以适当请大家说一说自己的感受； 3. 主持人在屏幕上记录每个人的发言，最后请一位伙伴给大家读故事，表达对大家集体智慧成果的赞扬
开场白	导入语：各位老师，自 2019 年，每个学期末的教师课程案例分享会已经成为例行活动，我们的教师团队在不断扩大，我们的课程故事也越来越精彩。虽然之前我们一起做过“深度学习课程案例开展策略”“深度学习课程案例撰写策略”等教研活动，但大家对于如何能够把自己和幼儿的课程故事精彩呈现出来，依然有种种困惑。因此，在今天，我们教研团队想用一种新的教研方式，来汇聚大家的智慧，把每位教师关于课程汇报的想法聚拢起来，形成园所关于“精彩课程故事”的共同思想，相信这不仅能让本学期的集团课程故事分享会更加精彩，也能够帮助所有教师更好地讲好幼儿的课程故事。今天我们将 8 园 1 点分成 6 大组，园名即组名，各园根据教师人数可以按照 8—10 人一组分成 2—3 个小组，进行分组讨论，每组选一个小组长，组织全体组员积极参与讨论，并亮出观点
陈述程序和规则	1. 陈述规则内容 （1）讨论“如何精彩展示我们的课程故事?”； （2）讨论时间 25 分钟； （3）想到什么就说什么，把想到的每一条用一个“短语 / 关键词”表示； （4）关键词要有明确价值指向（不只是做什么，更要表明如何做、做到什么程度），例如，“提供材料”相对“提供多种类型的材料”、“教师指导”相对“以同伴的方式进行指导”；

续表

环节	说明与提示
陈述程序和规则	(5) 一个关键词只表达一层意思，例如，“提供丰富多样的材料，并且便于幼儿取放”相对“提供丰富多样的材料”和“材料便于幼儿取放”； (6) 关键词不可过于宽泛（禁用词：有效的、适宜的、良好的），例如，“进行有效指导”相对“发现幼儿出现困难时提供指导”； (7) 一个关键词一个模块（填写在观点处；如需要，在关键词后面括号内写一句话详细阐述） 2. 注意事项 (1) 结束前 2—3 分钟，记得提醒教师，并催促尽快将内容誊写到纸上； (2) 分组可采用“同质分组”，即同一个层次教师一组；也可“异质分组”，即不同层次教师相互组合； (3) 请每组教师自行推选 1 名发言人，在讨论后代表发言； (4) 一个电子版只写一条，关键词规则可以保持在页面或现场
讨论记录	1. 发起讨论 下面，请每组讨论、思考：教师在汇报课程故事时，如何能够更好地展示探究活动的过程呢？如何才能最终把故事说得更精彩呢？如何能够让听众被你们的课程故事打动呢？请每组教师把思考到的每一条用一句话或一个短语表达出来，由各组组长统筹讨论，选出每小组最佳观点（不少于 8 条，不超过 10 条），由小组组长将讨论结果同步到大屏幕上 2. 讨论分享 (1) 在研讨过程中，两位教研助理在各组间巡回并听取各组的讨论过程，如发现违反规则，或对讨论问题不甚明确的情况时，及时加以引导，并视情况决定是否要面向全体教师重申规则； (2) 请各组发言人逐一宣读并简单介绍每一条内容。对于过于抽象或表达不清晰的内容，通过简单的一句话追问，请教师进一步澄清。必要时，在卡片上对原话进行补充、完善，每组 5 分钟 3. 注意事项 (1) 请时刻牢记“搁置评判”的原则，即不对教师们所写的内容进行负面评判，除违反事先约定的规则以外； (2) 电子看板上按照小组排列，每组一列，从左到右呈现，尽量不要填满，为下一环节的重新排列留出空间
分类汇总	1. 事先预判教师可能提到的内容，并提前设想若干个维度 **维度一** 逻辑结构：主线清晰、逻辑严谨，案例整体框架为前中后，注意每个活动框架及活动之间的逻辑；

续表

环节	说明与提示
分类汇总	故事内容：活动真实，选题有价值——源于幼儿生活、兴趣，活动过程有冲突——遇到问题、解决问题的循环，儿童表征多元——语言、绘画、戏剧、建构、信息化等，活动记录要点清晰，活动有反思； 汇报叙述方式：分享者自信大方、语言清楚，关键活动内容筛选详略得当，理性描述与感性描述结合，反思聚焦深入——关于儿童发展的解析，关于教师支架的策略——问题、环境、材料、情境、家园共育； 汇报文本格式：画面舒适，字体和各级标题格式清晰，图片选择有效、导图呈现的方式适宜 **维度二** 分享者视角、倾听者视角、汇报内容视角 2. 在组织教师观点呈现时，按照从易到难、从具体到抽象、从简单到复杂的原则，逐一选取各个维度的内容 / 卡片，按照从左到右的顺序重新摆放、张贴。此过程有两种办法： 方法一：先挑选代表第一个维度的内容 / 卡片，张贴到空白处，然后请教师“请挑选与它近似的内容”，在挑选过程中引出该维度的名称； 方法二：挑选出多张内容 / 卡片，请教师回答：“我为什么把这几张放到了一起？”，从而引出该“维度”的名称 3. 注意事项 （1）不要刻意避免“落单”，如果某个维度只有一张内容 / 卡片，就把它单独放置，同时也起一个它所代表的维度的名称； （2）对于拿不准或有争议的内容 / 卡片，请提出的小组加以澄清，最终请该小组决定应当归到哪个维度； （3）每当一个维度归类、张贴完毕后，分别用一张大纸或其他颜色的卡片，写上该维度的名称，将其粘贴在该维度卡片的最上方
回顾总结	1. 对教师在讨论过程中的表现予以充分的肯定； 2. 对教师的研讨成果予以充分的肯定，并鼓励教师自己拍照留念； 3. 邀请教师一同大声复述各个维度的名称； 4. 邀请两位教师发言，总结今天研讨活动中的感受、收获

教研过程中，各小组深度参与头脑风暴，每一位教师都踊跃发表观点，碰撞出智慧的火花。教研现场，教师梳理出了 4 个维度 123 条有效观点。在这场看见教师、理解教师、尊重教师、追随教师、支持教师的教研活动中，可以看见一群勤于思考、善于判断、敢于创新的教师，这也是集团要培养的真正能看见儿童的好教师。

教师输出的原始观点，经过 2—3 次回归教育现场和教师共同体的深度研讨，不断补充完善，最终形成围绕“如何精彩展示课程故事”的自评指引体系。

整个教研过程，园所把评价的自主权还给教师，每一位教师的智慧和专业热情不断地被激发。通过活动，教师成为积极主动的构建者和学习者、教研活动的主导者和受益者。

“如何精彩展示我们的课程故事？”教研现场

教研现场电子屏幕上观点呈现和梳理过程片段

教师建构园本课程指引的过程

3. 深度支持，搭建平台，成就教师专业自信

幼儿园保教质量的提升首先体现在教师的发展上，教师的发展主要体现在专业上的发展。基于教师自主构建的课程故事展示园本指引，集团从“教师共同体基于‘课程展示’的深度研讨交流”“教师共同研究经典案例，梳理课程故事展示的逻辑”“学期末评选优秀课程故事展示汇报”三个关键方面，为教师搭建成长平台，支持教师的专业发展。

（1）教师共同体基于“课程展示”的深度研讨交流

实践出好故事，建构好课程故事的园本质量指引后，集团从课程的活动目标、活动内容、幼儿发展、教师支持等角度，以教师共同体的形式继续开展多轮研讨和现场观摩，让指引真正发挥促进幼儿发展、提升教师专业素养和改进教育现场的价值。

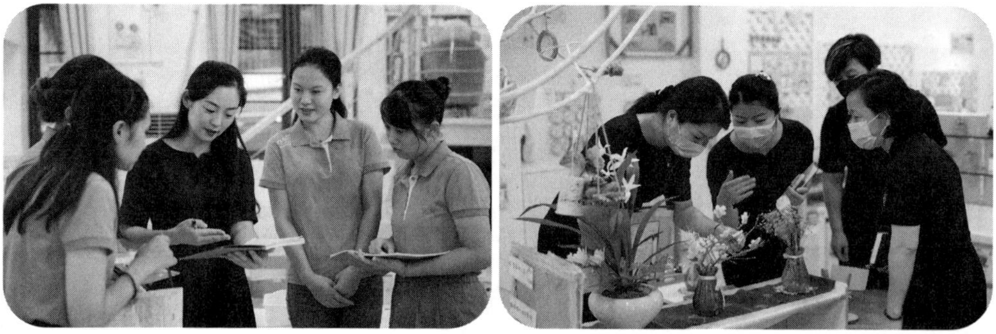

多次深度研讨交流现场

多次深度研讨交流现场（续）

（2）教师共同研究经典案例，梳理课程故事展示的逻辑

集团与教师共同分析近年来学前教育领域经典课程案例，共同研究经典课程案例的实施路径和特点，不断完善课程建设经验，提升教师的课程建构能力。同时，还会梳理集团各园所优质课程故事的主题来源、活动逻辑、活动亮点和幼儿发展等，对标经典课程案例，基于现有差距帮助教师提升实施课程及展示课程故事的综合能力（见表 5-17）。

表 5-17　教师梳理经典课程故事展示逻辑

案例名称	案例过程	案例展示逻辑
做泡菜	厨房叔叔教做泡菜—好吃的泡菜怎么做？—泡菜生花了怎么办？—如何做泡菜美食？	事件发展顺序
玩帐篷	在桌子底下玩—搭帐篷—帐篷医院	儿童解决问题的逻辑
你好，蚕宝宝	初识生命—探秘生命—体悟生命—感恩生命	幼儿情感发展逻辑
嘉阳的 18 次挑战	第 1 次—第 2 次—第 3 次—第 4 次—第 5 次—……第 18 次	时间先后顺序

（3）评选集团各园优秀课程故事展示汇报

班级教育现场不断完善的同时，园所也沉淀了系列课程资源，园本课程的开展也更具特色，教师会借助更加多元的方式，如课件、视频、辩论赛、故事展览等形式展示自己和幼儿的优质课程故事，如表 5-18 所示。

表 5-18 优质课程故事展示汇报名单（列举一个学期）

序号	案例名称	园所	展示形式
1	鹅的新房子	清秀总园	儿童辩论赛
2	嗨，灰尘君	清秀荣悦园	课件 + 展板
3	神奇的树屋	清秀淘金山园	定格动画
4	800 米高空的菜园子	清秀培知园	视频 + 课件
5	神奇的大米	清秀雅乐园	课件 + 展板
6	1 米高度看世界	清秀庐峰园	课件 + 视频
7	探秘花草纸	清秀翡翠点	故事展览

深圳市罗湖区清秀幼教集团 郭 扬 廖娅娣 李楠楠

案例解析 评价的最终目的是从过程和结果中获得有益于发展的信息。质量评价由外部他评转向内部自评，尤其在班级实践阶段，教师既是被评价者也是评价主体。为了更好地关注幼儿的一日生活，幼儿园不断反思如何鼓励教师积极参与自评，提高自我反思和改进能力。通过呈现“一人一故事”的实践成果，我们看到教师自主、自觉地追求发展，关注每名幼儿的身心健康。

具象问题、情境问题和人的发展问题是影响幼儿园保育教育质量提升的 3 大核心因素。集团各园抓住这些核心因素，基于丰富的自评经验，推动班级质量自评，深刻理解和认识《评估指南》的评估要点。这为班级开展自评奠定了基础，促使园所找到适宜的自评方式和提高保教质量的路径。在此过程中，教师更加关注儿童的一日生活，从安全、卫生、玩具材料、活动组织、师幼互动等方面全面优化教育环境，为每个儿童创造快乐、充实的生活体验。

教育评价旨在促进、改进，而非证明、筛选。幼儿园的自我评估体系从外部推动到内部实践，更加关注儿童发展、教师专业水平和教学实践。具备自我审视、反省和革新能力的幼儿园能够进行适应性变革，持续的自我评价将推动教育质量提升，进而提高儿童一日生活的质量。园所应构建内部自评体系，以促进教师系统反思教育过程，确保儿童为本原则得以体现，真正看见儿童的一日生活。

第三节 以家园社协同育人丰富儿童的一日生活

儿童生活在一定的社会关系中，其一日生活离不开家庭、幼儿园和社区三方的共同支持。学前教育需要家庭、幼儿园和社区密切合作，保持教育的一致性，以促进儿童的发展。园所多年来积极构建家园社协同育人路径，形成了具有园本特色的协同育人模式，包括一致的教育理念、整合的教育资源以及多元主体间的有效联动。这样的路径不仅提高了协同育人的效果，还丰富了儿童一日生活的内容，使得儿童在家庭、幼儿园和社区的共同关爱与支持下，更好地发展各方面的能力。

一、达成共识，构建协同育人共同体

家庭、幼儿园和社区是影响儿童成长的三大环境，对幼儿在园一日生活的教育会产生叠加影响。作为支持学前教育的重要力量，在育人目标一致性的引领下，三方要重视协同育人的重要性和迫切性，整合优质教育资源和综合效能，创设有利于儿童健康成长的教育生态环境，构建深度融合的协同育人共同体，实现优势互补，高效协同，共同促进儿童的身心全面和谐发展。

（一）厘清育人主体，增强协同育人意识

协同育人意味着育人主体由单主体向多元主体转变，由家庭、幼儿园和社区组成的共同体承担儿童教育的责任。学前教育阶段，家庭教育是基础，幼儿园教育是主导，社区教育是补充。虽然三方在协同育人过程中所起的作用不同，但应该明确三方平等、权利相当、互为主体的地位。家庭、幼儿园和社区要时刻持有协同育人的意识，围绕共同的育人目标和价值观，兼顾不同主体的需求，利用不同主体的优势，为儿童一日生活提供充分保障，协同促进儿童在一日生活中全面发展。

案例 5-7
棚改“小小设计师”

得知棚户区改造项目中集团要新建两所幼儿园，幼儿非常激动。“新幼儿园会建成什么样子呀？”“新幼儿园什么时候建好啊？”“新幼儿园会像总园一样好玩吗？”等问题层出不穷。棚改项目定位为建设儿童友好型社区，新建幼儿园是否应该考虑幼儿的根本需求，把幼儿的需要纳入设计规则中呢？

综合考虑幼儿的兴趣需要和建设儿童友好型社区的出发点，区教育局、妇联、棚改服务中心及幼儿园联合举办了“童视角 & 童参与”设计师进幼儿园系列活动。中班和大班幼儿代表和部分家长义工代表全程参与该活动。

1．建构童趣“梦想乐园”

“小朋友们喜欢什么样的幼儿园呢？”“你希望幼儿园里有什么呢？”“你想在幼儿园里设计些什么好玩的呢？”……市规划院规划师通过开放式问题引导幼儿想象自己喜欢的“梦想乐园”，通过游戏搭建的方式在社区环境上完成了“梦想乐园”的立体场景搭建，幼儿的奇思妙想也为规划师带来了许多设计灵感。

小小设计师参与活动

小小设计师专注设计“梦想乐园”

2．拼砌童梦“理想世界”

“梦想中的幼儿园”有了，幼儿园所在的社区空间会是怎样的呢？教师协助规划师组织幼儿自由分组，各小组幼儿一起用积木拼搭出心中的“理想世界”。小小设计师们拼搭的“理想世界”里有游乐场、警察局、俱乐部、吊桥、火车、无人机、警车和紧急塔，幼儿可以直接坐滑梯穿过吊桥到游乐场里面去玩。

小小设计师专注搭建“理想世界”

小小设计师的“理想世界”

深圳市罗湖区清秀幼儿园 郭 琼 张雪谊 刘薇薇

案例解析 在区教育局、区妇联等相关责任部门组织的罗湖棚改“设计师进幼儿园”系列活动中，幼儿通过游戏的方式建构出自己的“梦想乐园”和“理想世界"，规划师通过幼儿的模拟作品聆听幼儿的声音，再把幼儿的想法和创意有选择地融入真实空间的设计中。该活动不仅让幼儿以多种形式参与棚改项目并获得新经验，更反映出幼儿园、家庭、社区等多元主体借助棚改项目的契机，主动引导社区小主人参与共建行动的协同育人理念。活动在促进幼儿参与周边社区环境创设的同时，也培养了幼儿对周边社区环境的责任感。

幼儿园是开展学前教育的主导力量，应该积极主动与其他主体联结，尊重家庭、社区的主体地位，给予家庭、社区更多的参与机会。同时，家庭和社区作为协同育人的主体，需要增强自身的协同意识，明确自身的主体地位，主动承担责任，积极、深度参与协同育人过程，将三方力量合并，以儿童一日生活为实施载体，共同为儿童的发展创造良好的条件。

（二）完善协同制度，促进协同育人有效落实

协同育人的过程中，幼儿园是主导者和组织者，应该带头做好家园社协同共育的顶层设计，成立专门的领导小组，研制协同育人的工作制度、实施制度、沟通制度和保障制度等。通过一致认可的协同制度，明确家庭、幼儿园和社区的权、责、利，有效统筹三方力量，发挥组织优势，形成良好的互动机制，以促进幼儿园各项工作全方面协同开展，为儿童一日生活的高效实施奠定制度基础。

案例 5-8 家园携手，促进幼儿健康快乐成长

1．计划推动，实现家园双向互动

家长工作是幼儿园工作的重要组成部分。新学期，幼儿园将迎来新一批的幼儿和家长。从新生适应家长会的情况来看，新生家长有较高的意愿参与到幼儿园的家园共育工作中，这将有助于园所更好地开展家长工作。但从全园整体的家庭情况来看，家长文化程度参差不齐，部分家长存在教育理念滞后、家庭教育方法简单、重知识轻习惯培养等情况，这对幼儿园家长工作是一个新的挑战。

为实现家园双向互动，在面对实际问题时，幼儿园进行了问题分析，并梳理出新生入园第一学期促进家园工作的阶段性目标和计划。在新学期园所工作计划的明确指引下，园所在日常工作中通过各种活动和平台与家长保持着紧密的沟通，保教工作不仅获得了家长的理解、支持和主动参与，还提高了家长参与家园共育工作的主动意识，优化了家庭教育的理念和方法，顺利实现了新学期家园协同工作的目标。

2．总结展望，增强协同育人效果

清秀集团的每个园所都会借力家委会、膳食委员会等组织，携手开展丰富多彩的活动，如“为爱坚守”“打卡淘园”“民间体育游戏赶大集”“你玩我玩大家玩”“体育节”“新年庙会”等。每学期末，园所都会组织家委会、膳委会共同梳理家园协同情况，制订新学期工作计划。家委会成员分为活动策划组、课程资源组、协同管理组（家长义工、后勤服务），具体职责、岗位分工如表 5-19 所示。

表 5-19　家长委员会构成及分工

组别	组内分工	主要职责
活动策划组	策划组	负责学期各项大活动的策划及开展，参与幼儿园亲子活动、家长沙龙、家长学校培训等策划工作
	宣传组	积极为幼儿园做好对外园所形象的宣传及总结工作
课程资源组	讲师组	1. 以自然教育为核心，对家长进行指导并对助教进行培训，支持园所开展户外自然日教学活动； 2. 定期开展自然学习活动
	助教组	1. 结合幼儿园自然项目，为幼儿提供教育资源或相关的教育内容； 2. 召集家长开展“妈妈故事团”“爸爸体能日”等活动，帮助家长接触和了解班级幼儿
协同管理组	护卫组	支持幼儿园的安全、保卫工作，保证来离园环节幼儿及家长们的安全
	义工组	参与幼儿园各项大型活动，积极配合幼儿园开展活动并做好各项安全维护工作
	保健组	用自己的专业知识为家长提供保健知识咨询，在传染病高发季节，协助幼儿园做好消毒及预防工作

深圳市罗湖区清秀幼教集团淘金山幼儿园　黄品新　董迎青　张　琴

案例解析　家园社协同共育，涉及幼儿园工作的方方面面，教育教学、后勤安全、卫生保健等工作都是协同育人的重要版块。园所一般都会根据自己的园本情况和课程定位，通过多样的内容和形式开展协同育人工作。无论是清秀总园针对某学期制订的具体工作计划，还是淘金山幼儿园与家委会同共商讨的工作职责，都是为了厘清协同育人工作中的角色分工，有助于规范化地开展工作，为保障幼儿一日生活有效开展提供强有力的制度保障。

“意识先行，制度保障”，上级部门制定的指导文件为协同育人工作指明了方向，但每所幼儿园的地理位置、社会资源、家长资源、教师专业素养等都存在差异，其自身有着独特的文化基因，幼儿园应该根据所在区域及园所本身的实际情况，因时制宜地确定三方育人的协同制度，为家园社教育一体化提供基础保障，逐步形成多方联动、各司其职、效能显著的协同育人工作格局。

学前教育具有较强的社会性，与家庭、社区有着十分紧密的联系，儿童的教育和发展是家庭、教师、保育人员和社区的共同责任。儿童一日生活的质量受到生态环境的制约，家庭、幼儿园、社区之间是相互联系、相互制约的，要充分认识到三方在儿童一日生活中的独特作用，加强彼此之间的联系，形成教育合力，为儿童营造良好的发展环境。

二、整合资源，形成协同育人合力

儿童成长会受到多方面影响，家庭教育、学校教育和社会教育的力量不容忽视。家庭是儿童最先接触的教育场所，家长的言传身教对儿童未来的发展极为重要；社区有家庭、幼儿园不具备的很多优质资源，能延展儿童的学习空间；幼儿园通过有计划、有组织、有目的的系统教育培养儿童。学前教育要想得到科学的发展，需要集中社会的教育资源，以幼儿园为核心，联合家庭与社区，形成教育合力，建构全方位的育人模式，共同提升儿童一日生活质量，促进儿童全面发展。

（一）合理利用家庭资源，引导家长积极参与教育活动

家园共育是儿童健康成长的基础，也是班级工作的重要环节。幼儿园可以结合家长自身的背景和优势，充分了解和分析家庭资源，尽可能地挖掘多样性的、可供儿童选择的、有利于儿童发展的课程资源。在搜集和整理课程资源的同时，有计划地创造儿童学习的机会，帮助儿童在一日生活中增加学习体验，获得发展。

案例 5-9
小小芦丁鸡

小班幼儿天性热爱自然，喜欢亲近小动物。班级有一个对外敞开的适合养小动物的大阳台，教师结合幼儿的兴趣，在与幼儿认真讨论后决定在班级大阳台养殖芦丁鸡。通过养殖动物帮助幼儿了解动物的成长变化，感知自身行为与动物成长的关系，进而感受生命、了解生命、珍惜生命。探究过程中，教师结合班级需要和资源优势，特别邀请了班级的家长助教全程参与养殖过程。就这样，“小小芦丁鸡”项目探究活动在小一班如火如荼地开展起来了。

1. 问题聚焦——幼儿园可以养殖芦丁鸡吗？怎么养？

科学养殖并不是一件简单容易的事情，不但要创设适宜的养殖环境，还要预防疾病和突发事件的发生。幼儿与家长前期针对养殖芦丁鸡需要做哪些准备做了资料搜集与调查，幼儿通过采访有养殖经验的成人，初步了解了科学养殖的方法。

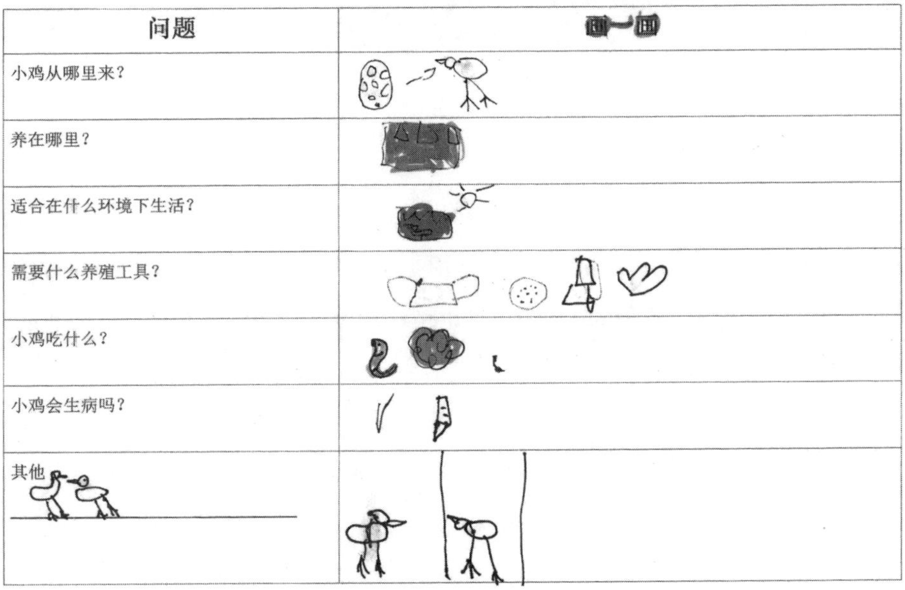

问题	画一画
小鸡从哪里来？	
养在哪里？	
适合在什么环境下生活？	
需要什么养殖工具？	
小鸡吃什么？	
小鸡会生病吗？	
其他	

亲子调查

幼儿表征

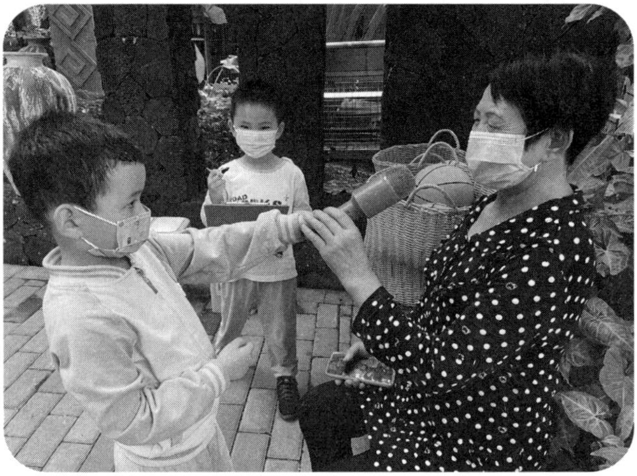

幼儿采访

幼儿记录和表征

了解到科学养殖芦丁鸡的方法后，幼儿找到园长询问是否可以在幼儿园里养殖芦丁鸡。园长告诉幼儿，幼儿园可以养殖芦丁鸡，但是需要大家认真、细心地照顾它们，保证自己和小鸡的安全。随后幼儿向幼儿园保健医询问了芦丁鸡疾病预防的相关问题。

园医：“鸡有可能会生病，也需要预防一些疾病，不然会传染给小朋友。”

跑跑：“那怎么办呢?”

园医：“你们需要定时给它的家和周围环境进行消毒，照顾它的时候需要做好防护，最重要的是，还需要给鸡打疫苗。”

幼儿咨询园长

幼儿咨询保健医

养鸡计划正式启动了。可是，鸡从哪里来呢？幼儿说可以从网上买，家长助教第一时间与网上卖家取得联系，沟通后了解到，芦丁鸡在幼崽时期就会飞了，需要在养殖箱内养殖。通过与卖家协商，最后决定在购买小鸡的同时，购买小鸡专用的水杯、餐盒、养殖箱等。

小鸡和它的新家终于要来了。幼儿一致认为，教室门口走廊处的自然角适合做小鸡的家。于是大家根据芦丁鸡的生活习性对鸡窝进行了布置。

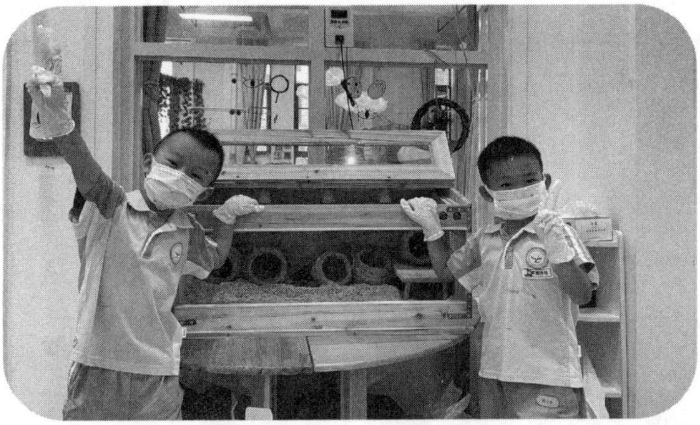

幼儿布置鸡窝

2. 设计方案——芦丁鸡养殖方案

小鸡也会生病，还可能会传染给人。于是家长助教找到了深圳市市场监管局农业科的工作人员，请他给幼儿讲解相关知识。工作人员认为这是一个非常好的教育契机，很耐心地向幼儿介绍了一系列养鸡的注意事项。班级根据工作人员的介绍展开了新一轮的讨论。

教师："叔叔给我们介绍了这么多的用药方法，大家觉得应该给小鸡用哪一种呢？"

小粒粒："不要给它打针，我们打针都会哭，小鸡应该也会哭。"

兜兜："我们把药放在水里让它喝吧。"

教师："但是小鸡长得都很像，我们怎么知道谁喝了药，谁没有喝药呢？"

哲哲："我们可以给它做个标记。"

教师："做什么标记呢？"

童童："给生病的小鸡套上彩色的脚环，我们就可以认出来了。我们家的鹦鹉就套着脚环。"

教师："还需要有个人负责观察小鸡，看看哪只小鸡喝了药，哪只没有喝药。"

岚岚："老师，我可以。"

幼儿觉得吸管可以套在小鸡的脚上作为脚环，便在班级找到了彩色吸管，给喝完药的小鸡套上，保证每只小鸡都接种了疫苗。之后，幼儿实时观察小鸡的健康状况。

3．实施计划——如何喂养芦丁鸡？

幼儿在防疫站工作人员和园医的指引下，了解到照顾小鸡时需要佩戴手套、口罩和围裙。大家通过讨论完善了喂养流程，并准备了专门的喂养工具，包括镊子、清扫工具、筛屎器和酒精喷雾等，以确保幼儿能卫生、安全地参与养殖活动。

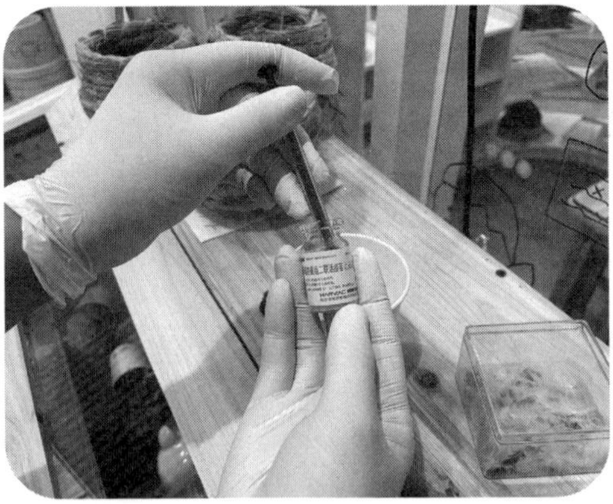

防疫站工作人员讲解卫生和安全问题

幼儿完善喂养流程

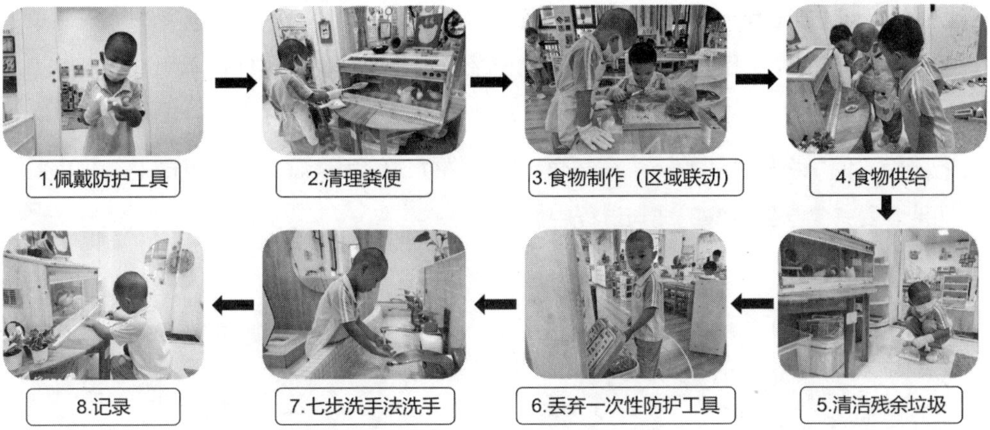

幼儿设计芦丁鸡喂养流程

4．测试优化——小鸡的营养餐

好好："老师，我们的小鸡什么时候下蛋呀？"

教师："是呀，小鸡已经有两个多月大了，卖家说两个月左右就会下蛋了。但为什么它们还没有下蛋呢？"

童童："我们家的小鸟会吃很多种食物，我们的小鸡可以吃面包虫、菜叶和饲料吗？"

教师："我们可以向厨房的叔叔阿姨要剩下的菜叶，你们剪碎了给小鸡吃。但是面包虫我们没有呀。"

童童："我们家有活的，明天我带来。"

第二天，幼儿和家长助教为小鸡带来了营养的食物，班级区域中，幼儿也在为增强小鸡的营养努力"工作"。科学区的幼儿使用清洁工具和筛屎器清扫鸡窝，生活区的幼儿制作碎菜叶，大家通过分工合作共同照顾小鸡。

幼儿制定芦丁鸡喂养约定

5. 项目发布——芦丁鸡下蛋啦！

芦丁鸡的养殖工作渐渐步入正轨，在经历了多次对小鸡居住环境和饮食条件的升级改造后，芦丁鸡终于开始下蛋了。幼儿纷纷表示，虽然在养殖过程中遇到了很多困难，但是看到芦丁鸡下蛋后都有一种油然而生的自豪感。养殖过程中，幼儿真切地感受并参与到生命的成长过程中。

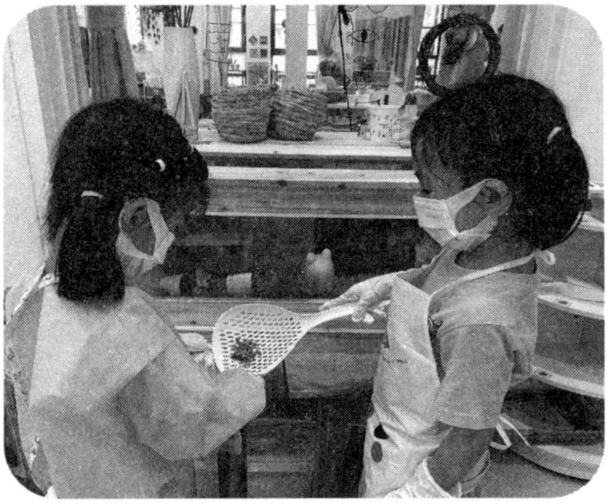

小鸡的营养食物

幼儿照顾小鸡

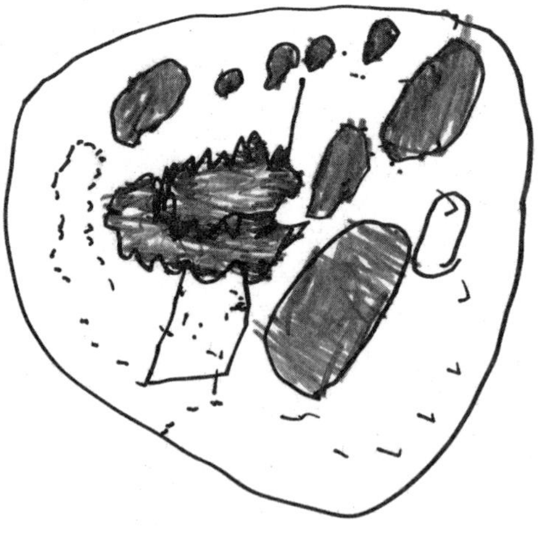

幼儿设计芦丁鸡食谱

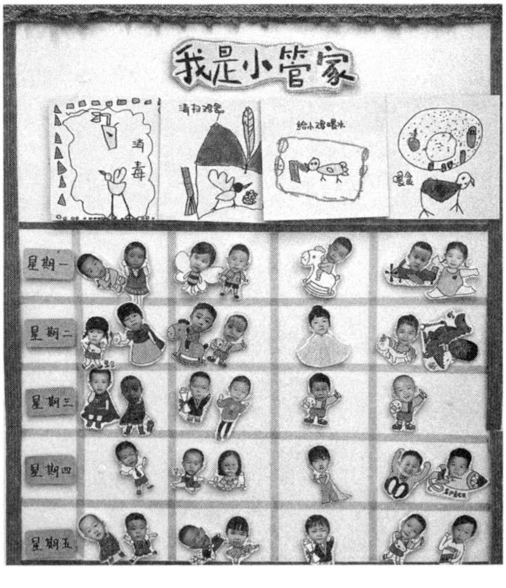

幼儿设计分工表

芦丁鸡下蛋啦

靠谱的鸡爸爸、鸡妈妈

幼儿绘画芦丁鸡下蛋的场景

幼儿绘画鸡爸爸、鸡妈妈照顾蛋宝宝的场景

6. 假期托管——家庭孵化工程

幼儿越来越期待观察和照顾芦丁鸡，并将小鸡们的行为记录下来。项目探究中，幼儿不仅对芦丁鸡产生了浓厚的兴趣，也更加喜欢接触和亲近大自然。在幼儿的宣传下，越来越多的家长主动参与到班级项目中，还给幼儿买了家庭孵化器。当假期来临，幼儿争先恐后地把鸡蛋带回家，开启了家庭孵化工程。

深圳市罗湖区清秀幼教集团荣悦幼儿园　马雨荷　谭　馨　吴香梅

案例解析　项目探究活动中，家长始终热情地参与其中，不仅与幼儿和教师共同完善养殖流程，还科学引导幼儿注意安全与卫生。活动中家长给予了很大的支持，家长的参与深化了家园共育的实践，也丰富了幼儿园的课程资源。整个活动中，幼儿获得了养殖动物的经验，对人与动物的关系有了进一步的认识，更加有责任感了，还锻炼了坚持观察、照顾动物的意志力。

儿童家长来自各行各业，具有不同的文化背景，这不仅是丰富的社会资源，更为幼儿园提供了丰富的教育内容。因此，应把家长自身的背景和优势整合为一日生活课程资源的一部分，让家长的职业优势成为引导儿童认识社会的一扇窗口，让家庭深度参与到儿童的一日生活中，促进儿童发展。

（二）充分挖掘社区资源，扩展儿童一日生活的活动内容和空间

协同育人是多方主体参与的复杂过程，社区中的图书馆、博物馆、消防站、派出所、公园、银行、餐厅、山河等资源都有可能成为协同育人的重要支持。教师应充分挖掘社区资源，分析这些资源的教育价值，提取其中蕴含的能促进儿童发展的教育内容，使社区资源成为幼儿园教育资源的增量资源，给予儿童更为广阔的实践空间和锻炼机会，扩展儿童一日生活的内容和空间，发挥社区在协同育人过程中的孵化作用和支持作用。

案例 5-10
你好！木头龙工地

幼儿园隔壁的木头龙小区正式开始大面积的拆除、重建工作，伴随而来的灰尘和噪声对幼儿园的教育与生活造成了一定影响。幼儿园先后联系工地开发商、拆迁方、施工方、木头龙社区工作站等相关单位，就灰尘和噪声问题多次协商沟通，最终决定由施工方在幼儿园与工地的交界处安装高达 5 米的隔音屏和具有自动调节功能的降尘喷雾设备来降噪降尘，并约定幼儿在园的某些时段尽可能避开强噪声工作。经过多方协调和努力，工地最大限度地减少了施工对幼儿健康成长与学习发展造成的影响，保证了幼儿在园一日生活的顺利开展。

与此同时，大家意识到了一个令人深思的问题：工地施工确实为幼儿园工作带来了一定的不便，但凡事皆有两面性，园所怎么做可以把工地转化为幼儿园课

程资源的一部分？教师留意到幼儿经常在晨间来园、餐后活动、户外活动等环节观察工地上发生的事情，时不时会听到幼儿讨论“工地在做什么呀?”“那辆带钩子的车是什么车啊?”“工人叔叔在做什么呀?”等问题。于是，教学管理者和教研员共同梳理了木头龙工地的资源，挖掘了其中有教育价值的部分，转化为课程资源。

1．园所运用工地资源的基本路径

（1）挖掘木头龙项目中蕴含的教育资源

园所通过访谈、网络调查、实地考察等方式，从工地的拆迁背景、施工计划、施工情况、重建参与主体等方面全面了解了木头龙项目在罗湖区城市更新项目中所占据的重要位置。园所从资源内容的角度全面分析木头龙项目，确定木头龙项目中至少蕴含了人员、工具、施工附加物、事、关系 5 个方面的资源内容，每种资源内容还可以不断细分，具体的教育资源分析如表 5-20 所示。

表 5-20 木头龙项目中蕴含的教育资源

资源内容	细分内容	样例
人员	施工人员	钢筋工、木工、泥水工、砖瓦工、杂工等
	项目管理人员	项目经理
		总工程师、建筑设计师、安全员等
工具	大型工具	挖掘机、推土机、铲运机、装载机、平地机等
	小型工具等辅助工具	电钻、灰桶、铁锹等
施工附加物	声音	声音的来源、属性、利弊，我们能怎么做
	粉尘	粉尘的来源、结构、利弊，我们能怎么做
	振动	教学楼什么时候会振动、为什么会振动
事	工地上已经完成的事情	工地上已经完成了哪些工程
	工地上正在做的事情	工地上正在做什么
	工地上将要做的事情	未来工地上还要做哪些工程
	幼儿看到的事情	幼儿日常关注工地上的哪些事情

续表

资源内容	细分内容	样例
关系	人与人的关系	安全员与施工员的关系
	人与事的关系	造价员要做什么事情
	人与工具的关系	什么人负责开什么车
	事与工具的关系	这辆车做的是什么事情
	事与事的关系	哪些事情是同时进行的
	工具与工具的关系	如不同的工具间有什么不同点和相同点
	工地与人的关系	对我们的生活有哪些影响

（2）分析教育资源中蕴含的教育价值

基于对木头龙项目的深入分析，园所意识到木头龙项目的资源挖掘能实现两个重大意义：第一，木头龙项目是发生在幼儿身边的社会热点，其改造背景与罗湖区的二次腾飞密切相关，跟随幼儿的兴趣开展教育活动，能从小培养幼儿热爱家乡的情感；第二，木头龙项目前期对幼儿园日常工作造成了某种程度的干扰，园所抓住木头龙项目中的教育资源开展教育活动，能培养幼儿辩证地看待问题的思维能力。园所立足于五大领域，详细分析了木头龙教育资源中蕴含的教育价值（见表 5-21），为后续提取合适的教育内容提供了客观依据。

表 5-21　分析木头龙教育资源中蕴含的教育价值

领域	模块	核心价值	举例说明
健康	心理健康	保持稳定的情绪并能适应建筑工地施工对幼儿一日生活带来的影响	小班幼儿不害怕、不排斥工地上的噪声
	生理健康	了解工地中噪声和粉尘的影响，知道建筑工地不是能随意出入的地方，具备基本的安全防护知识	中班幼儿知道建筑工地不是能随意出入的地方，知道噪声和粉尘对人体的影响
语言	早期口头语言	愿意讲述自己对建筑工地的发现，并能表达出来	大班幼儿愿意讲述自己对建筑工地的发现，并能有序、连贯、清楚地表达出来
	早期书面语言	喜欢用一定的方式描述建筑工地上的变化或发现	小班幼儿喜欢用涂涂画画的方式描述建筑工地上的变化或发现

续表

领域	模块	核心价值	举例说明
科学	物质科学	探究工地上与声学、力学、水资源有关的知识，初步了解物质科学在人类社会发展中的重要作用	中班幼儿了解工地上的不同声音，分辨不同声音的差别在哪里
	科技与生活	探究各种建筑工具，知道其特征并了解其在生活中的应用	中班幼儿了解工地上各类施工工具，知道这些工具的作用
数学	量的概念	知道建筑工地上与量有关的知识，初步了解数学知识在人类社会发展中的应用	中班幼儿初步探索当下的建筑施工涉及哪些与量有关的知识
	时间	通过工地上的变化，知道事物发展与时间的关系	小班幼儿感知工地的施工时间，尝试区分白天和黑夜
	图形与空间	知道工地上和图形与空间有关的知识，初步了解数学知识在人类社会发展中的应用	中班幼儿初步探索当下的建筑施工涉及哪些图形与空间的知识
社会	人际认知	通过了解建筑工地中的人员了解不同角色以及职业特征	中班幼儿知道更多的建筑职业及其特征，并开始对不同社会角色形成基本的认识
	亲社会行为（合作）	知道合作的重要性，产生既利于自己又利于他人的行为	大班幼儿知道建筑项目的完成需要各类不同角色人员的分工合作，认识到合作的力量，主动发起生活中的合作行为
	社会情感（关心尊重他人）	利用身边的生活资源，了解工地人员的工作，体会这些工作给生活带来的变化和便利，懂得尊重工作人员的劳动，珍惜劳动成果	小班幼儿感知建筑工地上的施工时间，初步体会工地上工作人员的辛勤工作
	社会情感（归属感）	走进木头龙项目，见证罗湖二次腾飞之路，建立对罗湖和深圳的归属感	大班幼儿知道木头龙项目的意义，能感受到罗湖的发展，为罗湖和深圳的发展变化感到自豪
	社会适应（行为规则）	了解工地施工需要遵守的社会规则，以及为什么要遵守这些规则，体会这些规则的重要性，学会自觉遵守行为规则	中班幼儿开始了解工地上人与人、人与物、人与事的关系，通过关系梳理，知道规则是保障工地顺利施工的基础之一
美术	美术欣赏	从建设之初，观察木头龙项目建设过程，感受建筑群的构图、空间、比例、色彩、形体等艺术美，见证建筑艺术的诞生过程	大班幼儿关注建筑项目运行的全过程，感受建筑设计、施工、成型的过程，体会建筑艺术美，尝试绘制木头龙建筑

（3）确定教育资源中可提取的教育内容

通过详细的梳理和分析，园所发现木头龙项目中蕴含着许多有价值的资源和内容。基于教育资源的价值分析，经过反复研讨，园所确定了转化教育内容的四大基本原则：一是正确的价值取向，二是贴近幼儿的真实生活，三是符合幼儿的年龄特点和兴趣需要，四是有利于教师科学合理地编排和组织活动内容。结合四大基本原则，园所班级围绕人、建筑、工具、灰尘、噪声、城市的变迁等内容分阶段开展了丰富的主题探究活动、自主游戏活动、科学领域的测量活动等（见表 5-22）。

表 5-22　确定木头龙教育资源中可提取的教育内容

资源内容	教育活动内容	活动类型
人员	了解工人叔叔的工作内容和职业特征，知道他们来自五湖四海，感受工人叔叔的辛苦，体会深圳的开放与包容	主题探究活动 自主游戏活动
工具	认识更多的建筑工具，了解工具的发展历史，尝试动手制作自己喜欢的工具	主题探究活动 自主游戏活动
施工附加物	1.持续性测量、记录工地上的噪声，对比不同位置噪声的大小； 2.了解噪声产生的原因，思考声音的种类及声音与人类的关系； 3.了解灰尘产生的原因、灰尘对人类的影响，思考如何消除灰尘	主题探究活动 自主游戏活动 科学领域的测量活动
事	1.日常观察、记录工地上发生的变化，模仿工地上发生的事情； 2.调查工地上的建筑，了解建筑的发展过程，尝试变身小小建筑设计师	主题探究活动 自主游戏活动
关系	围绕木头龙项目的拆迁重建，探究城市的发展和更新，感受城市变迁中的传承和创新	主题探究活动 自主游戏活动

（4）形成精彩的幼儿园园本课程案例

园所和教师积极联动社区、工地和家长，共同参与到课程中，围绕木头龙工地进行的活动，从一部分幼儿的兴趣到一群幼儿的关注，再到全园的深度探究，形成了精彩纷呈、趣味十足、记录着幼儿与城市共成长的真实故事。一系列精彩的课程案例展现了幼儿眼中的木头龙工地变身之旅，是幼儿与工地共成长的重要记载，也体现了园所对社区资源的充分挖掘和利用（见表 5-23）。

表 5-23　由木头龙小区拆建资源延伸出的课程案例

阶段	主题探究案例	自主游戏案例	其他类型案例
第一阶段（2020 年 3 月—2020 年 7 月）	热闹的建筑工地	/	写画记录工地变化
第二阶段（2020 年 9 月—2021 年 7 月）	城市变装记 最美城市建设者 会说话的房子 城市之光 工地交响乐 嗨，灰尘君 工具好忙 工地上的日与夜	木头龙社区建构游戏 建筑工具自制游戏 “我是建筑工人”角色游戏	木头龙工地观察日记 工地声音我记录
第三阶段（2021 年 9 月—2022 年 2 月）	来了就是深圳人 深圳语言博物馆 一起叹早茶 一米高度看世界	瞭望台的故事	木头龙工地观察日记 工地声音我记录
第四阶段（2022 年 3 月—2022 年 7 月）	中国建筑 荣悦娃议事厅	瞭望台的故事	木头龙工地观察日记 工地声音我记录

2. 课题案例节选

工地门口有许多手拿话筒、身穿黄色园服的幼儿和戴着安全帽的叔叔们，原来是木头龙工地迎来了幼儿园娃娃记者团的实地采访！

继新春送祝福活动后，幼儿代表再度走进木头龙工地，化身小记者，现场参观工人叔叔的工作场地，并通过云直播的方式为在园幼儿分享木头龙工地建设的盛况。

刚到工地，幼儿就迫不及待地观察工地上正在进行的工作，七嘴八舌地向教师分享着自己的发现。在工人叔叔的带领下，幼儿近距离认识了挖掘机、钩机、装载机等各种正在运作的机械设备。幼儿边观察边向工人叔叔提出问题，非常期待木头龙工地建设完成的样子。

初到木头龙工地门口

向工人叔叔询问自己好奇的问题

参观完工地之后，考虑到幼儿的安全和工地正常施工秩序，小记者们选择在工地门口正式采访工人叔叔。“木头龙到底在建什么？”“工地上除了建筑工人叔叔，还有哪些人呢？”“工地都有哪些除尘设备，都用在什么地方啊？”……带着全园幼儿的问题清单，小记者一一提问，并现场记录下叔叔们的答案，准备回园后分享给班级其他幼儿，解决当前班级探究活动中的问题。

园所其他幼儿通过现场直播实时观看参观工地和采访的全过程。看着小记者与工人叔叔的互动，幼儿热火朝天地讨论起各自发现的新奇事儿，畅想着木头龙工地的未来。

正式采访工人叔叔

线上观看木头龙工地

在园所、家长代表、工地项目管理人员和社区工作站的大力支持下，幼儿此次工地之行收获满满。通过实地参观工地、与工人叔叔对话，幼儿不仅了解了木头龙工地的基本情况和工人叔叔的工作环境，更加深了对城市建设的认知，从而进一步促进了各班相关主题探究活动的开展。

深圳市罗湖区清秀幼教集团荣悦幼儿园　苏晓芳　李　蕊　王梓谕

案例解析　幼儿园以城市建设为契机，抓住幼儿的兴趣点，多方沟通和协调，充分挖掘、利用社区资源支持探究活动，在幼儿和木头龙工地间架起了一座沟通的桥梁。同时，木头龙项目管理处秉持包容和开放的态度，高度支持幼儿园多元化的课程活动，积极为幼儿发展提供支持，实现了一场相互融合的协同育人之旅。

社区是儿童生活的主要环境，时时刻刻影响着儿童。把社区资源作为幼儿园教育资源的一个重要组成部分，既能贴近儿童的生活，又能拓展儿童的经验和视野。教师作为社区资源的挖掘者和运用者，要重视社区资源的挖掘，主动分析社区资源的教育价值，思考如何把社区资源运用到日常的教育活动中，支持儿童的学习与发展。

家园社协同共育是幼儿园教育工作必不可少的一部分，是促进儿童身心全面和谐发展的有效途径。合理利用家庭资源，充分挖掘社区资源，有利于整合儿童生活中的优质教育资源，形成教育合力，共同创设出有利于儿童健康成长的教育生态环境，促进儿童的全面发展。

三、有效联动，提高协同育人能力

儿童的一日生活是多方面、多角度的，需要多主体合力并行。协同育人是集家庭、社区和幼儿园力量展开协调、交流、合作，从而达成一致的教育目标，为儿童的发展贡献教育力量的育人模式。幼儿园应发挥协同育人中的主导作用，积极开展多样化的教育互动，与家庭和社区密切衔接，在功能上优势互补，有效地促进儿童发展。

（一）建立沟通渠道，增强家庭支持与社会支持

为高效开展儿童一日生活系列活动，幼儿园应主动与儿童家庭合作，通过建立与家长联系的制度，定期召开家长会议、举行家长开放活动，搭建家园沟通信

息化平台，为家长提供交流和学习的机会，从而提升家长的育儿水平，有效地促进儿童认知、情感、身体技能、创造性、社会性等方面的全面协调发展。

案例 5-11
家园社玩转亲子“育桂苑”

幼儿园每周定期开展“育桂苑”亲子系列活动，将家园共育落实到具体的园本课程活动中，活动的内容涵盖健康、语言、社会、科学、艺术五大领域。新学期初，在社区内举行了“育桂苑”园级家委活动，通过与家长们的沟通和讨论，园所对本学期“育桂苑”亲子活动作出了新的调整和规划。

“育桂苑”园级家委活动

1．家长之声

教育教学方面，家长们很喜欢园所组织的专题沙龙、讲座，同时建议增加小班的分离焦虑、中班的家长学会放手、大班的学习习惯及时间管理等内容，形式上可以是亲子沙龙、家长沙龙、家长好书共读等。自然森林教育活动中，建议园所依托社区内梧桐山绿道、仙桐体育公园、攀岩区等得天独厚的自然优势，邀请家长参与

与家长共同商量管理策略

与家长代表沟通轮值方式

到园所课程建设中，实现园所、教师、幼儿、家长的共同成长。在园所安全管理方面，家委成员们全力配合并积极参与到家长义工工作中。家委会建议全园统筹、合理安排各班家长义工的时间，依据家庭实际情况，优化轮值方式。

2.“育桂苑”活动

一个学期共计开展“育桂苑”亲子活动 11 场，活动内容涵盖语言、社会、科学、艺术、健康五大领域，活动参与人员涉及幼儿的爸爸妈妈和爷爷奶奶（见表 5-24）。活动中家长参与度高、互动性强，形成了紧密的家园教育共同体。

表 5-24 “育桂苑”亲子活动开展汇总表

场次	活动名称	活动内容
第一场	亲子森林探秘系列活动	围绕看、听、嗅、触 4 种感觉，与幼儿、家长走进梧桐山公园，一起接触自然、体验自然
第二场	拓印——留住春天的色彩	组织幼儿和家长走到户外，用缤纷的花朵和形状各异的树叶在布面上拓印，留住春天的色彩，享受亲子创作的快乐
第三场	淡淡花香 暖暖亲情	组织幼儿和家长参与亲子插花活动，让幼儿在感受家长陪伴的同时，感受花木之乐，享受诗情画意
第四场	玩转轻黏土	支持幼儿和家长一起走进轻黏土的世界，体验制作的过程，享受创作的乐趣

续表

场次	活动名称	活动内容
第五场	“幼小衔接”家长讲座	向大班幼儿家长分享《让孩子有准备地进入小学》专题讲座，与家长一起探讨幼儿在幼小衔接阶段身心、生活、社会和学习等方面的准备工作
第六场	我爱您祖国	组织幼儿和家长围绕“我爱你祖国”这一主题创作绘画作品，歌唱祖国，表达对祖国母亲最真切的情感和作为中国人的自豪感
第七场	亲子中秋月饼 DIY	结合中秋节庆主题，设计图画书共读、手指谣和月饼制作体验活动，与幼儿、家长一起欢度中秋
第八场	童心敬老 情暖重阳	邀请中大班12对亲子参加重阳节敬老活动，开展表演手指舞、敬茶、听故事等活动，鼓励幼儿陪爷爷奶奶共度重阳佳节
第九场	蔬菜的奇幻之旅	幼儿和家长通过一起切蔬菜、做蔬菜汁，开展科学探究活动，感知紫甘蓝的特性
第十场	微观世界	家长和幼儿共同构思故事情节，搭建微场景并进行拍摄，通过剪辑完成自己的定格动画，并分享动画故事
第十一场	墨笔生花	开展吹画美术亲子活动，以文房四宝为载体对国画展开介绍，幼儿和家长运用材料探究国画的不同绘画方式，介绍吹画梅花所需的材料，并示范绘画过程

3. 幼儿眼中的“育桂苑”

在小四班自然森林亲子活动“触觉之旅”中，大家围坐成圈，感受神秘触摸盒。盒子里藏着什么东西呢？是一根小草，一根树枝，一片叶子，一只小蚂蚁还是一块小石头呢？幼儿变身小大人，小手拉大手，牵着蒙着眼睛的家长一起走过草坪，踩过树枝，再走上石子路，感受或粗糙、或细软的自然事物带来的触觉之旅。幼儿和家长携手收集周边的自然物，制作属于自己的神秘触摸盒。幼儿在自然里学习和游戏，养成执着与专注的美好品质。

聆听活动规则

触摸大自然

在中一班自然森林亲子活动“测量大树”中，幼儿尝试运用周边环境里熟悉或陌生的自然事物进行测量、记录。每一名幼儿使用不同的自然物，灵活运用不同的方法对大树进行测量。大家在做中学、玩中学，在亲身体验中感受自然的奇妙，感受数学的有用和有趣。

亲子合作测量大树

亲子合作测量大树

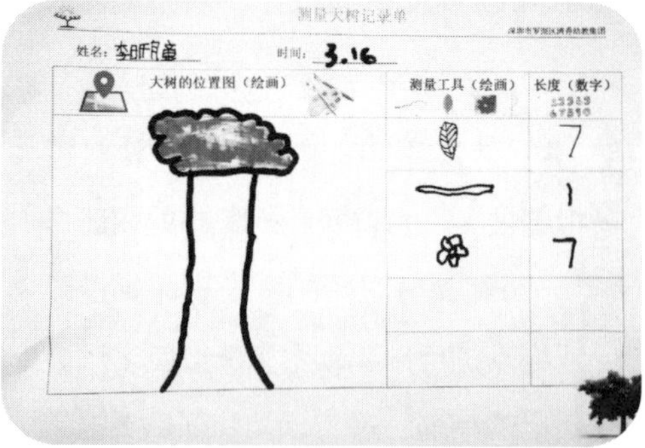

亲子测量大树记录单

幼儿表征活动场景

亲子合作拼接自然物

亲子蓝晒作品

大二班教师带着幼儿和家长重拾古老的技艺，体会自然的魅力和手工制作的乐趣。幼儿变身为摄影师，带着照相机寻找最美的自然场景并拍下来，在探索自然魅力的同时与自然亲密交流。幼儿小心翼翼地将蓝晒液涂抹在纸上，再发挥想象，用自然物拼接的方式创作心中的美景，然后，仔细地观察阳光下作品的微妙变化，感受艺术创作的奇妙。

深圳市罗湖区清秀幼教集团培知幼儿园　季　琴　杨茜芸

案例解析　家园共育是实施园所课程的重要途径，家园共育的质量、家庭与园所的关系对幼儿园的课程建设都会产生至关重要的影响，对幼儿一日生活具有重要意义。家长是幼儿教育中不可或缺的重要主体，只有幼儿、教师、家长三者形成良性的互动关系，方能共同进步、共同成长。“育桂苑”作为课程建构的重要组成部分，强调幼儿、教师及家长“三位一体”，每个角色都是课程设计需要考虑的对象，每种关系都是课程设计的关键要素。有效地把家长和社区资源融入课程建设中，才能更好地助力幼儿的成长。

家庭是幼儿园重要的合作伙伴，教师应本着尊重、支持、合作的原则，争取家长的理解、支持和主动参与，并积极支持、帮助家长提高教育能力。同时，要利用信息技术为家园共育搭建更高效的平台，为深入开展家园共育和教育探索提供强有力的支持，为提高儿童一日生活的质量提供媒介。

（二）丰富联动形式，开展多元化的家园社共育活动

《幼儿园教育指导纲要（试行）》对幼儿园、家庭、社区三方协同共育作出详细要求，明确指出幼儿园应与家庭、社区密切合作。《幼儿园工作规程》也指出幼儿园应当加强与社区的联系与合作，面向社区宣传科学育儿知识，开展灵活多样的公益性早期教育服务，争取社区对幼儿园的多方面支持，为社区的早期教育提供服务。清秀幼教集团每年都会开展丰富的家园社活动，以多种形式与家庭、社区联动，丰富儿童的一日生活，共同促进儿童的发展。

案例 5-12

多元化家园共育活动的探索与实践

1．家园共建的家长入园活动

儿童节是幼儿期待已久的节日，为了让幼儿过一个快乐而又难忘的节日，更好地落实《3—6 岁儿童学习与发展指南》精神，园所充分尊重幼儿的需要，基于幼儿的兴趣和发展特点，在课程视域下开展了一场别开生面的家长入园儿童节活动。

（1）怎么过儿童节?

儿童节就要到了，幼儿充满期待，纷纷向教师询问：“老师，儿童节有什么游戏呀?”“儿童节会放假吗?”“儿童节可以去音乐厅看演出吗?”“儿童节有礼物吗?”为充分保护幼儿的好奇心和积极性，园所决定让幼儿自己决定儿童节的庆祝形式。幼儿讨论决定要用表演节目、吃自助餐、投票制定自助餐食谱、邀请爸爸妈妈来观

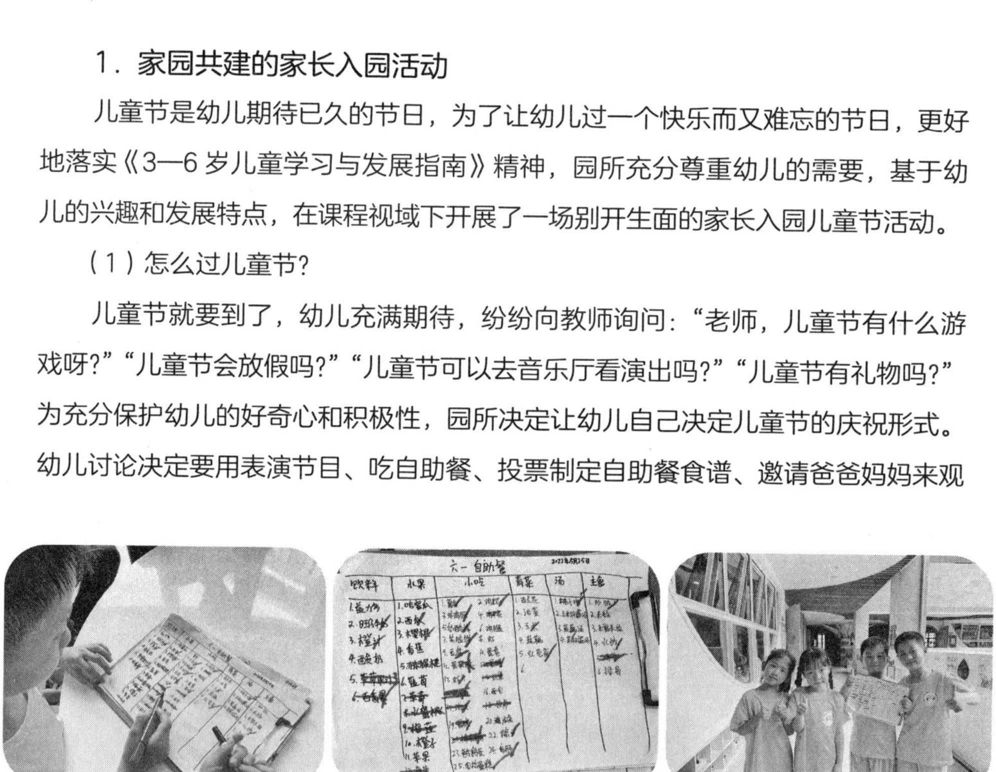

幼儿合作设计儿童节庆祝方式

看演出等方式庆祝儿童节，同时认为要在活动前向家长发出倡议书。

（2）谁能帮助我们过儿童节？

节日策划案落地后，幼儿紧锣密鼓地行动了起来，他们发现想要实现全部策划案还面临着很多困难，如制作表演道具、确定表演情节等。此外，很多地方需要成人的协助。于是，幼儿决定通过讨论、网上查询等途径调查儿童节的相关知识，并制作了家长资源调查表和统计表以了解相关资源。

幼儿合作设计申购单

（3）儿童节活动怎样才好玩？

负责儿童节表演活动的幼儿在家长的协助下，对人员进行了分工，把所有参与表演的家长和幼儿分为导演组、服装组、化妆组、摄制组、剧务组、道具组、后勤组，并通过投票筛选节目，以演讲的方式遴选演员。入选的小演员们自由组合进行小组练习，同时，教师在班级区域中投放相关材料支持其他幼儿设计邀请函、座位表、入场券等。

幼儿表征家长表演特长

幼儿讨论设计给爸爸妈妈的邀请函

家长入园讨论表演方案

幼儿设计节目单

幼儿体验给家长化妆

家长排练节目

家长表演《一园青菜成了精》

亲子表演服装秀

负责自助餐的幼儿在家长的支持下，投票筛选食物种类、分组，由采购组购买食材，制作组通过视频等方式学习食物制作的方法，布置组布置进餐环境，礼仪组讨论、制定相关进餐礼仪。

（4）独一无二的儿童节演出

幼儿翘首以盼的儿童节终于到了。在品尝了美味的节日餐点后，幼儿开始正式节目表演。本次儿童节演出由幼儿进行统筹，家长变身表演人员，为节目带来了巨大的惊喜。

2．形式多样的公益活动

身处志愿者之城，幼儿园多年来一直坚持培养幼儿的公益精神和小公民意识。通过各种各样、适宜的公益活动，不断丰富幼儿的生活经验，也为幼儿的一日生活提供了活动思路，促进了幼儿身心全面发展。一方面，园内开展系列公益活动并辐射到社区，如为了提高社区居民家庭早期阅读意识，园所牵头开展了“阅读悦美”公益活动。为社区居民提供早期阅读、亲子共读方面的专业支持。活动采用培训讲座、育儿沙龙、游戏小组、咨询服务等多元活动形式，帮助家长设计家庭阅读角，为家长提供合理的选书建议，推动书香家园、书香社区的建设。“阅读悦美”公益活动包含“温馨家庭阅读角”推广项目、“图书借阅日”活动、“戏剧”项目、“图画书教学案例”项目等活动。另一方面，把专业人士请进幼儿园开展公益活动，让幼儿近距离感受与体验。例如，为了培养幼儿的爱国主义精神、拓展全民国防教育，园所开展了“我是小小兵”公益活动。从园内到园外，园所充分运用社区资源

家庭阅读角亲子阅读

幼儿借阅图书

“阅读悦美”公益活动亲子小店

“阅读悦美”活动现场

开展公益活动，拓展幼儿一日生活的深度和广度，让幼儿全方位地感知和体验公益活动的价值和意义。

深圳市罗湖区清秀幼教集团　薛胜利　钱　芳　赵　婷

案例解析　家园共建的家长入园活动案例中，家长基于儿童视角积极参与到活动的筹备和实施中，幼儿园有效利用了社区和家长资源，幼儿也通过谈话、绘画等多种方式丰富了生活经验。形式多样的公益活动中，幼儿通过切身的活动体验，感受到了阅读带来的愉悦，感受到了身边无处不在的爱国情怀。

家庭、幼儿园、社区在儿童的成长过程中发挥着各自的重要作用，三者缺一不可，家园社协同育人的最终目的是要促进儿童健康、和谐、全面地发展。在实施家园社共育的过程中，幼儿园既是家园社关系的建构者，也是家园社合作的引导者、组织者。以幼儿园为核心，开展多元化的家园社共育活动，能实现更为有效的联动，从而使儿童得到更全面的发展。

家庭、幼儿园和社区作为家园社协同育人的主体，三方合作互补对于儿童的健康成长具有重要意义。通过积极引导和支持家庭、社区参与幼儿教育工作，促进三方资源的有机整合和优势互补，形成育人合力。在这一过程中，根据儿童的兴趣、问题和发展需要，利用多种途径和资源，使用合理、有效的支持策略，能够实现真实、高效的学前教育。这样的协同育人机制不仅丰富了儿童一日生活的内容，还促进了儿童全方位的协调发展，激发了他们主动学习和乐于学习的良好品质。

儿童是学前教育的原点，是幼儿园保育教育工作的出发点与指向。只有真正看见儿童，真正看见儿童的一日生活，才能做出适宜儿童的教育决策，提供适宜儿童的支持策略，创生适宜儿童的园本课程。为了更好地关注儿童的一日生活，幼儿园不断地行动、反思、调整、再行动，并从三个关键层面进行实践：首先，我们重视教师的专业发展，通过多元赋能促进教师专业水平的提升，为儿童创造更高质量的一日生活环境；其次，我们聚焦保育教育过程质量，探讨如何有效完善园所保教质量的自我评估体系，从而优化儿童的日常生活体验；最后，我们致力于推动家园社协同育人，积极探索协同育人路径，共同为儿童的发展创造良好的条件。以此为基础，我们将真正做到珍视儿童生活的独特价值，让儿童幸福而有意义地生活在当下。

后记

回首我们这本《看见儿童的一日生活》的写作历程，内心感慨万分。从最初的构想到后来的实践探索，我们遇到了许多困难和问题。其中，最大的挑战莫过于如何在读者面前真实地呈现儿童的一日生活，让大家更好地理解儿童的成长。为此，我们对《广东省幼儿园一日活动指引（试行）》进行了深入研究，并以此为基础，反复思考和打磨书稿，不断修改、完善，并积极向教育工作者和家长征求反馈意见，以期让本书更贴近实际，更具有可操作性。

本书旨在呈现幼儿园一日生活中的教育案例，通过对儿童在园一日生活中的各种活动进行观察与研究，描绘了一个个具有个性、归属感、自主性和意志力的儿童样态，展示了他们在各种活动中的特点、表现和成长。书中全面细致地介绍了幼儿园一日生活的各种活动类型，包括生活活动、体育活动、自主游戏活动和学习活动，以及这些活动对于儿童成长和发展的重要性。同时，也通过大量真实的案例深入剖析了幼儿园教育中的各种问题，探讨了如何更好地引导和支持儿童的成长。

这本书呈现的是清秀幼教集团的儿童观和教育观，强调要关注儿童的多元发展和个性化需求。全书从多个角度阐述了“看见儿童的一日生活”对儿童教育的价值和意义，并提供了具体的策略和方法。看见儿童的一日生活这一理念，强调了儿童作为教育主体的地位，希望教育者更加注重儿童的体验和感受，充分尊重儿童的意愿和需求。通过改善环境创设、规划流程、组织形式等方式，为儿童构建有意义的学习环境，让儿童在自主探索和实践中得到全面的发展。我们还鼓励园所和家庭建立紧密的联系和合作关系，共同关注儿童的成长和发展，为儿童提供更加全面的支持和帮助。

我们希望这本书能够对学前教育工作者有所启示和帮助，使学前教育工作者获得如下成长。

一是意识到看见儿童的一日生活的重要性。本书强调了观察儿童日常生活的重要性，提醒读者不能只关注教育目标的实现，而忽视了儿童的实际需求和成长状态。这一点对于学前教育工作者来说非常重要，因为只有真正了解儿童的需求和发展状态，才能更好地开展教育工作。

二是理解看见儿童一日生活的内涵和本质。本书详细介绍了看见儿童的一日生活的内涵和本质，使读者更加深入地理解这一概念，明确了“看见”并不只是表面的观察，而是要真正了解儿童的内心世界和生活情境。

三是学习如何看见儿童的一日生活。本书提供了具体的策略和方法，包括环境创设、流程组织、利用教育契机等，帮助读者更好地学会观察和记录儿童的日常生活，同时也提供了翔实的教育案例。

四是重视学前教育的价值取向。本书强调了儿童需要在安全、温馨、有趣的环境中成长，并提供了培养儿童归属感、自主性和意志力的教育理念和策略。这些内容对于学前教育工作者来说非常有启示意义，能够帮助他们更好地理解儿童成长的特点和规律，提供更加科学的教育方案。

五是习得实用的支持保障方法与思路。本书提供了一些实用的方法与思路，如多元赋能、自我评估体系和家园社协同育人路径等，帮助学前教育工作者更好地支持儿童的成长和发展。

本书的写作过程得到了一线教育工作者的支持和帮助，编写团队通过不断的实践、完善和修改，创作出了这本具有实践指导意义的教育案例集，为幼儿园教育研究和实践作出了积极的贡献。在这个过程中，我们也深刻体会到了团队合作的力量。正是因为每一个成员都发挥出了自己的优势，最终才能完成这本书的写作和出版。我们要感谢深圳市罗湖区教育局的相关领导，以及深圳市罗湖区教育科学研究院的教研员对本书给予的充分支持和专业引领；也要感谢在本书撰写过程中给予专业建议和指导的学前教育专家；还要感谢那些提供案例的教师和儿童，正是他们让本书充满了真实性和趣味性。

通过本书，我们希望更多的人看到儿童的生活和成长，更好地理解他们的需要和发展。我们也希望能够帮助学前教育工作者和家长更好地实践科学的育人理念，创造出更加适合儿童成长的教育环境。当然，我们也知道，这本书还有很多不足之处，需要不断完善和改进。我们将一如既往地关注和探索学前教育领域，为儿童的健康成长和社会发展尽一份力。

出 版 人　郑豪杰
责任编辑　王　娓
版式设计　沈晓萌
责任校对　贾静芳
责任印制　李孟晓

图书在版编目（CIP）数据

看见儿童的一日生活 / 郭琼主编 . — 北京：教育科学出版社，2024.8.
ISBN 978-7-5191-3787-8

Ⅰ. ①看…　Ⅱ. ①郭…　Ⅲ. ①幼儿园 — 一日生活组织　Ⅳ. ① G612

中国国家版本馆 CIP 数据核字（2024）第 014587 号

看见儿童的一日生活
KANJIAN ERTONG DE YIRI SHENGHUO

出版发行	教育科学出版社		
社　　址	北京·朝阳区安慧北里安园甲 9 号	邮　　编	100101
总编室电话	010-64981290	编辑部电话	010-64989445
出版部电话	010-64989487	市场部电话	010-64989009
传　　真	010-64891796	网　　址	http://www.esph.com.cn
经　　销	各地新华书店		
制　　作	北京锋尚制版有限公司		
印　　刷	保定市中画美凯印刷有限公司		
开　　本	720 毫米 ×1020 毫米　1/16	版　　次	2024 年 8 月第 1 版
印　　张	19	印　　次	2024 年 8 月第 1 次印刷
字　　数	297 千	定　　价	69.00 元

图书出现印装质量问题，本社负责调换。